KLAUS BARSKI
DER FRANKFURTER SPEKULANT
ODER
DAMN GREENBACK DOLLAR

Die Menschen in diesem Buch sind frei erfunden. Etwaige Ähnlichkeiten sind rein zufällig. Der Autor lehnt sich aber in seiner Geschichte an Trends und den Zeitgeist der 70er Jahre.
1. Umschlagseite: Model, Palmetto/Florida
4. Umschlagseite: Der Autor mit dem legendären Rolls „German 1“

Die Deutsche Bibliothek – CIP-Einheitsaufnahme
Barski, Klaus:
Der Frankfurter Spekulant: damn Greenback Dollar / Klaus Barski. – Berlin: Kramer, 1999
ISBN 3-87956-253-9

Niemetzstraße 19, 12055 Berlin
Gesamtherstellung: Ebner Ulm

Klaus Barski

Der Frankfurter Spekulant oder damn greenback dollar

Roman

Karin Kramer Verlag
Berlin

Inhalt

Florida Days

Wenn ich mit meinem Rolls Royce beim Colonial Paradise Club vorfahre, denken nicht nur die staunenden Touristen: Da kommt der King! Mit einem gutmütigen Grinsen grüße ich die uniformierten Wachmänner, die die Spreu vom Weizen trennen, die In-Leute von den Armleuchtern. Sie stehen stramm wie Soldaten und nicken mir mit ihren tropenhelmbedeckten Köpfen ehrfürchtig zu. Ich tippe mit der rechten Fußspitze leicht auf das Gaspedal, und der tonnenschwere, goldbraune Rolls gleitet fast lautlos mit seiner glitzernden Chromschnauze auf den Golf von Mexico zu.

Valet-Parking. Eifrig öffnet uns der Einparker die Tür und grüßt untertänig. Kostet 5 Dollar Trinkgeld. Dann schreiten wir hinein, in den teuersten Strandspielplatz der Westküste Floridas. Happy hour: Die betuchten und gelangweilten Müßiggänger sitzen an einer endlos langen Bar und trinken Whiskey-Sour oder einen exotischen Zombie-Cocktail aus langstieligen Gläsern mit viel Eis, dekoriert mit Früchtescheiben und bunten Strohhalmen.

Millionenschwere Börsen- oder Häuserspekulanten, halbseidene Bankiers und wohlhabende Ärzte, verlebte Filmproduzenten, Leute aus dem Showgeschäft, Gangster mit koksentgleisten Zügen und goldbehangene Gigolos – vor dem Club parken ihre Angeberkarossen: elegante Bentleys und Jaguars, rasante Ferraris, Porsches und Mercedes-Cabrios, gigantische Stretch-Limousinen mit Chauffeur und Video-Anlage.

Ich gehöre dazu, und ich trage, wie alle anderen, am linken Handgelenk meine diamantenbesetzte Rolex. Wir sprechen wie immer über die gute, alte Zeit, als in Florida Häuser und Grundstücke billig waren und der Dow Jones unter 2000 lag. Und wir sind immer noch am Spekulieren und treiben die Preise weiter in die Höhe.

Vor der Bar rollen die Wellen unablässig an den Strand und werfen, weil die letzten Tage sehr stürmisch waren, die seltensten Muscheln auf den Sand. Die glücklichen „Ahs“ und „Ohs“ der fündigen Muschelsammler hört man durch die dunklen, dämpfenden Glasscheiben hindurch.

Eine Gruppe Pelikane belagert den einzigen Angler auf dem Pier, der ihnen hin und wieder einen kleinen Fisch zuwirft.

Ich trinke Becks Bier und Jean einen violetten Strawberrry-Daiquiri. Die Palmen wanken leicht vor einer heranziehenden Gewitterfront und aus den Lautsprechern kommt gedämpfte, klassische Musik. Die großen mexikanischen Propeller der Deckenventilatoren brummen leise, und der Barmann mit Fliege und enger grauer Weste sortiert die Gläser, schneidet Limonen- und dünne Orangenscheiben zurecht und ordnet die Happy-Hour-Appetizer.

Ich blicke hinaus auf die blaugrünen, mit leichten Schaumkronen besetzten Wellen und denke darüber nach, wie alles angefangen hat – damals . . .

Frankfurt

Mitten in der Nacht kamen wir 1967 auf einem Möbelwagen in Frankfurt am Main an. Ich, Adolf Bartels, 25 Jahre alt, Pleite-Kaufmann, und meine Frau Jean, ferner unsere Sammlung antiker Bauernmöbel aus besseren Zeiten und ein Aktenkoffer voll offener Rechnungen. Das war eine beschissene Situation, denn unsere Schulden betrugen zu diesem Zeitpunkt mehr als 30.000 Mark. Aber es war nicht das erste Mal, daß ich ganz unten war. Es hatte in meinem Leben zahlreiche Höhen und Tiefen gegeben.

Ein paar Tage vorher hatte ich mittels Sozialhilfe unsere neue Bleibe, eine heruntergekommene Altbauwohnung in Frankfurt-Bornheim, gemietet. Unser Wagen, ein klappriges, feuerrotes Sunbeam-Cabrio, war dort schon vor längerem abgestellt worden, weil wir Angst vor einer Pfändung hatten und keiner diese neue Adresse kannte. Um ein Uhr nachts waren wir dann, völlig durchgeschwitzt, eingezogen. Wir hatten es geschafft! Der Versuch, uns selbständig zu machen, war zwar gescheitert, aber der Ort mit unserer Pleite gegangenen Werbeagentur lag hinter uns. Wir waren wieder in Frankfurt, der Stadt der unbegrenzten Möglichkeiten für Deutschlands Habenichtse.

Die Wohnung war deprimierend. Sie befand sich im dritten Hinterhof, im Erdgeschoß. Direkt vor dem Wohnzimmerfenster prangte eine hohe Mauer aus Ziegelsteinen. Es war so dunkel in der Wohnung, daß wir sogar am Tag das Licht einschalten mußten. Aufgrund der schlechten Wohnverhältnisse wurde das Haus sonst nur von Türken bewohnt. Aber bei den überall üblichen hohen Kautionen blieb uns keine andere Wahl. Trotzdem waren wir gut gelaunt; wir hatten den jugendlichen Glauben an eine bessere Zukunft – von jetzt an konnte es nur noch aufwärts gehen.

Als wir am nächsten Morgen aufstanden und unsere besten Klamotten anzogen, waren wir in Hochstimmung. Nach dem ruhigen Leben auf dem Dorf freuten wir uns auf die Großstadt. Kaufhausbummel, Cafés, Kinos, Kneipen, Antiquitätengeschäfte und Museen – das alles hatten wir vermißt und jetzt endlich wiedergewonnen.

„Wie bezahlen wir die 30.000 Mark Schulden?" fragte mich Jean, als wir durch Bornheim bummelten.

„Weiß der Henker", erwiderte ich und dachte einen Moment über unsere triste Lage nach.

„Das schaukeln wir schon. In einer internationalen Geschäftsstadt wie Frankfurt läßt sich immer irgendwie Geld auftreiben."

Als wir in die Berger Straße einbogen, hörten wir jemanden „He Adi!" rufen. Vor uns stand Heinz Dreckmann, ein Bekannter aus früheren Tagen. „Heinz! Immer noch in Frankfurt?" fragte ich lächelnd, als wir uns gegenseitig auf die Schultern klopften.

„Was machen die Geschäfte?"

Er war von Beruf Grafiker, Dekorateur, Schriftenmaler und Anstreicher, je nach Auftragseingang. Ein kleiner, aber drahtiger Körper, überdimensionierte getönte Brille und immer ein weißes Hemd mit Fliege – das war Heinz, der große Schaumschläger.

„Ich lade Euch zum Essen ein", sagte er großspurig.

Gerade das hatten wir nötig.

„Gehen wir ins Bilka. Die haben heute den 99-Pfennig-Erbseneintopf", ergänzte er.

Wir bummelten zu dritt zum Kaufhaus. Während wir aßen, erzählte jeder dem anderen von seiner beschissenen Lage. Großzügig zahlte Heinz die Zeche, obwohl er, wie wir jetzt wußten, ebenfalls pleite war.

„Habt Ihr heute frei?" fragte Heinz.

„Ja. Komm, fahren wir in die City und trinken einen Kaffee bei Schwille", schlug ich vor.

Es war Freitag. Im Café Schwille, dem bekannten Tagestreffpunkt, wartete ich auf das Erscheinen der Abendausgabe der *Frankfurter Rundschau*, um die Stellenangebote zu studieren und nach meiner Kfz-Verkaufsanzeige zu suchen. Mit dem Geld vom Verkauf unseres Sunbeams hoffte ich unsere Finanzen zu regeln.

Wir unterhielten uns über die alten Zeiten und fühlten uns großartig in der langentbehrten Großstadtatmosphäre.

Dann fuhren wir mit der Straßenbahn zur Wohnung zurück; dort wartete bereits ein Kaufinteressent. In einer Viertelstunde hatten wir den Wagen verkauft.

Am folgenden Montag eröffneten wir ein Konto und zahlten das Geld ein. Dann machten wir uns an die Arbeit und schrieben all unseren Gläubigern den gleichen herzzerreißenden Brief. Jeder bekam einen kleinen Scheck und das Angebot, daß wir den Rest in Monatsraten zahlen würden. Tatsächlich erhielten wir in den folgenden Tagen von allen Gläubigern eine positive Antwort. Wir hatten Zeit gewonnen.

Das Jahr ging langsam zu Ende und seit drei Wochen schon studierte ich die Stellenanzeigen. Mein Arbeitslosengeld reichte nicht aus, und ich mußte endlich handeln. Ich träumte von einer ruhmvollen Karriere als Manager in Handel oder Industrie.

Dann sah ich die Anzeige. Kanadas größter Nähmaschinenhersteller *Ontario Sewing Machine Company* suchte einen Schulungsleiter. Das war etwas für mich!

Dr. Hoffmann, der Vertriebsdirektor der Firma, war ein gemütlicher, dickbäuchiger Mann. Er empfing mich mit Begeisterung, weil ich ihm am Telefon ein kreatives Verkaufsgespräch hingelegt hatte, nach dem er schon glaubte, nicht mehr ohne mich auskommen zu können.

„Dem neuen Schulungsleiter sind drei Bereiche unterstellt: Verkaufsförderung, Verkäuferschulung und das Schulgeschäft", fing er an. „Das bedeutet die Erstellung von verkaufsförderndem Material, zum Beispiel Gebrauchsanweisungen, Verkaufstrainingsunterlagen und Verkäuferwettbewerbe." Er nahm einen Schluck aus seiner Kaffeetasse, faltete die Hände zusammen und fuhr fort: „Die Schulung der Verkäufer erfolgt durch Schulungsinfos und zwei Verkaufstrainer, die laufend mit neuen Unterlagen ausgerüstet werden müssen. Dazu gehören . . ." – dann redete er fast eine Stunde ohne Pause.

Mir schwirrte der Schädel von den vielen Marketingphrasen, aber ich nickte begeistert.

Dann zeigte er mir die Unterlagen, die bisher von der Schulungsabteilung erarbeitet worden waren und sagte: „Auf dem deutschen Markt ist die Singer-Nähmaschine zur Zeit die Nummer eins. Aber das wird sich bald ändern."

Feierlich schloß er einen Schrank auf und holte eine Nähmaschine heraus.

„Unser Kampfmodell, die neue *SuperSew 2000.* Vergleichbare Maschinen der Konkurrenz kosten das Doppelte", sagte er so stolz, als hätte er sie persönlich erfunden. „In zwei Monaten kommt sie auf den Markt."

Noch einmal mimte ich Begeisterung und wurde eingestellt.

An meinem ersten Arbeitstag betrat ich erwartungsvoll das Marketingbüro. Ja, ich wollte den Erfolg, den totalen Erfolg! Als Grundlage sollte mir die Erfahrung dienen, die ich hier in dieser Weltfirma sammeln würde. Dr. Hoffmann übergab mir mein Büro.

„Ein angenehmes Arbeitszimmer mit Blick auf die Allee", sagte er.

„Sehr schick", dachte ich, als ich es betrat. Es war mit einem beigefarbenen Teppichboden, einem Schreibtisch aus Edelholz und einem weichen Sessel mit Armlehnen und Rädern eingerichtet. Der Sessel gefiel mir besonders, weil er für mich der Inbegriff eines Topmanager-Sessels war.

Dann machte Dr. Hoffmann mich mit meiner Sekretärin Fräulein Heine sowie den mir unterstellten

Angestellten und den zwei Verkaufstrainern bekannt. Das waren clevere Jungs, die es galt in Schach zu halten.

Ich stürzte mich in die Arbeit, entwickelte Verkaufsförderungsprogramme und einen Jahreseinsatzplan, sichtete Aktionen der vergangenen Jahre und sprach meine neuen Ideen mit den Mitarbeitern durch.

Ehe ich mich versah, war ich ein stinknormaler 8-Stunden-Arbeitstag-Mann geworden. Die Monate vergingen, und ich wurde immer unzufriedener. Ein Grund war das Monatseinkommen. Für eine schöne Zweizimmerwohnung in der City, einen Mittelklassewagen, zweimal Urlaub im Jahr, gepflegte Kleidung und einmal pro Woche gut Essengehen reichte das Einkommen vorne und hinten nicht.

Hinzu kam, daß ich mit 25 Jahren relativ jung für meinen Job war. Die nächst höhere Position eines Marketingdirektors hätte noch einige Jahre harte, sehr harte Arbeit und eine Portion Glück bedeutet.

In unserer Freizeit verkehrten Jean und ich im Viertel rund um die Freßgaß'. Hier gab es damals viele interessante Kneipen, die heutigen Schickerialäden existierten noch nicht. Wir verbrachten unsere Abende im Jazzhaus, im Club Voltaire oder in Weils Bodega, um Frikas mit Knoblauchcreme zu essen. Unseren Kaffee aber tranken wir immer im Schwille.

Hier traf sich alles, was bunt und schillernd war: Geschäftemacher, Hochstapler, Hasardeure, Protzer, Tagträumer – und auch ganz normale Leute, um den guten Kaffee und die köstlichen Kuchen zu genießen.

Die Stammgäste saßen immer vorn am großen

Fenster. Viele trugen modische Klamotten und teure Uhren. Sie parkten ihre Angeberwagen mit Vorliebe direkt vor dem Caféhaus.

Diese in meinen Augen erfolgreichen Leute zogen mich an wie ein Magnet. Ich bewunderte sie! Sie schmissen mit dem Geld nur so herum, sprachen von gewinnträchtigen Geschäften, starken Frauen und schnellen Autos. Während ich mich nur eine Viertelstunde aus dem Büro davonstehlen konnte, saßen sie den ganzen Tag gemütlich an den Cafétischen und taten gar nichts.

Als ich einmal wagte, mich zu ihnen zu setzen, schaute mich einer von ihnen, ein VW-Cabrio-Fahrer im taubengrauen Anzug, entrüstet an. Dann deutete er nach hinten und sagte arrogant: „Hier ist alles reserviert. Mach die Mücke!"

Die anderen unterbrachen eine Sekunde lang ihre Unterhaltung. Man musterte mich verächtlich, als ob ich das letzte Arschloch sei, und diskutierte dann weiter.

Verdattert ging ich nach hinten, wo ich das bekannte Gesicht von Heinz Dreckmann erblickte. Er saß allein an einem Tisch und stocherte in einer Sahnetorte herum.

„Da vorne sitzt nur die Prominenz", scherzte er und zog mich auf den Nebenstuhl.

„Ganz unangenehme Burschen", sagte ich verärgert.

„Bei denen zählt nur die Kohle", sagte er. „Da mußte mit 'nem Porsche vorfahren und einen Dreikaräter am kleinen Finger tragen."

„Was sind das für Leute?"

„Der, der Dich weggeekelt hat, ist Meier, ein mittlerer Versicherungsangestellter.“ Er lächelte mit saurer Mine. „Links neben ihm, der kräftige Typ, ist Wilhelm Weich. War mal Boxer, ist nun Makler. Wenn Du dem die Hand gibst, dann mußte anschließend Deine Finger nachzählen, so ’ne Type ist das. Macht viel Geld und fährt ein neues Mercedes Coupé.“

Beeindruckt nickte ich mit dem Kopf.

„Der mit der Hornbrille ist Telly Goldstein, ein Architekt aus Tel Aviv und von Beruf Sohn. Er fährt ’nen roten Alfa und sein Vater besitzt Häuser im Bahnhofsviertel.“

Eine Kellnerin kam. Ich bestellte mir ein Kännchen Kaffee und hörte weiter interessiert zu.

„Der Blonde am Tisch, mit dem Rücken zu uns, ist der Baron von Bauerberg. Ein netter Typ, ein echter Baron. Sie nennen ihn Money, weil er nie Geld hat und davon träumt, durch Mauschelgeschäfte reich zu werden.“

Während Heinz sprach, hielt ein roter Jaguar vor dem Schwille. Ein schlanker Mann mit langen, gepflegten Haaren und einem blasierten Gesichtszug stieg aus. Er kam ins Café und setzte sich zur Prominenz, die ihn respektvoll begrüßte.

„Das ist Schulz, der Sklavenhändler aus Bremen“, flüsterte Heinz.“ Der macht jede Menge Kies mit Leiharbeitern, die er schwarz beschäftigt. Offiziell hat er eine richtige Zeitarbeitsfirma am Hauptbahnhof.“

Schulz setzte sich ans Ende der Gruppe, direkt unter die freischwebende Elementtreppe.

Heinz grinste wissend.

„Das ist ein Genießer. Da gehen immer die Schnallen zum Damenklo hoch."

„Bei den Miniröcken heutzutage ist das eh egal", bemerkte ich.

„Haste auch wieder recht."

Er deutete nach vorn. Ein gut aussehender Dressmantyp kam herein und begrüßte die Prominenz.

„Mike von Habenberg, der Sprudelautomatenvertreter", sagte er.

„Der will ganz nach oben und mit den großen Hunden pinkeln gehen. Dafür ist er bereit, seine Seele zu verkaufen. Trotzdem, er ist in Ordnung. Er hat es eigentlich nicht nötig, das Äffchen zu machen."

„Heinz, Du kennst dich hier aus wie kein anderer!"

Er zuckte mit den Schultern.

„Na, ich gehöre auch zu den vielen hier, die es denen da vorne einmal zeigen möchten. Ich hab' ja auch 'ne Spitzenidee. Ich brauche nur noch den Finanzier, der bei mir einsteigt."

„Was willst Du machen?"

„Eine Fernsehzeitschrift."

„Aber es gibt jede Menge, *Hörzu, TV-Hören und Sehen* . . ."

„Die erscheinen wöchentlich. Ich mach' was Neues, meine wird alle 14 Tage erscheinen."

Ich schaute ihn mitleidig an.

„Es kostet Millionen, eine Fernsehzeitschrift in Deutschland auf den Markt zu bringen. Heinz, das ist zu groß für Leute wie uns", sagte ich und stand auf.

„Muß zurück ins Büro. Junge, ich wünsch' Dir was."

Ich legte das Geld für unseren Kaffee auf den Tisch und ging. Als ich bei der Prominenz vorbeikam, guckte keiner von ihnen auf. Für sie war ich eine Null.

Kurze Zeit später las ich folgende Anzeige in der Wochenendausgabe der *Rundschau*:

„Gepflegte 3-Zimmer-Altbau-Eigentumswohnung.
Zum Preis von nur 99.000 Mark!
Bei 10% Eigenkapital finanziert unsere
Hausbank den Rest."

„Jean, schau Dir diese Anzeige an", sagte ich. „Schon mit 9.900 Mark könnten wir die Wohnung kaufen. Das ist fast so billig wie mieten."

„Stell Dir vor, wir wären Eigentümer", sagte sie schwärmerisch. „Aber haben wir genug Geld?"

„Ooh, ich glaube schon, daß wir es zusammenkriegen könnten", sagte ich, obwohl ich keine Ahnung hatte, woher.

Am Sonntag fuhren wir aus Spaß zur Besichtigung. Vor dem Haus parkte ein weißes Mercedes-Coupé, das mir bekannt vorkam.

Als wir zur Haustür gingen, rief jemand aus dem offenen Fenster des Autos: „Kommen Sie wegen der Eigentumswohnung?"

„Ja", antwortete ich und erkannte ihn sofort: Wilhelm Weich, den Makler vom Café Schwille.

Während er seine Verkaufsunterlagen zusammenpackte, betrachtete ich die Fassade. Das Haus hatte 7 Stockwerke mit je zwei 3-Zimmer-Wohnungen. Das waren 14 Wohnungen. Gebaut in der Gründerzeit, hatte es eine rote Sandsteinfassade mit schöner Außenstukkatur.

Weich stieg aus. Er trug einen blauen Blazer und weiße Jeans. Mit seinem Stiernacken und der leicht lädierten Nase sah er noch immer wie ein Boxer aus, lediglich etwas dicklicher und sonnengebräunt. Und er hatte bereits das freche Siegerlächeln der Erfolgreichen.

„Guten Tag. Mein Name ist Weich", er reichte mir charmant lächelnd seine Hand. „Ich bin der Besitzer des Gebäudes."

Dann musterte er mich und sagte: „Ich glaube, wir kennen uns schon. Verkehren Sie nicht ab und zu im Schwille?"

Ich nickte.

„Mein Name ist Bartels, das ist meine Frau Jean", stellte ich sie vor.

Wir schüttelten uns die Hände, und er schloß die Haustür auf.

„Dieses Frankfurter Patrizierhaus habe ich im vergangenen Jahr erworben", erklärte er, als wir die erste Erdgeschoßwohnung betraten. „Ich habe ein Vermögen reingesteckt für eine neue, edle Fassade. Die Wohnungen haben alle ein neues Bad bekommen. Alles ist neu tapeziert und mit wertvollen Bodenbelägen ausgestattet."

Er strich mit der Hand über die renovierte Tür.

„Diese Wohnung kostet nur 99.000 Mark. Vergleichen Sie diese solide Handwerksarbeit mit den neuen Eigentumswohnungen in den Außenbezirken, die kosten das Zweifache, und Sie kriegen nur billige Sperrholztüren und Auslegware miesester Qualität.

Und wenn Sie in die City wollen, müssen Sie eine Stunde Autofahrt rechnen. Hier sparen Sie den Zweitwagen ein."

Er war ein guter Verkäufer. Das imponierte mir. Seine Sprüche von der Patrizierwohnung und der soliden Handwerksarbeit waren nicht schlecht.

Ich schaute mich um. Alles sah propper aus, aber es war nicht allzuviel gemacht worden. Die alten Fenster und Türen waren noch drin. Die Tapeten und Teppichböden waren zwar neu, aber es war, alles in allem, nur eine billige Einfachrenovierung.

„Die Wohnungen vom ersten bis zum sechsten Stock kosten etwas mehr, weil sie große Balkons haben", sagte Weich, als wir höher stiegen. Ich rechnete aus, daß Weich für seine 14 Wohnungen cirka 1,5 Millionen bekommen würde. Gekauft hatte er das Haus für vielleicht 300.000 Mark und ungefähr die gleiche Summe investiert. Das macht einen Gewinn von 900.000 Mark. Ein phantastisches Geschäft!

Als ich darüber nachdachte, wurde mir klar, was ich in Zukunft tun wollte. Mir wurde ganz warm ums Herz, und ich fühlte mich schwindelig. War ich endlich auf der heißen Spur der Erfolgsleiter?

Wir kamen im sechsten Stock an. Auch dort schauten wir in die Wohnungen. Dann kam mir die Idee – die simple Idee, mit der alles anfing . . .

„Herr Weich, was passiert mit dem Dachboden?" fragte ich und schritt bereits die Treppe weiter hoch.

„Der richtige Dachboden liegt noch eins drüber", informierte mich Weich. „In diesem Geschoß waren kleine Zimmer für die Dienstboten. Im Moment ist es in einem furchtbaren Zustand, mit schrägen Wänden und unpraktischen Nischen. Das baue ich im nächsten Jahr aus."

„Darf ich reinschauen?" fragte ich ihn.

„Gerne, aber seien Sie nicht zu schockiert. Es sind halt vergammelte Räume. Das Dach ist allerdings dicht und in gutem Zustand."

Ich guckte hinein. Es sah gruselig aus: uralte Dachverschläge, fast verrottet und voller Gerümpel. Aber es waren 150 qm Fläche.

„Würden Sie mir das Dachgeschoß im jetzigen Zustand zum Sonderpreis verkaufen, Herr Weich?"

Weich war überrascht. Einen Moment dachte er nach, dann fragte er mit einem Pokergesicht: „Was würden Sie bieten?"

„50.000 cash down."

Jean sah mich erschrocken an.

„Willst Du das nicht nochmal in Ruhe überlegen", stammelte sie bestürzt über meinen Leichtsinn.

„Nein", sagte ich todernst. „Herr Weich, Sie haben mein Angebot."

„Ich muß das in Ruhe durchdenken. Ich rufe Sie morgen im Büro an, Herr Bartels. Einverstanden?"

Ich nickte, gab ihm meine Karte und wir verabschiedeten uns. Jean schimpfte los, als wir aus dem Haus waren.

„Du bist wahnsinnig, Adi! Wie kannst Du soviel Geld für den verrotteten Dachboden bieten. Oh Gott, Du weißt, wir haben nur 4.000 Mark auf der Bank."

Ich gab ihr einen Kuß und streichelte sie.

„Jean, das rechne ich Dir zuhause vor", erklärte ich. „Du glaubst nicht, was für Ideen mir bei dem Typen eingefallen sind. Wir werden die gleiche Art von

Geschäft machen wie er. Nur zwei Nummern kleiner."

In unserer Wohnung angekommen, stürzte ich wie ein Besessener an meinen Schreibtisch und fing mit dem Zeichnen an. Bis in den späten Abend hinein rechnete ich herum. Als ich mir über meinen Entschluß im klaren war, setzte ich mich zu Jean ins Wohnzimmer und schenkte uns einen doppelten Scotch ein. Dann zeigte ich ihr meine Zeichnungen.

„Aus dem Dachgeschoß könnte ich drei 2-Zimmer-Wohnungen machen", sagte ich.

„Paß auf, wir leihen uns das Geld von der Bank. Wir bauen die erste 2-Zimmer-Wohnung aus und ziehen ein. In dem Moment haben wir die Sache schon geschaukelt, weil die ersparte Wohnungsmiete die Hypothek bezahlt."

Jean hörte mir verwirrt zu.

„Dann machen wir weiter und ziehen Trennwände in die restlichen Räume und verkaufen eine Wohnung zum Selbstausbau. Das verschafft uns genug Geld für den Ausbau der dritten."

Sie nickte zaghaft und sagte: „Okay, wenn Du glaubst, daß Du es finanziell packst, bin ich einverstanden."

Sie umarmte mich und flüsterte: „Wer nichts im Leben riskiert, kommt zu nichts. Machen wir's halt."

Am nächsten Tag rief mich Weich an. Er versuchte, den Preis um 10.000 Mark hochzudrücken. Ich lehnte ab. Zwei Stunden später rief ich bei ihm an, und wir einigten uns auf die Hälfte. Das gesamte Geld, das wir auf der Bank hatten, einschließlich genehmigtem

Banküberzug deckte gerade die Anzahlung beim Notartermin. Der Rest war sechs Wochen später fällig, wegen der Bankfinanzierung.

„Allerdings müssen Sie zu mir ins Büro kommen, um den Vorvertrag zu unterzeichnen. Eine reine Formsache“, meinte Weich.

„Wissen Sie, auf dem Papier gehört das Haus meiner Frau. Sie hat meine Immobilienfirma EIWO beauftragt, die Wohnungen zu verkaufen. Wegen der Banken allerdings, die alles finanziert haben, darf ich nur verkaufen, wenn ich was Schriftliches habe. Wie wäre es morgen um elf?“

„Ich verstehe“, sagte ich. „Gut, bis morgen.“

Ich war sehr nervös. Es ging um viel Geld und unsere Zukunft. In der Nacht wachte ich zweimal auf und dachte erschrocken darüber nach. Aber pünktlich zum Termin erschien ich am nächsten Tag in Weichs pompösen Büro an der Hauptwache. Er präsentierte mir einen dreiseitigen „Kaufauftrag“.

Ich überflog die wichtigsten Eintragungen. Eigentlich war alles klar. Für die vielen Klauseln auf der Rückseite hätte ich allerdings einen Anwalt gebraucht. Ich wollte nicht unerfahren wirken – ich unterschrieb.

„Fein“, sagte Weich zu mir.

„98% aller Millionäre haben so angefangen wie Sie, Herr Bartels. Grundbesitz ist das einzige auf der Welt, das sich nicht vermehren läßt. Und er ist die sicherste Anlage“, er klopfte mir wohlwollend auf die Schulter.

„Wenn Sie aus dem Dachgeschoß ein paar vernünftige Wohnungen machen, können Sie sie in zwei Jahren mit sicherem Profit verkaufen."

„Warum erst in zwei Jahren?" fragte ich.

„Dann ist der Zugewinn steuerfrei. Selbst wenn er in die Millionen geht."

Weich lächelte über soviel Unwissenheit.

Benommen trat ich wieder auf die Straße. Das war ein Spitzengeschäft! Fast risikolos und sogar steuerfrei. Kein Wunder, daß die Hausbesitzer im Westend gigantische Vermögen zusammenraffen konnten. Eines war mir nun klar: Die große Asche wird mit Immobilien gemacht!

Vom Büro aus rief ich die Zeitung an und inserierte meine Bauernantiquitäten. Jetzt brauchte ich Geld, viel Geld. Als ich ernsthaft darüber nachdachte, geriet ich wieder in Panik. Was würde passieren, sollte ich keine Bank finden, die mir das Geld leiht? Ich rief Heinz an.

„Mach Dich nicht verrückt, Adi. Du hast einen guten Job und die Immobilie ist Deine Sicherheit. Da sehe ich keinerlei Schwierigkeiten. Wichtig ist nur, daß Du 'nen Spitzenplan machst. Demonstriere der Bank ruhig, daß die Bude eigentlich 'ne Viertelmillion wert ist. Wenn der Bericht steht, besorge ich Dir einen Schätzer. Den mußte ein bißchen schmieren und dann gibt er Dir eine Schätzung von zweihundert bis dreihunderttausend Märker."

Dieses Insiderwissen hätte ich Heinz nicht zugetraut.

„Woher weißt Du das alles?" fragte ich ihn.

„Der Klaus vom Mercedesladen an der Bornheimer Landstraße ist ein alter Freund vom Weich. Die haben früher im gleichen Club geboxt. Als ich mir den Heckflossen-Daimler bei ihm gekauft habe, haben wir uns über Weichs Aufstieg unterhalten. Er hat erst vor zwei Jahren damit angefangen und scheint auf 'ne Goldader gestoßen zu sein: die Umwandlung von alten Mietshäusern in Eigentumswohnungen."

Fasziniert fragte ich weiter: „Aber da braucht man Unmengen von Bargeld. Woher hat er das?"

„Nicht der Weich", meinte Heinz. „Das ist ein stadtbekannter Zocker. Der kauft Mietshäuser ohne einen Pfennig Cash und verkauft sie sofort weiter gegen eine saftige Vorauszahlung."

Ich bedankte mich, legte auf und fing sofort an, Etagenpläne zu zeichnen und entwarf mein Konzept für die Bank. Ein ganzer Bürotag und drei Feierabende gingen dafür drauf. Schnellstens übergab ich dann die Mappe meinem Bankfilialleiter.

„Das krieg' ich für Sie durch", sagte er, nachdem er kurz reingeschaut hatte. „Sie können mit dem Geld rechnen."

Zwei Wochen später gingen wir zum Notartermin. Weichs Notar Dr. Minke war eine ziemliche Persönlichkeit. Er war es so sehr, daß er uns nicht einmal die Hand gab. Er kam ruckzuck zur Sache und las uns den fertigen Vertrag vor. Dieser eingebildete Popanz war allerdings ein Experte in seinem Fach. Er bewies es dadurch, daß er bereits in dem Vertrag die Befreiung von der Grunderwerbssteuer beantragte.

„Ist das denn möglich?" fragte ich eingeschüchtert.

„Sie kaufen verfallene Räume, die Sie wieder herrichten. Dadurch schaffen Sie Wohnraum und werden damit per Antrag von der Steuer befreit", erklärte er ohne aufzusehen und schob uns den Vertrag rüber. Er drückte Jean einen Kugelschreiber in die Hand und deutete unter den letzten Absatz:

„Dort bitte unterschreiben. Und Ihr Gatte darunter."

Wir machten, was er sagte. Dann unterschrieb Weich. Nun waren wir Hausbesitzer. Wenn auch nur anteilig. Aber trotzdem richtige Besitzer! Und wir waren sehr glücklich, obwohl wir uns damit viele Probleme aufgeladen hatten.

Ich besuchte unsere Hausdruckerei am Anlagenring, um Werbematerial abzuholen. Die Firma war noch nicht mit dem Falzen fertig. Eine Stunde Zeit für einen Caféhausbesuch. Ich ging zum Schwille. Es war ein sommerlicher Vormittag. Die Sonne schien und in der Freßgaß' war Hochbetrieb. Ich kaufte eine *Rundschau* am Kiosk und betrat das Café.

Die Prominentenecke war voll besetzt. Telly Goldstein, Wilhelm Weich, Versicherungs-Meier und Zeitarbeit-Schulz zockten um die Frühstücksrechnung. Ich ging an ihnen vorbei zu Heinzens Stammtisch. Der unterhielt sich gerade mit Franz-Georg, dem Barmann vom Jazzhaus.

„Hallo, Leute", sagte ich gutgelaunt und setzte mich dazu. Ich bestellte ein Kännchen Kaffee, gekochte Eier im Glas und ein Butterbrötchen. Dann las ich die Zeitung.

„Money, der Baron, hat einen riesigen Supermarkt in Friedberg gemietet", erzählte Heinz.

„Der hat außer seinem Titel nur das Schwarze unter den Fingernägeln", meinte Franz-Georg.

„Das ist ja der Witz. Er macht das mit Mike von Habenberg als Partner."

„Der Mike hat auch nichts drauf", sagte ich und trank den ersten Schluck des köstlichen Kaffees.

„Aber sie versuchen, ein großes Ding aufzuziehen. Sie haben den leeren Supermarkt zum halben Mietpreis und drei Monate lang das Rücktrittsrecht, wenn der Laden nicht läuft."

Ich legte meine Zeitung beiseite und hörte interessiert zu.

„Sie haben mir den Auftrag gegeben, in goldenen Buchstaben *Mega-Markt* draufzumalen. Hab' ich gemacht, sieht Spitze aus."

„Hast Du wenigstens Deinen Lohn gekriegt?"

Heinz grinste: „Zehn Kisten Wein."

Franz-Georg und ich schauten ihn verständnislos an.

„Die haben doch keine müde Mark. Der ganze Deal läuft nur mit Naturalien", erklärte er.

„Sie haben sich Briefbögen drucken lassen mit *Mega-Markt* und *Herr Direktor* drauf. Und jetzt fordern sie rund um die Uhr bei Großhändlern und Herstellern kostenlose Probeware zum Testen an. Nach dem Motto: Wenn Ihre Ware bei uns läuft, bestellen wir nach."

„Und das funktioniert?" fragte ich.

„Meistens. Hauptsächlich bei den kleineren Unternehmen, die es noch nötig haben. Der Laden ist schon zur Hälfte mit Ware gefüllt: vom Wein bis zum Dosenfleisch, von der Schokolade bis zur Marmelade. Tonnen von Waren haben sie reingemogelt."

„Wie soll das weitergehen?“ fragte Franz-Georg.

„Is doch logisch. Nach den Probemonaten machen sie den Laden wieder dicht. Alles, was sie vorher verkaufen, klimpert schön in der Kasse und den Rest verhökern sie zu Dumpingpreisen.“

Jeder dachte beeindruckt darüber nach.

„Deren Nerven möchte ich haben“, dachte ich. Ich fing an, von meinem Dachgeschoß zu erzählen und hoffte, Heinz würde Interesse zeigen und sich vielleicht sogar bereit erklären, es anzuschauen. Er verstand etwas von Innenausbau.

„Ich guck’ mir gerne Deine Bude an“, sagte er bereitwillig.

„Vielen Dank“, entgegnete ich erleichtert. „Ich brauche die Meinung eines Fachmannes.“

Heinz lehnte sich zurück, schaute kurz zu Weich rüber und sagte dann ernsthaft zu mir: „Mit dem Weich sollte man keine Geschäfte machen. Der ist zu clever. Da muß man Federn lassen.“

Heinz hatte recht, aber das wußte ich zu diesem Zeitpunkt noch nicht.

Am nächsten Tag war in der Post eine Mahnung. Sie kam von Weichs Maklerfirma – für eine Rechnung, die ich nie bekommen hatte. Sie betrug 2.750 Mark für 5% Maklergebühr. Damit hatte ich nicht gerechnet. Ich dachte, ich hätte vom eigentlichen Besitzer gekauft.

„Scheiße“, fluchte ich.

Es war mir klar, daß auf der Rückseite von Weichs Kaufauftrag etwas über eine Maklergebühr stehen mußte. Ich rief ihn an und teilte ihm mit, daß ich mich weigere, die Gebühr zu zahlen.

„Da werden Sie ganz schön Ärger bekommen“, sagte er zynisch. „Sie haben unterschrieben.“

„Aber ich hab’ den Betrag nicht miteinkalkuliert. Ich hab’ ihn nicht“, jammerte ich.

„Hmm . . . Es gäbe eine Möglichkeit, Ihnen entgegenzukommen“, sagte er. „Ich wäre zufrieden, wenn Sie mir die Hälfte schwarz geben würden. Ohne Quittung, Sie verstehen?“

„Und in bar.“

„Ja, genau. Wann könnten Sie zahlen?“

„Wenn es sein muß, dann heute nachmittag“, seufzte ich.

„Okay, kommen Sie zu mir ins Büro“, sagte er und legte auf.

1.375 Mark in bar! Damit waren wir endgültig blank. Zum Glück war es kurz vor dem Ersten und mein Gehaltsscheck könnte schon da sein. Ich rief meine Bank an.

„Überziehen Sie ruhig und machen Sie das in den nächsten Monaten wieder glatt“, meinte mein Banker.

Zähneknirschend holte ich das Geld und brachte es Weich. Der gab mir eine Bescheinigung, daß ich von der Maklergebühr befreit sei. Mit einem Mordshaß ging ich zurück zur Arbeit.

Am selben Abend traf ich Heinz am Bau. Als wir hochgingen und ich das Dachgeschoß aufschloß, erzählte ich von Weichs Rechnung.

„Das ist ein aalglatter Lump. Da wurd’ste ganz schön gelinkt“, meinte er. „Laß bloß in Zukunft die Finger von ihm.“

Wir traten in den Flur, und ich packte meine Tasche aus. Zollstock, Papier, Bleistifte, eine Wasserwaage und zwei Dosen Bier waren drin. Das Bier war für Heinz, weil er immer bei der Arbeit was zum Schlucken brauchte. Heinz machte eine Dose auf.

„Der Bau sieht zwar vergammelt aus, ist aber trotzdem in gutem Zustand“, murmelte er und klopfte mit der Dose an die Balken.

„Solide. Der Fußboden ist auch gut“, sagte er aufmunternd zu mir. „Das Dach ist dicht. Da kommen Isoliermaterial und Nut- und Federbretter rauf. Die Zwischenwände machen wir aus Rigips und Isolierwolle.“

Nur die Fenster und Türen gefielen ihm nicht.

„Isolierfenster und Edelholztüren holen wir uns vom Baumarkt, möglichst im Sonderangebot“, meinte er.

„Langsam, Heinz. Du weißt, daß ich kaum Geld habe.“

Ich dachte nach.

„Vielleicht kann ich am Wochenende ein paar antike Bauernmöbel verkaufen. Das könnte klappen.“

„Du mußt einen Kleinkredit auftreiben. Wir werden mehr brauchen“, sagte er.

„Wenn ich mit einem Kumpel zusammenarbeiten kann, könnten wir die erste Wohnung in ungefähr acht Monaten fertig haben. Dann bauen wir die zweite Wohnung als Rohbau aus.“

Ich nickte eifrig.

„Wir können sofort anfangen. Von draußen sieht keiner, ob wir arbeiten. Und wenn die Baugenehmigung kommt, haben wir schon die Hälfte fertig.“

Wir besprachen die weiteren Details und einigten

uns auf den Stundenlohn: schwarze fünfzehn Mark. Es konnte also losgehen.

Bald war ich Stammkunde in allen Baumärkten des Frankfurter Raumes. Ein Kleinkredit und der Antiquitätenverkauf hatten mich für den Anfang flüssig gemacht. In meiner knapp bemessenen Freizeit suchte ich die billigsten Rigipsplatten, Türen, Zargen und schleppte mich mit Werkzeug, Elektrozubehör und Isolierwolle ab.

Dann zogen wir endlich ein. Wir jubelten, als wir unsere eigene Wohnung betraten.

Die Wartezeit für die Steuerbefreiung war fast rum, und wir hatten die zweite Wohnung bereits fertig. In der *Frankfurter Rundschau* gab ich für das Wochenende folgende Anzeige auf:

„Sensationelle Möglichkeit von Privat!
2-Zi.-Eigentumswohnung zum Selbstausbau.
Nur DM 49.000.“

Tatsächlich meldeten sich ein paar Interessenten und einer von ihnen biß an. Wir machten den Notartermin für die nächste Woche klar.

Jean und ich waren begeistert. Es war kaum zu glauben. Wir würden nicht nur den Kleinkredit, sondern auch die Hälfte der Hypothek zurückzahlen können. Außerdem hatten wir Geld für unseren weiteren Ausbau.

Mit neuem Elan bauten wir an der dritten Wohnung weiter. Die Hälfte unseres Monatseinkommens steckten wir in den Ausbau und lebten deshalb auf Dauerdiät. Zwei Tage vor Heiligabend verkauften wir die dritte Wohnung für 89.000 Mark. Abzüglich der Baukosten erzielten wir runde 50.000 Mark Profit!

Aufgrund dieses Geldsegens erfüllten wir uns einen lange gehegten Wunsch und fuhren zum Verkaufplatz von Klaus an der Bornheimer Landstraße, um einen neuen Wagen zu kaufen. Da stand, top poliert, ein schwarzer 280er Mercedes mit hellgrauen Polstern – immer noch das neueste Modell. Er hatte allerdings 110.000 Kilometer auf dem Buckel. Wir gingen um den Wagen herum.

„Mit dem Daimler sind Sie doch wer“, sagte Klaus Schröter, ein Sympathie heischender Mann mit einer dicken Goldkette im offenem Sporthemd.

„Wenn Sie mit dem vorfahren, sind Sie für jeden der erfolgreiche Geschäftsmann.“

„Am hinteren rechten Flügel ist eine Schramme und dann der Tachostand. Mit dem Wagen ruiniere ich mich, wenn ich Pech habe“, sagte ich unsicher.

„Machen Sie eine Probefahrt, damit Sie selber erleben, wie die Reichen fahren.“

Er reichte mir die Schlüssel und stieg hinten ein.

„Setz Dich rein, Schatz“, sagte ich begeistert und hielt Jean die Beifahrertür auf. Sie nahm Platz.

„Die Sitze sind sehr bequem“, bemerkte sie.

Ich setzte mich ans Steuer und fuhr los, die Bornheimer runter, am Eschenheimer Turm vorbei bis zur Freßgaß’. Vorm Schwille hielt ich an und lud Klaus zum Kaffee ein. Am Tisch bot ich ihm meinen alten Ford und 4.800 Mark in bar.

In der Wichtigen-Ecke saßen Telly Goldstein und Zeitarbeit-Schulz. Sie hatten meine Vorfahrschau mitgekriegt und begrüßten . . . uns oder nur Klaus, der ja der beste Freund von Weich war?

Klaus grüßte sie, und ich tat es ihm nach.

„Sagen wir 5.500 in cash und davon zwei schwarz“, sagte er.

„Sagen wir fünftausend“, erwiderte ich.

„Okay, dann nehme ich noch das Radio raus“, pokerte er.

Er reichte mir die Hand, und ich schlug ein. Schon am nächsten Tag war der Wagen auf mich zugelassen. Ich strahlte. Mit dem Wagen konnte ich es den anderen jetzt richtig zeigen.

Abends waren wir oft in der Jazzgasse, und allmählich kannten wir viele der Stammgäste. An einem späten Samstagabend, als wir in der Bodega Frikas mit Knoblauchcreme aßen, kam Baron Money herein. Er trug in jeder Hand zwei prallgefüllte Plastiktüten. Als er uns sah, kam er rüber und setzte sich dazu.

„Wie läuft der Mega-Markt?“ fragte ich ihn interessiert.

„Das ist ein harter Brocken, Adi. Wenn man bei dem Geschäft nicht aufpaßt, hat man ruckzuck die Schmiere am Hals“, sagte er und bestellte sich ein Bier und einen doppelten Asbach.

Deutscher Ur-Alt-Adel, nicht so weltfremd wie ich immer dachte, sondern eher realistisch.

„Ich hab’ gedacht, Euer Risiko ist begrenzt?“

„Ja. Aber wir haben doch viele Sachen auf Pump kaufen müssen. Die Elektrorechnungen für die Tiefkühltruhen sind sehr hoch. Trotzdem vergammelt und verschimmelt vieles, weil der Laden extrem lahm läuft."

Um sich zu stärken, schluckte er den Asbach in einem Zug runter.

„Das Geld fliegt nur so davon. Es ist einfach unmöglich, in der jetzigen Zeit als Geschäftsmann klarzukommen, wenn man kein Startkapital hat."

„Das große Geld der Nachkriegs-Goldgräberzeit ist lang gelaufen", sagte ich verständnisvoll.

„Heutzutage muß man durch Politik oder Beziehungen an die fetten Pfründe kommen. Und vor allen Dingen das Finanzamt linken", meinte er. „Schau Dir den Fischer an. Das ist nur ein kleiner Schornsteinfegermeister, aber er fährt einen Ami-Sportwagen und hat heimlich mehrere Mietshäuser in Florida gekauft."

Ich kannte den großen, blonden Fischer. Er wirkte wie ein Einfaltspinsel und war doch ein gerissener Hund!

„Weißt Du, der zieht nicht nur aus seinem Bezirk ein sattes Monatssalär raus, sondern verordnet sich zusätzlich noch die Aufträge für Schornstein- und Dachsanierungen. Das zieht er mit Kanaken schwarz durch." Money kam richtig in Fahrt. „Das steuerfreie Geld legt er clever im Ausland an, dann fliegt er viermal im Jahr hin und macht auf reichen Rentier."

Dann schaute er bedeutungsvoll auf seine Plastiktüten. „Und unsereiner hat nicht mal mehr Geld fürs Benzin."

„Was hast Du da Money?" fragte ich.

„Die feinsten Delikatessen. Alle zum halben Preis. Schau mal rein."

Und so kauften wir Krabben in Dosen, Würste, Rosinenstollen, echten Champagner, französischen Käse und Schweizer Schokolade zu einem Spottpreis. Die anderen Gäste kriegten das mit und kauften danach direkt aus seinem Wagen, der bis zum Fensterrand gefüllt war. Money machte das jeden Abend, drei bis vier Wochen lang, bis der Mega-Markt geschlossen wurde. Alles in allem kam er mit einem blauen Auge davon. Als ich ihn später einmal im Schwille traf, sagte er schmunzelnd dazu:

„Wieder ein paar Monate des Lebens locker über die Runden gebracht. Gut gelebt und meine Spielschulden bezahlt Was will ich mehr?“

„Was machst Du jetzt, Money?“

„Ich gehe Häuser abklopfen für Weich“, sagte er. „Ich suche günstige Gebäude für ihn. Dafür zahlt er mir eine gute Provision.“

„Und wie läuft's?“ fragte ich.

„Na ja, Adi. Sagen wir mal, beschissen ist geprahlt!“

Nach drei Jahren hatte ich mich bei der Nähmaschinenfirma gut eingearbeitet, als es eines Tages an meine Bürotür klopfte.

„Ja, bitte“, sagte ich, ohne von meiner Arbeit aufzuschauen. Die Tür öffnete sich und Dr. Hoffmann, zu dem ich ein freundschaftliches Verhältnis hatte, trat ein.

„Bartels, ich komme, um mich von Ihnen zu verabschieden. Ich habe gerade gekündigt“, sagte er und reichte mir die Hand. „Der Geschäftsführer ist eben von einem Kanadier abgelöst worden. Für mich ist auch schon der Nachfolger da."

Bevor ich mich von meinem Erstaunen erholen konnte, bedankte er sich für die gute Zusammenarbeit und wünschte mir alles Gute. Ein paar Tage später rief mich sein Nachfolger Mr. Cox in sein Büro und erklärte mir, daß die Schulungsabteilung aufgelöst wird. Die Aufgaben würden anderen Abteilungen zugeteilt.

„Herr Bartels, Sie sind ab sofort stellvertretender Werbeleiter", sagte er. „Sie arbeiten für Herrn Krause, unseren Werbechef."

Mir wurde schwindelig. Ich hielt mich am Schreibtisch fest. Krause konnte ich nicht ausstehen und umgekehrt war es wohl genauso. Einem Manager in gleicher Stellung unterstellt zu werden, das war . . .

„Das ist Degradierung", stammelte ich. „Ich kündige zum Quartalsende und übernehme eine Position bei der Konkurrenz."

Weil ich das sagte, wurde ich sofort beurlaubt. Damit hatte ich gerechnet. Jetzt hatte ich neun Wochen bezahlten Urlaub, den ich gut gebrauchen konnte. Ich lag zwar wieder einmal am Boden und mußte mich neu orientieren, aber daraus hatte ich in der Vergangenheit jedesmal einen Vorteil gezogen.

Bremen

Schon als kleiner Junge war ich ein Einzelgänger, der in einer Traumwelt lebte. Ich hatte Hunderte von Abenteuerromanen verschlungen und träumte davon, Goldsucher, Pferdetramp, Schatzsucher, Journalist oder Rockstar zu werden, je nachdem, was ich gerade gelesen hatte.

Ich hatte immer neue Ideen. So gründete ich einen *Verein zur Bekämpfung von Schundliteratur*, um so ohne Geld an möglichst viele Groschenhefte heranzukommen. Mit meinen Freunden Achim und Hans legte ich die Statuten unseres Vereins fest und tippte sie auf der klapprigen Schreibmaschine von Achims Tante ins Reine. Mit diesem Dokument, das ich als Präsident und Achim und Hans als meine Stellvertreter unterzeichnet hatten, bestieg ich den Bus der Bremer BVG und fuhr nach Bremen-Blumenthal zur örtlichen Tageszeitung. Dort besprach ich meine ehrgeizigen Pläne mit dem zuständigen Lokalredakteur, der mir amüsiert zuhörte und versprach, mich zu unterstützen. Am nächsten Tag stand unter der Überschrift *Schüler gründen Verein zur Bekämpfung von Schundliteratur* in der *Norddeutschen Zeitung*, daß bei dem Präsidenten Bartels eben jene „Schundhefte“ (so wurden sie von den Eltern bezeichnet) wie Akim, Fulgor, Billy Jenkins und Tom Prox abgeliefert werden können. Damals war ich neun Jahre alt.

Tatsächlich kamen in den nächsten Tagen einige Kinder und brachten die Hefte; die meisten waren wohl von ihren Eltern dazu gezwungen worden. Die eingehenden Bestände wurden von uns sorgfältig sortiert und gebündelt. Es war das reinste Schlaraffenland; wir hatten Heftchen in Hülle und Fülle und konnten lesen, lesen und nochmal lesen.

Die meisten der zusammengestellten Sammlungen verschacherten wir dann, tauschten sie gegen Glasmurmeln, Gaspistolen, Fahrtenmesser, Inflationsgeld, Spielzeug, Hitlerorden oder Bargeld. Schon bald war meine Kommode bis zum Rand mit Schätzen gefüllt. Ich kapierte, daß eine gute Idee mit einer sorgfältig geplanten Marketingstrategie und hartem Arbeitseinsatz Berge versetzen kann.

Ich las damals gerade die *Schatzinsel* und fing an, gleich den Piraten im Buch, mir in der Umgebung geeignete Verstecke für meine Wertsachen zu suchen. Nicht weit von unserer Wohnung im Blumenthaler Forst gab es ein Flüßchen mit ausgehöhlten Baumstümpfen und kleinen Höhlen. Ich verstaute die Sachen in Keks- oder Kaffeedosen, die ich mit Teer, Wachs und Isolierband wasserdicht verschloß, und versteckte sie dort. Dann legte ich mit verschlüsselten Ortsbestimmungen eine Karte an, die einem alten Schatzplan glich.

Hinter dem Forst war ein Barackenlager für Flüchtlinge und fahrendes Volk. An einem schulfreien Samstagmorgen, an dem ich wieder etwas verstecken wollte, sah ich in einer Waldlichtung spielende Kinder aus dem Lager. Sie waren ungefähr so alt wie ich, sie sangen ein fremd klingendes Lied und tanzten und sprangen dazu. Die Jungen waren schmutzig und ihre Kleidung zerlumpt. Sie trugen keine Schuhe und ungepflegte, zottelige Haare fielen in ihre hübschen Gesichter.

Ich blieb in den Büschen verborgen und lauschte ihrem seltsamen Treiben.

Da teilte sich das Unterholz auf der anderen Seite der Lichtung. Ein zierliches Mädchen, ungefähr drei bis vier Jahre älter als ich, kam tänzelnd mit ausgebreiteten Armen auf den Platz. Lange, schwarze Haare bedeckten ihren Rücken, und sie trug ein weißes Kleid, das bis zum Boden reichte. Eine goldene Maske mit einem silbernen V über engen Augenschlitzen bedeckte ihr Gesicht.

Das Mädchen sang zusammen mit den Knaben eine traurig wehmütige Klage, tanzte und drehte sich dabei. Regenwolken kamen auf, und es wurde dunkel. Die Kleine tanzte langsamer. Schließlich blieb sie abrupt stehen und zeigte mit dem Finger auf mich! Dann drehte sie sich mit einem schrillen Aufschrei um und rannte davon.

Die beiden Jungen kamen blitzschnell zu mir rüber.

„He, da haben wir endlich den heimlichen Lauscher“, sagte der größere mit einer Drohgebärde.

„Ich wollte nicht stören. Ich bin nur zufällig hier vorbeigekommen“, stammelte ich verlegen.

„Halb so schlimm“, meinte er. „Tara ist nur furchtbar erschrocken. Sie ist so scheu.“

„Gehört sie zu Euch?“

„Ja, unsere Familie hat sie aufgenommen. Ihre gesamte Sippe ist im Krieg umgekommen.“

„Warum trägt sie die goldene Maske?“

„Die wurde von Generation zu Generation in ihrer Sippe weitervererbt und ist das einzige, was ihr geblieben ist. Über tausend Jahre alt ist sie und stammt aus Indien.“

Damals war ich von dem Tanz des Mädchens mit der goldenen Maske stark beeindruckt.

Als ich Wochen später ein paar Sachen aus meinen Verstecken holen wollte, stellte ich fest, daß alle meine Schätze geplündert worden waren. Jemand mußte mich beim Vergraben beobachtet haben. Ich weinte und eine ungeheure Wut stieg in mir auf. Ich ging rüber zum Barackenlager, aber es war leer. Städtische Arbeiter räumten den Platz. Das fahrende Volk war verschwunden. Ich fühlte mich verraten und hilflos. Für mich stand fest, daß die Kinder um Tara meine geheimen Schätze geborgen hatten.

Oft nahm ich den Schulatlas meines Vaters mit auf den Speicher über unserer kleinen Mietwohnung; dort hatte ich mir ein Versteck gebaut. Ich studierte die Karten und las die fremden Namen und stellte mir vor, diese exotischen und geheimnisvollen Orte später selbst einmal aufzusuchen. In Europa gab es nur zwei Städte, die mich faszinierten: Paris und London.

Natürlich wollte ich auch nach Amerika, nach New York mit seinen irrsinnigen Wolkenkratzern oder nach Key West, wovon ich keinen blassen Schimmer hatte, aber mich reizte die extreme Lage am Ende einer langen Inselkette, umgeben vom Atlantik und dem Golf von Mexico.

Ich träumte meine Träume, in denen ich ein strahlender, reicher Mann war. Mit einer großen schwarzen Limousine fuhr ich dann ein geheimnisvolles Mädchen mit einer goldenen Maske spazieren ...

Es dauerte nicht mehr lange, bis ich begreifen sollte,

daß der Schritt ins große Abenteuer eigentlich ganz simpel ist. Wenn Du die Schnauze richtig voll hast und mit Deinem Leben unzufrieden bist, dann mußt Du den totalen Bruch mit Deinen Lebensumständen riskieren. Du mußt radikal alles abbrechen, so daß es keinen Weg zurück mehr gibt. Das ist unabdingbar, denn dann bist Du gezwungen, mit der neuen Situation fertig zu werden und durchzuhalten – so wie ich es 1962 getan hatte.

Irgendwo hinter Metz stand ich im Morgengrauen auf der Landstraße. Die Nacht hatte ich, eingerollt in eine Wolldecke, im dichten Gras des Straßengrabens verbracht. Die Decke legte ich zusammen und verstaute sie in meinem Leinenkoffer. An einer Viehtränke strich ich mir die Haare glatt und putzte mir die Zähne. Ich setzte mich auf eine Milchrampe, aß ein Leberwurstbrot und nahm einen Schluck aus der Milchflasche. In meinem Transistorradio spielte französische Volksmusik – und wieder begann ein neuer Traumtag.

All die anderen armen Teufel auf der Welt rissen gerade ihren lausigen Acht-Stunden-Tag ab, und ich saß hier in der französischen Provinz und tat nichts. Kein Bürochef, der auf die Uhr schaut, wenn Du fünf Minuten zu spät kommst. Keine nervtötenden Zahlenkolonnen, die stunden-, nein tagelang addiert und miteinander verglichen werden müssen; keine lausigen Überstunden bis in den späten Abend hinein, die Dir außer einem anerkennenden Schulterklopfen keine müde Mark mehr ins Portemonnaie bringen.

Ich war zum ersten Mal seit Jahren glücklich, weil ich frei war. Meine Lehr- und Gehilfenzeit als Kaufmann hatte ich in einem Bremer Verlagshaus verbracht. Über fünfzig Stunden die Woche für einen Monatslohn von 50 Mark; mein letztes Gehalt als Gehilfe betrug 320 Mark brutto. Scheiße!

In dem Verlagshaus hatte ich schon im ersten Jahr bemerkt, daß ich gut verkaufen konnte, also bemühte ich mich immer um einen Job am Kundenschalter, um Drucksachen oder Anzeigen zu verkaufen. Da die Lehrlinge nach dem Ausbildungsplan alle Abteilungen einer Firma durchlaufen müssen, war es nicht immer einfach, sich aus der langweiligen Buchhaltung oder dem noch langweiligeren Versand davonzustehlen. Aber weil ich im direkten Kundenkontakt eine gute Figur machte und auch kleine Verkaufserfolge vorzuweisen hatte, setzte mich die Firmenleitung immer häufiger in der Kundenbetreuung ein.

Kurz vor Ende meiner Lehrzeit bat mich der stellvertretende Betriebsleiter, Herr Pickel, in sein Büro. Er legte eine Ausgabe seiner privaten Vereinszeitschrift *Aumunder Vereinsleben*, die er in seiner Freizeit als ein aus Anzeigen finanziertes Monatsblatt verlegen wollte, auf den Tisch.

„Bartels, das ist mein privates Blatt, das ich zusammen mit 18 Nordbremer Vereinen ab nächsten Monat verlegen will. Die Sache hat aber einen Haken, den hier . . ."

Herr Pickel legte einen Brief der Bremer Handwerkskammer daneben.

„Diesen Brief hab' ich heute morgen bekommen. Meine Zulassung zur Meisterprüfung. Darauf warte ich seit zwei Jahren."

Die Meisterprüfung war die Voraussetzung dafür,

Betriebsleiter zu werden. Aber Meisterprüfung und Freizeitverlag, das ging nicht zusammen.

„Bartels, Sie sind zwar noch ziemlich jung, haben aber Talent als Anzeigenverkäufer. Wie stellen Sie sich Ihre Zukunft vor?“

„Ich möchte für unsere Tageszeitung als Anzeigenvertreter mit Fixum und Provision arbeiten. Möglichst schon im nächsten Jahr, sofort nach meiner Abschlußprüfung!“

„Sehen Sie, genau das hab' ich mir gedacht. Deshalb schlage ich Ihnen ein Geschäft vor, unter uns, versteht sich. Sie übernehmen in den nächsten drei Monaten den Anzeigenverkauf für mein Blatt. Das heißt, Ihre gesamte Freizeit, alle Abende, die Wochenenden und Ihr Urlaub gehen dabei drauf, wenn Sie für mich den Anzeigenvertreter machen. Wenn Sie Erfolg haben und meine Zeitung steht in drei Monaten noch gesund da, garantiere ich Ihnen den ersten freien Anzeigenvertreterposten im nächsten Jahr!“

Ich war vor Freude ganz besoffen. Überschwenglich bedankte ich mich und versprach den totalen Einsatz. Instinktiv erkannte ich meine Chance!

„Chef, Sie werden es nicht bereuen.“

„Viel Erfolg, Bartels.“

Ich schuftete wie ein Tier, arbeitete an den Wochenenden und nahm meinen gesamten Jahresurlaub. Mit meiner Begeisterungsfähigkeit und in dem blinden Glauben, daß Fleiß tatsächlich seinen Preis bringt, schaffte ich Rekordumsätze. Schon vor Erscheinen der ersten Ausgabe hatte ich zwei Drittel Anzeigenraum für drei Ausgaben verkauft! Mein Lohn: 3% vom Umsatz; Pickel kassierte 45%.

Ich war damals 17 Jahre alt und diese lächerlichen drei Prozent schienen mir viel, viel Geld. Ich war bereit, alles, wirklich alles zu geben, um nur den Hauch einer Chance zu bekommen, etwas höher zu steigen auf der Leiter des Erfolgs.

Aber wenn ich mich umsah und die anderen Angestellten betrachtete, ja selbst die Abteilungsleiter oder den Bürochef, wie sie jahrelang „für die Firma" schufteten und dachten, es im Leben „geschafft" zu haben, nur weil sie sich einen lausigen Mittelklassewagen leisten konnten, dann sagte ich mir, daß es das nicht sein könne, in zwanzig Jahren hier immer noch zu sitzen, in diesem stinklangweiligen Büro mit seinen kleinen popeligen Intrigenspielen. Ist das wirklich der Sinn des Lebens? Ich hatte schon als kleiner Hüpfer erlebt, wie sich die Älteren gegenseitig fertigmachen, sich zerfleischen für eine Gehaltsaufbesserung, für einen Bürosessel mit gepolsterten Armlehnen, und mir wurde klar, daß ich alles tun mußte, um hier rauszukommen. Alles!

Im nächsten Frühjahr kündigte ein Außendienstmitarbeiter und ging zur Konkurrenz. Durch sein Weggehen mußte sein Bezirk natürlich ein paar Federn lassen, aber es war immer noch ein umsatzstarker Bezirk, der vor allem ausbaufähig war. Pickel gab mir die nötigen Unterlagen: Kundenkartei, Vertretermappen, Verkaufsmuster und Auftragsblock.

„Arbeiten Sie sich in den nächsten 14 Tagen mal da ein", sagte er und klopfte mir wohlwollend auf die Schulter.

In den nächsten Nächten lernte ich Anzeigengröße, Rabattstaffeln und Preise auswendig. Auf der Landkarte markierte ich mit kleinen Fähnchen meine Besucherroute und entwickelte eine Verkaufsstrategie. Ich war unheimlich glücklich.

Dann rief mich Pickel in sein Büro.

„Es tut mir sehr leid“, stammelte er mit gespielt trauriger Miene, „aber die Geschäftsleitung hat anders entschieden. Sie meint, daß Sie noch zu jung für diesen Posten sind, Bartels. Ich habe alles versucht, um den Chef zu überzeugen. Er schätzt Ihre Fähigkeiten sehr, ist aber der Meinung, daß Sie noch zwei, drei Jahre Erfahrung sammeln sollen, bevor Sie so einen wichtigen Posten übernehmen können.“

Ich war maßlos enttäuscht. Mir schwindelte, und ich setzte mich hin.

„Das ist nicht richtig, das ist nicht richtig“, stammelte ich und verließ sprachlos Pickels Büro.

Die anderen Angestellten hatten ihren Spaß und fragten scheinheilig, wann ich denn nun endlich den neuen Posten anträte.

„Bei dem Job kannst Du Dir bald einen Porsche zulegen“, hänselten sie, obwohl alle Bescheid wußten.

Ich schlich niedergeschlagen durch die Büroräume und war froh, wenn sie mich in Ruhe ließen.

Die alte Redaktionssekretärin aus dem ersten Stock setzte sich eines Mittags in der Kantine zu mir und löffelte ihre Bohnensuppe.

„Bartels, Sie sollten fairerweise etwas wissen. Der neue Außendienstmitarbeiter ist Pickels Cousin!“

Das war eine Bombe. Ich bekam kaum noch Luft. Ich stürmte an meinen Schreibtisch, kramte alle Unterlagen raus, nahm sie und eilte damit zu Pickels Büro. Dort angekommen, riß ich die Tür auf und warf ihm alles ins Gesicht. Ich nannte ihn ein Arschloch, rannte zum Personalbüro, kündigte mit lauter Stimme meinen Job und verlangte meinen restlichen Lohn. Die anderen Angestellten waren inzwischen zusammengelaufen und starrten mich entsetzt an.

„Bartels, machen Sie sich nicht unglücklich", flüsterte der erste Buchhalter.

„Bartels, Sie verpfuschen sich Ihre ganze Zukunft", die Chefsekretärin.

Und der hinterlistige Versandleiter sagte hinter vorgehaltener Hand zu seinem Assistenten: „Ich hab' immer gewußt, daß der Bartels eine Niete ist, ich hab's immer gewußt."

Ich nahm mein Geld, ging zum Hauptbahnhof und kaufte mir eine Fahrkarte nach Hamburg, ohne Rückfahrt, denn ich wollte meinen Eltern nicht ohne Job vor die Augen treten.

Nach Hamburg wollte ich schon immer mal, vor allem auf die Reeperbahn, konnte es mir aber nie leisten. Ich verpraßte meinen gesamten Monatslohn in einer einzigen Nacht. Zuerst landete ich in einer schummrigen Bar mit Animierdamen, schließlich mit einer vollschlanken, blonden Nutte im Bordell. Ich durfte mit ihr all das anstellen, wovon ich bislang nur geträumt hatte, und es hat mir gewaltigen Spaß gemacht. Ich war damals gerade achtzehn Jahre alt.

Als ich am nächsten Morgen aufwachte, war sie weg. Nur der Hundertmarkschein, den ich klugerweise im Anzugfutter versteckt hatte, und mein Ausweis waren noch da.

Ich zog mich an, ging zu Woolworth und kaufte mir einen beschädigten Leinenkoffer für zehn Mark, dazu zwei Garnituren Unterwäsche, ein Handtuch, Rasierzeug, eine billige Decke aus Kunststoff, ein Oberhemd zum Wechseln und ein paar preiswerte Turnschuhe, dazu ein Messer und im Lebensmittelladen etwas Proviant. In meiner Aktentasche hatte ich noch Schreibzeug und mein kleines Transistorradio aus dem Büro.

Mit der Straßenbahn fuhr ich Richtung Autobahn und ging den Rest zu Fuß. Ich stellte mich mit erhobenem Zeigefinger an die Autobahnauffahrt.

Von Metz wollte ich weiter nach Paris. Irgendwann hielt ein Lastwagen und nahm mich mit.

Paris

Ich hatte nur noch fünf Francs in der Tasche. Der Fettgeruch eines Hot-Dog-Stands drang herüber und löste in mir ein bohrendes Hungergefühl aus. Ein Straßensänger sang zur Gitarre: „And I don't give a damn about a greenback dollar", ein ganz starker Song.

Für zweieinhalb Francs kaufte ich mir eine Tüte Pommes mit Wurst, gab mit dem großen Alu-Streuer mächtig Salz drauf und löffelte noch einen großen Senfklacks auf den Pappteller. Dann setzte ich mich auf eine kaputte Apfelsinenkiste und verspeiste genußvoll mein Abendessen. Um mich herum wurde das große alte Stück „Les Halles bei Nacht" gegeben: Lachende Nachteulen trieben sich herum, Betrunkene versuchten, heil nach Hause zu kommen, und schwitzende Gemüsepacker ächzten unter ihren Lasten. Und dann war da wieder dieser wunderbare Song: „I don't give a damn about a greenback dollar."

Durch die Gäste des teuren Cafés de l'Universe ging plötzlich ein Raunen. Ein riesiger, silbergrauer Rolls Royce-Phantom war vorgefahren. Der Chauffeur sprang raus und öffnete die hintere Tür.

Ich legte meine englische Filzmelone, die ich mir auf dem Flohmarkt gekauft hatte, mit der Öffnung nach oben auf die Obstkisten. Ich trug meinen abgewetzten Büroanzug und verdreckte Tennisschuhe, war unrasiert und hatte lange, schmutzige Haare; ich sah wie ein heruntergekommener Gammler aus.

Aus dem Rolls stieg ein kleiner, dunkelhaariger

Mann im Frack; er war etwa 45 Jahre alt, hatte ein Bäuchlein und trug ein grünes Ordensband auf dem Revers. Nachdem er ausgestiegen war, half er seiner Begleiterin, einem bildschönen, jungen Mädchen mit langen, schwarzen Haaren aus dem Wagen.

Dabei hob sie den Saum ihres schulterfreien Abendkleides an. Sie war schlank und trug eine goldene Maske, in der Mitte über den Augenschlitzen konnte ich das silberne V erkennen. Ich erkannte Tara sofort. Sie lächelte mich freundlich an.

„And I don't give a damn about a greenback dollar", klang es auf einmal ganz nah an meinem Ohr.

„Hey man, you like that girl?" fragte mich der blonde, blauäugige Sänger, der dicht neben mir stand und frech grinste. Er war sehr muskulös, trug einen Oberlippenbart, eine Pilotenbrille, braune Lederjacke, Jeans und Bundeswehrstiefel.

Als das elegante Paar an uns vorbeiging, warf der ordengeschmückte Mann eine handvoll Münzen in meinen Hut und sagte lachend: „That's nearly a greenback dollar, friends."

Ich sagte überrascht „Danke, Chef", worauf sich der Sänger abrupt zu mir umdrehte.

„He, du bist ja Deutscher!"

„Ja, aus Bremen, ich bin schon seit ein paar Wochen in Paris." Ich streckte ihm meine Hand entgegen. „Ich heiße Adi Bartels."

„Wolf Schmidt, aus Essen."

Ich nickte zur silbergrauen Limousine 'rüber und sagte: „Ich steh auf Rolls Royce. Der Phantom ist für mich das absolut Größte, was es gibt."

„Da brauchst Du aber jede Menge Kohle, Mann,

genau wie der geölte Konsul hier“, antwortete Schmidt und deutete auf das CC-Nummernschild.

„Wenn man eine Panne mit ’nem Rolls hat, kommt ein Mechaniker per Hubschrauber direkt aus dem Werk, um ihn zu reparieren, hab’ ich gehört.“

„Das ist blödes Gequatsche“, meinte Schmidt kopfschüttelnd.

„Wenn ich erstmal reich bin, dann kauf’ ich mir auch einen Rolls Royce“, sagte ich, nahm die Münzen aus dem Hut und reichte sie Schmidt.

Er schlug vor, davon eine Flasche Rotwein zu kaufen und sie gemeinsam zu trinken. Die Gitarre hatte Schmidt von einer Freundin geschenkt bekommen. Sie hatte ihm auch das einzige Lied, das er spielen und singen konnte, beigebracht. Damit zog er jeden Abend den Boulevard St. Michel und St. Germain rauf und runter. Das Geld, das er bekam, reichte zum Leben . . . bis zum nächsten Abend.

„Das ist ein Spitzenleben hier in Paris“, sagte Wolf und reckte sich. „Du lebst wie ein Fürst, hast immer reichlich Mäuse in der Tasche und brauchst nicht zu malochen. Die einzige Scheiße ist nur, daß das nicht im Winter geht. Da geh’ ich zurück nach Essen und arbeite als Gabelstaplerfahrer in einem Lagerhaus. Gott, wie ich das hasse!“

Er schlug einen harten Akkord an und sang: „And I don’t give a damn about a greenback dollar!“

Ich wohnte damals im Arbeiterviertel Levallois, im Nordwesten der Stadt, in der *Auberge de la Culture* – von Kultur war da allerdings nicht viel zu spüren. Wir schliefen zu zwölft in einem Zimmer, das inklusive einfachem Frühstück nur zweieinhalb Francs pro Nacht kostete. Die Herberge war heruntergekommen und verdreckt und deshalb nur für Penner und gestrandete Existenzen akzeptabel. Mindestens einmal pro Woche waren wir von oben bis unten von Läusen und Wanzen zerstochen; dann kam der Kammerjäger und sprühte alles mit einem stark riechenden und wenig wirkungsvollen Insektengift aus. Wir schliefen auf Armee-Klappbetten und jeder bekam zwei dünne, verschlissene Wolldecken. Manche hatten einen Schlafsack und schliefen aus hygienischen Gründen darin. Ich hatte leider keinen. Zum Frühstück erhielt jeder von der Madame, einer freundlichen Herbergsmutter, zwei Baguettehälften, die mit einem Hauch von Margarine bestrichen waren, und heißen Malzkaffee, der allerdings entsetzlich schmeckte. Aber man hatte ein warmes Frühstück im Magen und das war, was zählte. Und wenn die Sonne schien und ich noch 1¼ Francs für eine Packung Gauloises hatte, dann war die Welt für mich mehr als in Ordnung.

Ich hatte mich mit Wolf Schmidt im Petit Café an der Seine verabredet. Als ich ankam, las er die Zeitung und saß an seinem Lieblingstisch, direkt an der Straßenecke.

„Setz Dich, ich spendiere Dir 'nen Kaffee“, sagte er lässig.

„Garçon, un café noir!“ rief er dem Kellner zu.

Dann saßen wir dort stundenlang und betrachteten die vorbeiziehenden Passanten. Die alten Pariser aus dem Viertel gingen zum Einkaufen, Studenten von der Sorbonne schlenderten vorbei, Hippies aus aller

Welt vermischten sich mit amerikanischen und europäischen Touristen, gut gekleidete Geschäftsleute und Angestellte hasteten vorüber und Neger in langen exotischen Gewändern boten ihre Waren feil, auch Polizisten aus dem großen Kommissariat an der Ecke liefen vorbei.

In dem Café lernten wir die verrücktesten Leute kennen: Taschendiebe, Autoknacker, Künstler und Lebenskünstler aller Schattierungen. Mittags kam meistens der Engländer-Jeff in seiner abgeschabten Mönchskutte vorbei. Er hatte blaue Augen und rötlichblonde Haare, einen mächtigen Bart und trug indische Sandalen. Im Arm hatte er ein Bündel mit allerhand Diebesgut.

„Ich hab' heute Nacht mindestens dreißig Autos kontrolliert", sagte er und entfaltete sein Tuch.

„Ich bin der Robin Hood vom Montmartre: den Reichen nehmen und den Armen geben. Sind interessante Sachen dabei: vier Paar Lederhandschuhe, zwei Transistorradios, Regenschirme und ein Topfeuerzeug, echtes Gold."

Er hielt das Feuerzeug in die Höhe.

„Ein wertvolles Dupont-Feuerzeug, wer will es haben? Nur 50 Francs!"

„Ich geb' Dir 30 und keinen Centime mehr, Jeff", rief Wolf und zog drei alte Tausender aus der Tasche.

„It's yours!" Jeff stellte das Feuerzeug auf den Tisch und grapschte blitzschnell nach dem Geld.

Peter Hummer, der Maler von der Place du Tertre, kaufte einen Knirps für fünf Francs, und Hasch-Hermes aus Frankfurt erstand für die gleiche Summe eine Pilotenbrille. Gute Geschäfte auf beiden Seiten.

Ein Taxi hielt und ein gut aussehender, modisch gekleideter Typ hievte eine zusammengeklappte Staffelei und ein noch feuchtes, mit Drahtstiften und Spanplatte gesichertes Ölgemälde aus dem Auto. Er rückte seinen langen, grünen Wollschal zurecht, drehte sich um und nahm ein Bild entgegen, das ihm Kim, seine schwarze, afrikanische Freundin, aus dem Wagen reichte, bevor sie dann ebenfalls ausstieg. Der Maler hieß Rolf Bartewski und kam aus Hanau. Offenbar hatte er an diesem Tag ein Bild verkauft, denn er kam mit dem Taxi statt mit der U-Bahn, zudem spendierte er uns allen einen petit rouge.

Maler in Paris, das war für mich damals das Höchste, ich beneidete die Typen und war froh, daß sie mich in ihrer Mitte duldeten. In der Schule hatte ich zwar immer mit Begeisterung gemalt und gezeichnet, aber es hatte in jeder Klasse immer einen oder zwei mit mehr Talent gegeben. Sie kamen mir begnadet vor und ließen mich meine eigenen Ergüsse kritisch betrachten, so daß ich zu dem Ergebnis kam, daß man diesen Schuß Genialität haben muß, um erfolgreich zu sein und dem miesen Mittelmaß zu entkommen.

Bartewski liefen all die hübschen Mädchen nach, bei denen ich nicht den Hauch einer Chance hatte. Ich beneidete ihn.

„Wo ist der Place du Tertre?“ fragte ich Schmidt.

Er erklärte mir, wie man mit der Metro zum Montmartre kommt und wo Sacre Coeur liegt.

„Wenn Du auch Dein Glück als Maler machen möchtest, dann fahr hin, ich spendier’ den ersten Tag mit einem Kredit von zwanzig neuen Francs!“ sagte er und steckte mir großspurig zwei Scheine in die Brusttasche.

Wenn er genug Publikum hatte, war Schmidt ein überheblicher „Big Spender".

Am nächsten Vormittag machte ich mich auf den Weg. Ich ging drei Kilometer zu Fuß von Lavallois zur Endstation der U-Bahn, fuhr dann bis Clichy und stieg in den Zug nach Barbes. Dort stieg ich aus und ging durch enge, bevölkerte Gassen, vorbei an den bekannten Tati-Textilhäusern, Kneipen, Bordellen und schmuddeligen Bistros, schob mich durch heftig gestikulierende Arabergruppen und Armeen von Touristen, die aus ihren Reisebussen kletterten, und stieg immer höher, bis ich endlich die majestätische Kuppel von Sacre Coeur sah. Die endlos wirkende Treppe mündete direkt vorm Bistro Sabout-Rouge. Der Himmel war von einem wolkenlosen, strahlenden Blau und die Sonne knallte erbarmungslos. Vor dem Platz standen unzählige Maler und pinselten an ihren Ölbildern. Ich war überwältigt von dem Treiben auf dem Platz. Die Touristen photographierten wie wild, und die Kellner wieselten in den umliegenden Cafés, die mit ihren rotkarierten Tischdecken und blauen Markisen aussahen wie auf den Postkarten.

Peter Hummer, der deutsche Maler, den ich schon vom Petit Café kannte, trug ein seidenes, chinesisches Käppchen und ein schwarzes Gewand. Sein schmales Kinn zierte ein Spitzbart. Er arbeitete an einer typischen Montmartre-Szene, die er mit Holzkohle vorgezeichnet hatte. Er trug eine Gasmaskenbrille aus der Armee, die beim Malen fast die Leinwand berührte. Er benutzte keinen Pinsel, sondern trug die Farbe mit einem kleinen, dünnen Spachtel sorgfältig auf. Seine Bilder gefielen mir. Aufgrund der eigenartigen Technik hatten sie eine strenge, weltentrückte Wirkung.

Ich bummelte weiter um den Platz herum, und kurz darauf entdeckte ich den Meister persönlich, Rolf Bartewski. Zu einem grauen Flanellanzug und grünem Rollkragenpullover trug er seinen grünen Wollschal. Auf dem Kopf hatte er einen Strohhut Er war umringt von ein paar jungen Touristinnen, die seine Bilder bewunderten. Bartewski war dabei, das Bild zu datieren. Aufgrund irgendwelcher Gesetze durfte jeder Maler nur ein fertiges Bild zum Verkauf ausstellen und an einem neuen arbeiten. Hinter der Staffelei bewahrte er deshalb immer noch ein fertiges, gut verpacktes Bild als Ersatz für ein verkauftes auf. Natürlich war das Bild, an dem er arbeitete, ebenfalls fertig. Doch jeder Maler spielte ein bißchen Theater. Wenn ein Tourist stehen blieb und Interesse an seinem Bild zeigte, nahm er einen Pinsel, ging ein paar Schritte nach hinten und betrachtete kritisch sein Werk, trat dann wieder vor und machte mit dramatischer Geste einen schwarzen Punkt auf einen schon vorhandenen schwarzen Punkt. Dann ging er wieder zwei, drei Schritte zurück und betrachtete das Bild mit zusammengekniffenen Augen, stürzte erneut an die Staffelei, um abermals einen Punkt auf den Punkt zu malen. Rolf zog nun genau die Show ab und malte lange an seiner '62 herum, der Endlosdatierung. Dabei verwickelte er die drei amerikanischen Studentinnen, die interessiert sein Bild betrachteten, in ein Verkaufsgespräch.

„Do you like this picture?“ fragte er charmant, steckte dabei das Ende des Pinsels in den Mund und schaute die kleine Schlanke mit dem mächtigen Busen und den engen Jeans erwartungsvoll an.

„Oh yes, it’s fantastic!“ antwortete sie verlegen, während ihre beiden Freundinnen kicherten.

Man war bereits am entscheidenden Punkt angelangt. Entweder versuchte er nun, das Bild zu verkaufen, oder er begann, sie anzubaggern. Und Rolf war gerade darin ein Meister. Das ging von der Einladung, mit ihm in dem nur ein paar Meter entfernten Bistro einen Kaffee zu trinken, bis hin zu dem Vorschlag, ihm in seinem Atelier Modell zu stehen. Die Masche mit dem Modellstehen benutzte natürlich jeder der Maler auf der Place und die jungen Mädchen fielen oft genug darauf herein. Aber Rolf war zur Zeit mit Kim liiert, die ihn eifersüchtig bewachte. Er erklärte der Amerikanerin, daß sein Bild ein stilisiertes Liebespaar darstelle.

„Dieses Bild hab’ ich als Erinnerung an eine große, verlorene Liebe gemalt. Die letzten sieben Nächte hab’ ich wie im Fieber daran gearbeitet.“

Dabei blickte er gedankenverloren und sehnsüchtig in die Ferne, seufzte und sah dem Mädchen in die Augen, lächelte und griff nach dem Pinsel, um erneut die Rundungen der ’62 nachzumalen. Die Kleine war hingerissen und schaute ihn mit weit geöffneten Augen hypnotisiert an.

„Dir, schöne Fremde aus Amerika, schenke ich das Bild für nur 120 Dollar!“ sagte er und nahm ihre

Hand. „Und dann trinken wir einen kleinen Roten im Bistro nebenan.“

Die junge Studentin sah zuerst den Maler und dann das Bild bewundernd an.

„I like it, I like it very much. Es wird eine phantastische Dekoration für mein Studierzimmer abgeben.“

Sie kramte in ihrer Handtasche und holte ein paar Dollars hervor. Auch ihre Freundinnen prüften ihren Bargeldbestand und liehen ihr ein paar Scheine. Sie zählte alles zusammen und sagte:

„Ich habe nur 90 Dollars?“

„Das ist nicht schlimm, dann verkaufe ich es Dir eben für neunzig und einen Kuß auf die Wange, okay?“ antwortete Wolf und hielt ihr seine geöffnete Hand und die Wange hin. Sie gab ihm das Geld und einen Kuß. Ihre Freundinnen kicherten wieder.

Bevor die Mädchen sich verabschiedeten, baten sie mich, sie zusammen mit dem Maler auf dem Platz zu photographieren. Ich machte das Photo und gab ihnen den Apparat mit einem Lächeln zurück; fröhlich gingen sie davon.

„Guter Tag heute, hab’ schon zwei Bilder verkauft“, meinte Rolf, wickelte die Dollarscheine um ein Geldbündel und spannte einen Gummiring darum. Dann nahm er das Gemälde hinter der Staffelei hervor, packte es aus und spannte es in die Staffelei. Es war eine exakte Kopie des gerade verkauften Bildes.

„Das Erfolgsgeheimnis hier auf dem Platz ist, daß Du erstmal ein paar verschiedene Bilder malst und anbietest. Die zwei, die sich am besten verkaufen, kopierst Du dann. Die, die sich schlecht verkaufen, übermalst Du immer und immer wieder und entwikkelst dabei einen neuen Stil, bis Du ein paar richtige Renner hast, wie zum Beispiel meinen Clochard hier."

Er deutete mit dem Pinsel auf ein kleines Bild, das auf dem Boden stand. Es stellte einen schlafenden Vagabunden unter einer Seinebrücke dar, mit Rotweinflasche und Loch im Schuh.

„Das hab' ich schon über fünfzigmal verkauft!" beteuerte er. „Ich geh' was essen. Hast Du Lust, bei meinen Bildern zu bleiben und sie zu verkaufen?"

Ich nickte erfreut.

„Das hier auf der Staffelei bietest Du für 300 an und gehst beim Verhandeln nicht unter 100. Den Clochard für 160, Minimum 70, okay?"

„Gerne, ich bin total pleite. Was ist für mich dabei drin?"

„Kommt auf den erzielten Preis an. Bei Höchstsatz ein Drittel, bei niedrigem Preis zehn Prozent. Mach halt das Beste draus."

Er nahm seinen Skizzenblock, zwei Bleistifte und schwirrte ab.

Nun war ich Kunstmaler in Paris, auf dem weltberühmten Montmartre. Ich nahm seinen schwarzen Pinsel und ahmte Rolfs Malershow nach. Auf der Straße spielten zwei Amerikaner Folksongs auf Mundharmonika und Gitarre. Touristen mit PanAm-Taschen schlenderten vorbei, aßen ihre Eiswaffeln und wurden von Portraitzeichnern angehauen.

Monsieur Silhouette schrie: „Monsieur Directeur, Monsieur Doctor – gehen Sie nicht so achtlos vorbei.

Ihre Frau Gemahlin hat ein so wunderbares Profil, ich mache Ihnen einen unvergeßlichen Scherenschnitt, für nur drei Francs! Monsieur Directeur, Monsieur Doctor, ich bitte Sie!“

Ich sprach jeden an, der auch nur in meine Richtung schaute. Die Amerikaner sprach ich mit „Do you like my paintings?“ und die Deutschen mit „Scheenes Bild, Chef! Tut Ihnen gefallen?“ an, denn ich war sicher, daß kein Deutscher in Paris je ein Bild von einem anderen Deutschen kaufen würde. Pausenlos verwickelte ich Leute in Verkaufsgespräche. Und so verkaufte ich einem Amerikaner aus New York das große Bild für 400 Francs und einer dänischen Studentin den Clochard für 220 Francs. Von dem Geld steckte ich schon einmal 160 Francs ein.

Als Rolf zurückkam, gab ich ihm 460 Francs. Er war hocherfreut und gab er mir als Provision 150. Ich war nun über 300 Francs reicher und bummelte glücklich über die Place du Tertre.

In einem Café an der Ecke setzte ich mich an einen Außentisch und bestellte einen café noir und ein großes Baguette mit Käse. Es war Samstagnachmittag, und zufrieden genoß ich das bunte Treiben auf dem Platz.

Allmählich lernten die deutschen Maler der Place du Tertre meine Verkaufsbegabung schätzen. Ich verkaufte schließlich für Bartewski, Hummer und Hermes und kam an manchen Tagen auf 500 neue Francs Gewinn. Ich fuhr nur noch mit dem Taxi, gab den Kellnern fürstliche Trinkgelder, spendierte Lokalrunden und legte mir schließlich eine Staffelei zu, um mit der Ölmalerei anzufangen. Allerdings waren meine eigenen Bilder so schlecht, daß ich keines verkaufen konnte. Dafür vertickerte ich für die anderen um so mehr und verabschiedete mich schwermütig von meinen Malambitionen.

Nächtelang hingen wir im Petit Café an der Seine rum. Wenn das schloß, marschierten wir zum Storyville, einem Jazzclub, und machten dort bis zum Morgengrauen weiter. Wir waren ein Haufen junger, lebenshungriger Kerle, die dachten, sie wären die Größten, weil sie ein paar Francs in der Tasche und ein paar Rouge getrunken hatten.

Wolf und ich hatten die wildesten Zukunftspläne. Reich und berühmt wollten wir werden und große, teure Wagen fahren. Wir stritten uns stundenlang darüber, ob nun der Rolls Phantom oder der Silvercloud das bessere Auto wären.

„Der Phantom kostet doppelt soviel wie der Silvercloud, außerdem brauchst Du dafür einen Chauffeur", sagte ich.

„Der Phantom ist die größere Show und degradiert die simplen SCs", meinte Wolf ganz cool.

Da saßen wir beide, abgerissene Vagabunden ohne richtige Bleibe, in einer Kneipe und überlegten tatsächlich ernsthaft, welchen Rolls wir uns später anschaffen wollten. Und das war noch nicht genug – ich erzählte Wolf, daß mein Traum war, später einmal ganz in der Karibik oder in Florida zu leben.

„Ich gehe nach Ibiza", sagte er bestimmt. „Das ist nicht so weit weg von Deutschland und ebenfalls ein Paradies. Da ist die Mark viel wert, und als Deutscher ist man dort der King!"

Wolf nahm seine Gitarre und spielte „And I don't give a damn about a greenback dollar". Es war eine warme Spätsommernacht mitten im Quartier Latin. Wir waren jung, vom Rotwein besoffen und große, glückliche Träumer.

„Ich hab' mal einen Film gesehen mit Humphrey Bogart, *Gangster in Key Largo* hieß er, seitdem träume ich von den Florida Keys", sagte ich schwärmerisch. „Ich glaube, der alte Hemingway lebt da immer noch und sitzt jede Nacht im Sloppy Joe."

„Okay Adi, nach der ersten Million hauen wir ab, von mir aus nach Key West. Fragt sich jetzt nur noch, wie wir an die Kohlen kommen."

„Auf jeden Fall nicht mit unserer Hände Arbeit, das laß Dir gesagt sein. An die dicke Knete kommst Du nur als Geschäftsmann, als echter Schacherer! Links billig kaufen und rechts mit einem bißchen Profit weiterverkaufen. Und das Geld muß Du sofort anlegen und für Dich arbeiten lassen. Nur so geht's", sagte ich ernst. „Man muß natürlich seinen eigenen Dreh finden – und den kriegen die meisten von ihren Eltern mitgeliefert."

„Aber wir, Kinder von armen Schluckern, haben den leider nicht mitgekriegt, Adi", murrte Wolf Schmidt. „An das Geld kommst Du nur durch 'nen guten Bruch oder 'nen Überfall. Und wenn ich erstmal mein Startkapital habe, cash auf der Hand, dann mach' ich einen schönen geilen Stoßbetrug."

Ich schaute ihn fragend an.

„Stoßbetrug ist, wenn Du eine Scheinfirma gründest und jede Menge Ware auf Pump kaufst, dann verschleuderst Du die Sachen zu einem Bruchteil ihres Wertes und machst mit dem Erlös die große Mücke – nach Ibiza oder sonstwohin!“ sagte Wolf.

Er hatte tatsächlich die Idee, auf kriminellem Wege zum Erfolg zu kommen! Und er ließ sich nicht davon überzeugen, daß dies auch legal gehen könnte.

„Adi, alle großen Selfmade-Millionäre sind halbe Verbrecher, glaub mir. Du mußt über Leichen gehen, wenn Du erfolgreich sein willst“, sagte er mit leuchtenden Augen.

Es wurde Herbst und das Wetter schlechter; es regnete und über die Place du Tertre pfiff ein kalter Wind. Von Tag zu Tag standen weniger Maler auf dem Platz; durchgefroren, mit klammen Fingern versuchten sie durchzuhalten. Die Maler, die ihr Geld gespart hatten, waren zum Überwintern runter an die Côte d’Azur und später nach Süditalien oder Griechenland gefahren, und die, die den Sommer über gepraßt hatten, zitterten nun in der Kälte.

Täglich wurde es ungemütlicher. Um den ganzen Tag dort zu stehen, brauchte man gefütterte Stiefel, einen dicken Pullover oder eine warme Lammfelljacke. Das hatte ich mir in den profitreichen Tagen leider nicht angeschafft. Frierend stand ich nun bei den Bildern und sah, wie sich die Zahl der Touristen Tag für Tag verringerte. Die Maler saßen meist in dem blauen Café an der Ecke und schauten nur sporadisch mal vorbei, um zu sehen, ob ich etwas für sie verkauft hatte.

„He Adi, wie geht’s, altes Haus?“ hörte ich jemanden sagen. Es war Wolf Schmidt, der an diesem kalten Oktobertag vor mir stand. Ich hatte eine Mordserkältung und war schlecht drauf.

„Meine Gitarre hab' ich an 'nen Ami verkloppt", meinte er mit einer hilflosen Geste. „Ich hab' kaum noch einen lausigen Franc machen können in der letzten Zeit. An den Tischen draußen sitzt kein Schwein mehr und drinnen schmeißen sie Dich raus. Gestern haben mich vier Caféhausbesitzer vor die Tür gesetzt, da kommst Du Dir vor all den Leuten scheißblöd vor", fluchte er.

„Ich mach' hier noch 'nen kleinen Überfall, Tankstelle oder so etwas, und dann hau' ich ab in den sonnigen Süden. Also, falls wir uns nicht mehr sehen sollten, tschüß, bis zum nächsten Sommer auf der Place!" Er gab mir einen freundschaftlichen Boxerhieb in die Rippen und zog ab.

Am nächsten Tag verabschiedete sich auch der eigenbrötlerische Peter Hummer von mir. „Ich hab' im Sommer etwas gespart und gehe jetzt mit ein paar Typen runter nach Südspanien, der Winter in Paris ist nicht auszuhalten. Was machst Du?" fragte er mich.

„Ich weiß noch nicht."

Ich zuckte mit den Schultern. Ich hatte tatsächlich keinen blassen Schimmer, was ich tun sollte.

Zwei Tage später saß ich allein im Petit Café und trank ein Biere d'Alsace. Es regnete in Strömen und heftige Windböen drückten den Regen gegen die Fensterscheiben. Es war so dunkel, daß die Autos ihre Scheinwerfer eingeschaltet hatten. Plötzlich ging die Tür auf und Hermes, der seine grüne Armeejacke über den Kopf gezogen hatte, stürzte herein.

„’n Abend Alter“, keuchte er. „Sauwetter, keine Touristen, kein Zaster, alles Scheiße!“

„Du hast es erfaßt, Mann“, pflichtete ich ihm bei. Er steckte einen Franc in den kleinen Musikautomaten und drückte zwei Songs. Die Maschine ratterte ein bißchen, knackte ein paarmal und fing dann ziemlich blechern an, Bill Haleys *Rock around the Clock* zu spielen. Er holte sich einen kleinen Roten an der Theke und setzte sich zu mir an den Tisch.

„Den kleinen Supermarché am Sacre Cour hat gestern jemand hopgenommen.“

Er kramte in seiner linken Hemdtasche und zog einen Fetzen zusammengefaltetes Zeitungspapier heraus.

„Hier steht’s“, sagte er mit triumphierender Stimme. „Der maskierte Räuber sprach französisch mit deutschem Akzent, war bekleidet mit Jeans, brauner Lederjacke und schwarzen Stiefeln. Er hat den Kassierer der Hauptkasse niedergeschlagen. Beute: 8.000 neue Francs. – Mensch Adi, das ist unser Supermarché am Place.“

Er sah mich mit großen Augen an. „Das deutet doch alles auf Schmidt!“

Zur Unterstreichung seiner Worte schlug er mit der Faust auf den Tisch, so daß die anderen Gäste zu uns herüberschauten.

„Ruhig, ruhig, Junge“, sagte ich leise. „Die Beschreibung mag auf ihn passen, aber Du hast keinerlei Beweise. Natürlich traue ich ihm den Überfall zu, er hat ja selbst dauernd davon geredet, aber den brutalen Schläger nehm’ ich Dir nicht ab. Ich denke, daß der Schmidt ein guter Kumpel ist.“

„Adi, da bist Du auf dem falschen Dampfer!“ sagte Hermes.

Ich machte eine abwehrende Geste und glaubte ihm nicht. Aus der Musikbox jaulte Elvis mit seinem *Jailhouse Rock*. Ein Penner kam vorbeigetorkelt und stocherte in dem Abfallkübel vor dem Lokal. Der Regen hatte inzwischen etwas nachgelassen, als ein Taxi vor dem Bistro hielt. Rolf Bartewski stieg aus und zog die bildhübsche, schwarze Kim hinter sich her.

„Guten Abend, Freunde der Nacht“, begrüßte er uns freundlich und wickelte sich aus seinem riesigen grünen Schal. Dabei gab er Kim einen zärtlichen Klaps auf den Po.

„Garçon, zwei Rote“, orderte er zur Theke herüber. Hermes erzählte ihm aufgeregt die Sache mit dem Überfall und äußerte seinen Verdacht.

„Das gibt es nicht“, sagte Bartewski erstaunt, „dann ist er es gewesen. Er hat nämlich heute morgen die Rechnung im Hotel bezahlt und hatte neue Klamotten an, als er sich von mir verabschiedete. Auf meine Frage, ob er die Credit Lyonnaise überfallen habe, hat er schallend gelacht. Mensch, der Kerl hat Nerven!“

Schweigend schauten wir uns an.

„Der Schmidt, Adi, den kennst Du noch nicht so lange wie ich. Das ist eine ganz hinterlistige, gemeine Schlägertype, der hat irgendwo in seinem Hirn einen Schlag weg, glaub mir“, sagte Rolf nach einer langen Pause. „Ich hab mal gesehen, wie er einen jungen Araber zusammengeschlagen hat, nur so aus Spaß. Vergessen wir’s.“

Ich holte mir an der Theke einen billigen Absinth. Die Sache hatte mich mitgenommen. Nach dem vierten Glas ging es mir besser und meine Träume kehrten zurück: weißer Strand, blauer Himmel – irgendwo auf einer kleinen Insel in der Karibik wollte ich mir die Sonne auf den Bauch scheinen lassen.

„Key West, I'm on the way – irgendwann werde ich kommen, irgendwann ...", malte ich mir meine Zukunft aus.

Inzwischen war es Ende Dezember, ich hatte nichts mehr auf der Tasche, zudem war es saukalt in Paris. Ich beschloß, zurück nach Bremen zu trampen und hatte Glück. Der letzte Fahrer ließ mich mitten in der Bremer Altstadt raus. Von meinem restlichen Geld ließ ich mir in der City die Haare schneiden. Meine alte Jacke, sie war nur mehr ein Fetzen, schmiß ich in die nächste Mülltonne und kaufte mir im Sonderangebot eine Jeansjacke für nur 12 Mark, Ramschware von billigster Qualität, dafür aber neu und sauber. Ich wollte nicht so heruntergekommen aussehen, wenn ich bei meinen Eltern vorbeischaute.

Als ich nach Hause kam, lag dort mein Einberufungsbescheid für die Bundeswehr: 1. April 1964, Ausbildungskompanie 14, Wesendorf bei Oldenburg.

Oh Schreck, laß nach, dachte ich. Ich konnte mir nicht vorstellen, in einer Uniform zu stecken, außerdem war ich extrem unsportlich.

Oldenburg

Vier Monate später trug ich eine Uniform und alles weitere: Stahlhelm, Stiefel, Gewehr und Kampfmesser. Die Ausbildung war weniger hart, als ich sie mir vorgestellt hatte. Allerdings nervte sie, man wurde dauernd auf Trab gehalten, Tag und Nacht. Ich war froh über jedes bißchen Freizeit, konnte dann aber wenig mit ihr anfangen, weil mir das nötige Taschengeld fehlte. Von den 65 Mark Sold im Monat ging die Hälfte weg für Zigaretten, und der Rest reichte oftmals nicht für die Busfahrt in die nächste Kreisstadt.

So saßen wir denn in den Zimmern oder in der Kantine und soffen Bier. Dafür langte es immer irgendwie. Und wir spielten Karten, hauptsächlich Poker, dabei versuchte jeder, dem andern die restlichen Groschen abzuzocken – und das rund um die Uhr. Am schlimmsten waren die ersten Tage nach der monatlichen Soldzahlung, aber da waren wenigstens ein paar Mark in der Pokerkasse.

Es war an einem freien Samstag, kurz nach dem Zahltag, als ich von einer großen Pokerpartie hörte. Sie sollte im Hauptgebäude der Ausbildungskompanie 11, das sich am anderen Ende des großen Kasernenbereichs befand, stattfinden. Ich hatte 15 Mark in der Tasche und mir noch einen Zehner von einem Stubenkameraden geborgt, als ich meine Schirmmütze aufsetzte, das Koppel umhakte und mich auf den Weg machte.

„Wo findet der Poker statt?“ fragte ich den GvD, den ich an der grünen Kordel erkannte.

„Zimmer 211“, antwortete er und wies in Richtung

Flurende. Der Flur war über hundert Meter lang und mit hellgrauen und schwarzen, auf Hochglanz polierten Fliesen ausgelegt. Bis zum Zimmer 211 mußte ich an unzähligen offenen Türen vorbei. Überall das gleiche Bild: saufende Soldaten mit Spielkarten in der Hand, unterm Tisch der Bierkasten.

Die Stube war rammelvoll. Zwanzig bis fünfundzwanzig Leute saßen an vier großen zusammengeschraubten Holztischen. Der Pott in der Mitte sah ziemlich fett aus. Es spielten nur noch zwei Männer, alle anderen sahen zu. Der eine war ein schmächtiger, kraushaariger Obergefreiter, er saß mit dem Rücken zu mir, sein Partner der zufrieden kichernde Wolf Schmidt.

„Schmidt, bei diesem Spiel passe ich nicht. Du hast eh nur Mist auf der Hand, auf den Bluff falle ich nicht 'rein", sagte der Obergefreite verbissen. „Ich erhöhe um zehn!"

Wolf war in Hochform. Er lachte und entgegnete mit hoher Stimme: „Die halte ich und erhöhe um weitere zwanzig! Klotzek, jetzt wirst Du rasiert bis zum Arsch." Er öffnete die linke Brusttasche seiner Uniformjacke und knallte drei Blaue in den Pott.

„Scheiße!" schrie Klotzek erregt, „ich passe, ich passe, der Mistkerl hat ein Superblatt." Er warf seine Karten offen auf den Tisch. Deutlich konnten die Umstehenden einen Buben-Drilling und einen Siebener-Zwilling erkennen. Klotzek hatte die Nerven verloren und mit einem Full-House gepaßt! Er stand auf, biß sich wütend auf die Unterlippe und sagte kein Wort. Er setzte seine Mütze auf, hakte das Koppel ein und ging aus der Stube. Als er die

Tür zuwarf, konnten wir noch ein ärgerliches *Scheißspiel* hören.

Wolf Schmidt grinste triumphierend und legte seine Karten oben auf den Stapel und schob mit beiden Händen das gewonnene Geld zusammen. Ich setzte mich auf Klotzeks Stuhl. Schmidt zählte seinen Gewinn, sah kurz auf, stutzte und lachte dann laut auf.

„Adi, alter Wichser, das gibt's doch gar nicht", rief er laut. „Siehst geil in Deiner Uniform aus, und die elegante Frisur, die sie Dir verpaßt haben, das gibt's doch nicht!"

Wir mußten beide hemmungslos lachen. Wolf sah mich fassungslos an: „Mensch, Alter, nach Paris ist das aber ein lausiges Wiedersehen." Währenddessen hatte einer der Soldaten die oberen fünf Karten vom Stapel genommen und sie auf den Tisch geknallt, so daß sie jeder sehen konnte: Wolf hatte nur einen Zehner-Drilling! Blitzschnell warf Wolf den leichtsinnigen Gucker vom Stuhl und trat ihm mit dem Stiefel brutal in die Magengrube. Dabei fielen zwei weitere Soldaten von ihren Stühlen. Schmidt war wie von Sinnen und trat dem auf dem Boden Liegenden nun so bestialisch in die Seite, daß er vor Schmerzen laut schrie. Ich war ebenfalls aufgesprungen.

„Wolf, hör auf, der hat genug", sagte ich und hielt ihn von hinten fest.

„Adi, nur weil Du es bist", grunzte er mit hochrotem Kopf, „die Sau hat doch der Kompanie mein Blatt gezeigt, diese neugierige Sau! Komm, laß uns rausgehen", sagte er verärgert.

Wir verließen die Stube und kamen über einen Seiteneingang ins Freie. Dort setzten wir uns auf die Steinstufen. Wolf hatte sich inzwischen etwas beruhigt.

„Mensch, da haben sie uns zur gleichen Zeit am Arsch gekriegt, Alter“, sagte Wolf und hielt mir eine Zigarette hin.

Schmidt war in der Kompanie nicht beliebt, das registrierte ich schnell. Die meisten hatten Angst vor ihm, auch die Unteroffiziere, schon allein wegen seiner Bärenkräfte. Er trainierte täglich ein bis zwei Stunden im Kraftraum, war zudem sehr schnell und vor allem unberechenbar. Keiner legte sich offen mit ihm an, aber heimlich versuchte jeder, ihm irgendwie eins auszuwischen. So stand er dauernd auf der Wachliste, oder er mußte die Toiletten reinigen. Und für den kleinsten Fehler, den er machte, strich man ihm den Wochenendurlaub. Ich kannte ihn mittlerweile sehr genau, wir hatten ein gutes Verhältnis zueinander, und ich lief kaum Gefahr, seinen unberechenbaren Jähzorn herauszufordern. Andere dagegen, die ihn nicht kannten oder sich täuschten, mußten furchtbar für ihre Verfehlungen zahlen. Doch es kam auch vor, daß er andere Soldaten ohne jeglichen Grund malträtierte, nur um seinen sadistischen Trieb zu befriedigen. Einmal riß er einem Soldaten, der ihn versehentlich angerempelt hatte, das rechte Ohr ein ganzes Stück weit ein. Der Soldat brüllte wie ein Tier, während Schmidt ein zufriedenes Leuchten in die Augen trat. Zu mir allerdings schien er Vertrauen zu haben. So erzählte er mir manchmal Merkwürdigkeiten aus seiner geschiedenen Ehe.

„Meine Alte konnte es mir am besten machen, wenn sie vor Schmerzen schrie“, vertraute er mir einmal an. „Sie mußte es bei mir immer mit dem Mund machen, obwohl sie sich davor furchtbar ekelte. Erst wenn sie vor Angst zitterte, kam die reine Wollust. Und als sie sich erst einmal an die Schläge und den geilen Würgegriff gewöhnt hatte, war sie selbst ganz süchtig darauf, Adi.“

Schmidt war tatsächlich krank im Kopf, aber irgendwie mochte ich ihn.

„Wie können Sie nur mit so einem Mistkerl befreundet sein?“ fragten mich oft höhere Dienstgrade – und ich fragte mich das selber auch: Ja, warum war ich mit ihm befreundet? Möglicherweise deshalb, weil sich hinter diesem furchtbaren Tier auch ein großer Träumer verbarg und weil alte Abenteuer uns verbanden. Wir erinnerten uns oft an das schöne, freie Leben in Paris. Ein solches Vorleben hatten die meisten Soldaten nicht vorzuweisen und deshalb hatten sie vor uns Respekt. Hinzu kam, daß wir allmählich zu gefürchteten Pokerkönigen wurden. Wo immer gespielt wurde, waren wir dabei und kassierten ab. Ganz allmählich wurden wir ein eingespieltes Team, das mit Geschummel, Bluff und noch übleren Tricks zu gewinnen wußte. Das war in meinen Augen eher eine Art Sport denn Betrug. Aber weil wir soviel gewannen, hatten wir bald keine Gegner mehr. So hockten wir tagelang auf unserer Bude, langweilten uns und heckten ein paar Ideen aus, um an ein bißchen Geld zu kommen. Manchmal fuhren wir per Anhalter nach Bremen zum Überseehafen. Dort kauften wir auf den ausländischen Frachtern zollfreien Schnaps und Zigaretten. Damit konnten wir immer schnell ein paar Mark machen, obwohl der Aufwand in keinem Verhältnis zum Ertrag stand. Im Hafen kostete damals die Stange Zigaretten sechs Mark, in den Geschäften zwanzig. In der Regel kauften wir fünf Stangen. Die Päckchen versteckten wir einzeln am ganzen Körper, schließlich mußten sie am Zollhaus vorbeigeschmuggelt werden. Dann ging es per Anhalter die 25 Kilometer zurück nach Oldenburg. Dort boten wir die Zigaretten dann weit unter Ladenpreis an. Eine Tour brachte jedem von uns höchstens zwanzig Mark – bei dem lausigen Sold aber immer noch gutes Geld!

Eines Tages rief mich Wolf in der Schreibstube, wo ich inzwischen arbeitete, an und fragte: „Fährst Du nächsten Sonnabend mit nach Bremen?"

„Warum nicht. Holen wir Zigaretten?"

„Ja, Adi. Sieh zu, daß Du noch ein bißchen Geld durch Vorbestellung und Anzahlung reinkriegst, ich bin total pleite."

„Kannst Dich auf mich verlassen, mach' ich", sagte ich.

Am nächsten Samstag fuhren wir mit der Bahn nach Bremen und vom Hauptbahnhof dann weiter mit der Straßenbahn ins Hafenviertel. Mitten im Vergnügungsviertel, direkt gegenüber der berühmt-berüchtigten Silber-Dollar-Bar, stiegen wir aus. Das Wetter war furchtbar schlecht; es regnete und war lausig kalt. Im nächsten Hauseingang stellten wir uns unter.

„Hafen ist nicht drin heute", sagte Wolf mißmutig.

Er hatte Recht, das weitläufige Hafenviertel abzuklappern, war blanker Unsinn.

„Wir sind in zehn Minuten völlig durchnäßt", antwortete ich, als die nächste Straßenbahn hielt. Ein junges Mädchen, etwa zwanzig Jahre alt, stieg aus und stellte sich ebenfalls unter. Sie trug einen langen, schwarzen Leinenrock, eine weiße Bluse mit beiger Strickjacke und hatte kurzgeschnittene, struppige und ungepflegt wirkende Haare. Viele Sommersprossen bedeckten ihr blasses Gesicht. Über der Schulter trug sie eine große Strohtasche. Wolf verwickelte das Mädchen in ein Gespräch. Ich ging in den Tabakladen an der Ecke, um mir eine Schachtel Zigaretten zu holen. Als ich zurückkam, kicherten die beiden und grinsten mich freundlich an.

„Die Dame lädt uns zu einem Steinhäger ein, zum Aufwärmen. Adi, komm mit!"

Wolf hakte das Mädchen ein, und wir drei gingen rüber zur Silber-Dollar-Bar. Das war damals ein stadtbekannter Zuhältertreff. An der Theke saßen drei völlig besoffene amerikanische Seeleute. Die fette Barfrau, mit riesigen Hängetitten und großem Dekolleté, begrüßte uns freundlich: „Ah, unsere Wehrmacht. Was darf ich Euch bringen?"

Zwar trugen wir Zivilklamotten, aber Wolf hatte seine graue Armeehose und Bundeswehrschuhe an, daran hatte uns die erfahrene Barfrau sofort erkannt.

„Drei Steinhäger und zwei Becks", orderte Wolf. Wir setzten uns in eine dunkle Ecke. Wolf warf ein Zweimarkstück in die Musikbox und erfüllte die Musikwünsche der jungen Dame, die Ingrid hieß: *Schneewalzer*, *Ein Schiff wird kommen* und *Weiße*

Rosen aus Athen. Die uralte Musikbox plärrte leiernd, während draußen die Regentropfen an die Scheiben klatschten. Einer der Seeleute hatte den Kopf auf die Theke gelegt und schnarchte. Die Kneipe war mit Nautiquitäten dekoriert, an den Wänden hingen Steuerräder, Schiffslaternen und Schiffsbilder, an der Decke ein großer ausgestopfter, rauchgeschwärzter Alligator.

Wolf flüsterte dem Mädchen dauernd etwas ins Ohr, und die beiden kicherten wie verrückt. Wieder wurde eine Runde bestellt, jetzt waren es drei Asbach und drei Becks, aus der Musikbox sang Freddie *Junge, komm bald wieder.* Wolf hatte schon eine Hand in Ingrids Bluse. „Sie kommt aus Hamburg, ist aus einem Fürsorgeheim abgehauen", flüsterte er mir zu.

„Ich geh mal eben pissen", sagte er laut, gab mir unter dem Tisch einen Tritt und bedeutete mir mit zusammengekniffenen Augen, ihm zu folgen.

Auf der Toilette erklärte er mir seinen Plan. „Die Alte hat jede Menge Geld in der Tasche. Weiß der Kuckuck, woher. Wir gehen jetzt wieder rein, und ich beschäftige sie, während Du das Geld aus der Tasche nimmst, okay?"

Wir waren schon ziemlich angetrunken. Es war für mich das Selbstverständlichste der Welt, aus der Strohtasche die Geldscheine einzeln herauszuklauben, während Wolf die Alte abknutschte und ihr unter den Rock griff. In einer Atempause beugte er sich zu mir.

„Wieviel, Adi? Zähl mal auf dem Scheißhaus nach!"

Ich stand auf und schlenderte zum Klo, schloß die Tür, klappte den Deckel herunter, setzte mich und zählte die Scheine. Zu meiner Überraschung waren es alles Hunderter, insgesamt etwas mehr als viertausend Mark – eine Menge Geld. Ich steckte die Scheine gebündelt in meine Jackentasche und ging wieder zurück. Eine Runde ergab die andere, wir tranken und waren in guter Stimmung. Wolf schubste Ingrid zu mir.

„Ingrid, sei auch mal ein bißchen nett zu meinem Freund Adi, vielleicht mit einer kleinen Massage!" sagte er, und das Mädchen, genauso besoffen wie wir, kam näher und verwöhnte mich ebenfalls.

Als sie dann später zur Toilette ging, erzählte ich Wolf von dem vielen Geld. Er war ganz sprachlos, denn damit hatte auch er nicht gerechnet.

„Das ist ja ein komisches Ding, Adi. Warum hat die Schnalle soviel Zaster dabei? Mir hat sie vorhin erzählt, daß sie jetzt bei ihrer alten Tante wohnt. Hat uns eingeladen, mit ihr nach Hause zu kommen. Adi, das ist ein ganz heißes Ding, das spür' ich instinktiv. Da ist vielleicht noch mehr zu holen. Laß uns mit ihr mitgehen!" sagte Wolf.

Ich willigte ein und trank meinen Asbach aus. Wolf bezahlte die Zeche bereits mit einem ihrer Hunderter.

Als wir aus der Kneipe torkelten, war das Wetter etwas besser geworden. Wir hatten Ingrid in die Mitte genommen und marschierten die Straße runter. Inzwischen war es dunkel geworden, und wir grölten laut. Die frische Luft tat mir gut. Ich wurde etwas nüchterner und nahm das dicke Geldbündel aus meiner Jackentasche und steckte es dem Mädchen unauffällig in die Tasche zurück. Ich hatte die ganze Zeit ein ungutes Gefühl gehabt und fühlte mich jetzt richtig erleichtert. Meine gute Laune kam zurück.

„Hier ist das Haus!“ sagte Ingrid und zeigte auf ein sogenanntes Bremer Haus – ein einstöckiger Ziegelbau mit großen Sprossenfenstern.

„Laßt mich erstmal alleine zur Alten hochgehen. Wenn die Luft rein ist, ruf' ich Euch.“

Dann ging sie hinein. Wir hörten, wie sie eine Holztreppe hochstieg, und dann gab es einen Mordstumult.

Wolf kletterte von einem Holzstoß auf den Garagenanbau, hangelte sich von dort am Abwasserrohr hoch und schaute kurz in das einzig erleuchtete Fenster. Wie ein geölter Blitz ließ er sich auf das Garagendach fallen und sprang von dort in den Garten. Er hastete an mir vorbei und schrie: „Hau ab, die Schmiere ist da. Die Bullen haben sie gerade oben festgenommen.“

Ich hatte Mühe, ihn einzuholen. Ein paar Straßen weiter blieb er stehen, und ich holte ihn endlich keuchend ein. Schmidt grinste. „Na, auf jeden Fall haben wir unseren Schnitt gemacht. Rück mal die Hälfte raus, Partner“.

Schmidt war fassungslos, als ich ihm erzählte, daß ich ihr das Päckchen mit den Scheinen wieder in die Tasche gesteckt hatte. Er glaubte mir nicht und drückte mich mit einer Hand an die Hauswand, mit der anderen durchsuchte er mich. Als er merkte, daß das Geld nicht da war, schlug er mich mit ein paar trockenen Schlägen zusammen.

Die Aufregung, der viele Alkohol – die Schläge in die Magengrube gaben mir den Rest: Ich verlor die Besinnung. Ich weiß nicht mehr, wieviel Zeit vergangen war, bis ich wieder zu mir kam. Außer einem blauen Fleck am Arm hatte ich keine Blessuren davongetragen.

Zwei Tage später las ich in den *Weser-Nachrichten* unter der Überschrift „Entflohener Fürsorgezögling plündert Rentnerin aus“ den noch fehlenden Rest unserer Geschichte: Ingrid hatte die alte, gebrechliche Dame im Park kennengelernt und ihr, nachdem sie ihr Vertrauen gewonnen hatte, das Geld abgenommen. Die Ersparnisse der alten Dame waren überall im Haus versteckt gewesen und Ingrid hatte bei ihrer Suche das ganze Haus auf den Kopf gestellt. Ich war froh, daß wir so davongekommen waren. Von Schmidt allerdings hatte ich die Nase voll.

„Beim Pokern gewonnen“, sagte Klotzek und zeigte mir einen kurzläufigen, verchromten Revolver mit weißen Griffschalen. „Ein aufgebohrter Schreckschußrevolver, 35er Kaliber mit zwölf Schuß Munition.“

„Gib ihn mir mal“, sagte ich fasziniert. Klotzek reichte ihn mir lässig rüber.

„Ist er geladen?“

„Nein, kannst ruhig abdrücken“, sagte er. Ich zielte auf die Wand und drückte ab. „Klick“ machte der Revolver.

„Mann, das ist ein Hammer“, sagte ich anerkennend und gab ihm die Waffe zurück. „Funktioniert er auch?“

„Das will ich wohl meinen, Adi."

„Komm, wir gehen ins Materiallager. Dort sind eine Menge Wolldecken, da können wir einen Probeschuß abgeben", sagte ich.

Wir marschierten ins Lager, schlossen die Tür hinter uns und gingen in den Raum mit den eingelagerten Decken. Es roch fürchterlich nach Mottenkugeln.

„Darf ich den ersten Schuß abgeben?" fragte ich ihn.

„Okay, den ersten und einzigen."

Ich nahm die Waffe, kippte die Trommel raus und legte eine Patrone ein. Dann drückte ich die Trommel wieder hinein und spannte den Hahn. Ich zielte von oben auf den größten Wolldeckenstapel, entsicherte den Revolver und drückte ab. „Peng" knallte es ziemlich laut, dann roch es verbrannt. Wir folgten der Lochspur in den Decken. Die Kugel hatte fünf vierfach gefaltete Wolldecken durchschlagen.

„Er funktioniert", meinte Klotzek, „ist nur die Frage, wie breit er streut. Meistens sind die aufgebohrten Läufe unsauber gebohrt, dann streut der Colt auf zehn Meter Distanz volle zwei Meter oder mehr. Die Kugeln wirken dann wie Dum-Dum-Geschosse. Ich werde das Ding verkaufen, der bringt mindestens einen Blauen", sagte er und wickelte den Revolver sorgfältig in einen öligen Lappen. Die restlichen Kugeln verstaute er in einer Blechschachtel mit Watte.

Ein paar Tage später traf ich ihn auf dem Sportplatz. „Na, haste die Knarre verkauft?" fragte ich.

„Logo", antwortete er und grinste. „An Wolf

Schmidt. Der war so geil auf das Ding, daß er mir hundertfünfzig dafür gegeben hat."

„Um Gottes willen, Klotzek! Der Schmidt macht damit irgendeinen Scheiß, womöglich legt er einen um, und Du wirst in die Sache mit reingezogen!" sagte ich.

Ich war wirklich erschrocken; ich spürte instinktiv, daß Schmidt damit schießen würde.

„Versuch, die Waffe irgendwie zurückzubekommen. Du kommst in Teufels Küche, wenn Schmidt das Ding behält", sagte ich zu Klotzek.

Ich hatte gehört, daß Wolf Schmidt wegen einer Schlägerei mit einem Vorgesetzten „unter Alkohol" eine Strafe von drei Wochen Bau absitzen mußte. Da nicht genau ermittelt werden konnte, wer der Schuldige war, bekamen beide drei Wochen, und die Sache war damit erledigt.

Unser Kasernengefängnis bestand aus drei Zellen. Die Soldaten, die Wachdienst hatten, mußten die Inhaftierten bewachen und mit Kantinenessen versorgen. Auf Wunsch mußten die Einsitzenden zum vergitterten Klo geführt werden. Einmal am Tag hatte der Inhaftierte das Recht auf eine Stunde Ausgang in den Grünanlagen des Kasernengeländes, natürlich unter Bewachung.

Wann immer ich selbst Wache schieben mußte, besorgte ich dem Gefangenen Zigaretten und Lesestoff, zum Beispiel den *Playboy* oder die amerikanische Ausgabe von *Penthouse*, die viel schärfer war als der *Playboy*.

Schmidt hatte mir zwar damals im Bremer Hafenviertel ein paar ganz schöne Dinger verpaßt, aber ich hatte ihm eigentlich schon längst verziehen. Als ich in seiner letzten Knastwoche auf Wachdienst war, bat ich den wachhabenden Unteroffizier, mir die Gefangenenausgangswache zuzuteilen. Das war kein Problem, und so schlenderte ich mit Schmidt über das Gelände der Südwiese. Ich trug Stahlhelm, Stiefel, Koppel und umgehängte G3-Knarre. Er war ohne Gürtel und Kopfbedeckung und aus seinen Halbschuhen waren die Schnürsenkel wegen der Selbstmordgefahr entfernt.

„Weißt Du, Adi, ich hab' vom Bund die Schnauze voll. Ende des Monats hau' ich ab. Irgendwohin ins Ausland", flüsterte er leise. „Dein Bier, Wolf", war mein trockener Kommentar. „Wenn sie Dich erwischen, biste dran wegen Fahnenflucht!"

„Ist mir scheißegal", maulte er. „Adi, das ist doch kein Leben hier, das ist doch Sklaverei! Ich mach' noch ein bißchen Kohle auf meine Art und mit den paar Mille setz' ich mich dann ab in den sonnigen Süden, vielleicht ans Mittelmeer. Dann schick' ich Dir 'ne Postkarte, mit Palmen drauf!"

„Und dabei legst Du noch einen um mit dem Colt von Klotzek und kassierst lebenslänglich", schimpfte ich und schüttelte den Kopf

„Adi, das Leben ist kürzer als Du denkst. Bevor ich den Arsch zukneife, will ich ein paar schöne Jahre gehabt haben, und zwar nicht als Arsch, sondern als King! Mit den nötigen Kohlen und dem nötigen Luxus, der dazugehört! In dieser beschissenen Welt muß man sich seinen Anteil nehmen. Wenn ich aus dem Bau raus bin, dann passiert's."

Ich war mir sicher, daß er es ernst meinte, versuchte aber nicht, ihn von seiner Idee abzubringen. Wolf war asozial; er war der geborene Kriminelle.

„Sag mal, Wolf, das Ding mit dem Supermarché, damals in Paris, warst Du das?“ fragte ich ihn.

Er grinste. „Na logo, Adi!“

„Ganz einfach, Adi, keine große Planung“, sagte Wolf, den ich wieder einmal im Kasernengefängnis besuchte und der mir völlig ungerührt von seinem letzten Ding erzählte, das ihn endgültig für ein paar Jahre hinter schwedische Gardinen bringen sollte.

„Ich hab einfach einen alten Jaguar vom Toom-Parkplatz geklaut, der war nicht abgeschlossen, und ich brauchte ihn nur kurzzuschließen. An dem Wagen hab ich erstmal ein paar Stunden Spaß gehabt und ihn auf der Autobahn bis zum Blech durchgetreten. Als es dunkel wurde, bin ich zur Shell-Tankstelle Delmenhorst gefahren. Als der Tankwart allein war, hab’ ich ihm die Kanone unter die Nase gehalten.“

„Klotzeks Kanone?“ fragte ich ihn, und er nickte.

„Dann hab’ ich die Wochenendkasse in meiner Tasche verstaut, den Kerl im Klo eingeschlossen und die Hauptsicherung der Tankstelle ausgeschaltet. Den Schlüsselbund hab’ ich in die Büsche geworfen. Und dann ist die Sauerei passiert. In der Aufregung hatte ich die Lichter vom Wagen angelassen, und als ich losfahren wollte, sprang die alte Karre nicht an, die Batterie war leer! Du kannst Dir meine Panik vorstellen, Adi.“ Wolf verzog sein Gesicht zu einer

Grimasse. „Der Wagen sprang nicht an, und das am Arsch der Welt!"

„Warum hast Du nicht einfach den Wagen des Tankwarts genommen?" fragte ich ihn.

„Die Idee hatte ich auch, alter Junge. Aber da war 'ne weitere Scheiße. Der hatte seinen Wagen gerade mit 'nem hydraulischen Wagenheber hochgebockt, um etwas daran zu machen. Aber weil ich die Hauptsicherung rausgedrückt hatte, funktionierte der elektrische Wagenheber auch nicht. Und die Hauptsicherung konnte ich nicht einschalten, weil die Schlüssel weg waren!"

Ich guckte ihn ungläubig und mit offenem Mund an. Wie konnte ein Gauner nur soviel Pech haben!

Er erzählte weiter und schlug, überwältigt von der grausamen Erinnerung, mit der Faust so heftig auf den Tisch, daß der Aschenbecher darauf einen gewaltigen Satz machte.

Der anwesende Beamte bat uns, leiser zu sein und sagte: „Die Besuchszeit ist in fünf Minuten um."

Hastig erzählte Wolf weiter: „Dann hatte ich die Idee, die Batterie auszutauschen, waren ja genug in der Werkstatt. Adi, und jetzt kommt der lausigste Hammer, den Du Dir vorstellen kannst. Absolute Scheiße, ich hab' unter der Motorhaube keine Batterie gefunden. Die alten Jags haben ihre Batterie im Kofferraum und der, Du wirst es kaum glauben, war abgeschlossen! Da stand ich nun, mit 'ner Mordsmarie in der Tasche und am Ende meiner Kraft. Ich bin dann auf die Straße und hab' versucht, einen Wagen anzuhalten. Es war stockduster und keiner hielt an. Und der, der angehalten hat, Adi, der war von der

Schmiere! Das hat mir den Rest gegeben. Ich war völlig fertig mit den Nerven und ließ mich ohne weiteres festnehmen.“

Ich schaute Wolf fassungslos an.

„Wie ich später bei der Voruntersuchung mitgekriegt hab’, holt der Chef immer um Mitternacht die Tageseinnahmen ab. Als er die unbeleuchtete Tankstelle sah, hat er erst gar nicht angehalten. Der gab sofort Gas und alarmierte die nächste Polizeiwache. Und weil ich früher schon mal ’nen Bock geschossen hab’, ha’m se mir jetzt drei Jahre gegeben. Bewaffneter Raubüberfall“, keuchte Wolf mit bleichem Gesicht. „Und heute verlegen sie mich nach Bremen-Vegesack in den Knast.“

Ich war wie betäubt, als ich mich von ihm verabschiedete. Das war selbst für mich zuviel.

„So wie Du gebaut bist, Wolf, sitzt Du die drei Jahre auf einer Arschbacke ab. Die gehen schneller rum, als Du glaubst. Paß auf Dich auf, Alter“, stammelte ich und drückte ihm beide Hände.

Kaum war die Tür hinter ihm verriegelt, sah sich Wolf in der Zelle um. Sie war gerade mal acht Quadratmeter groß. Ihr Inventar bestand aus einem zweistöckigen Metallbett, einem Wandschrank mit Schublade und drei kleinen Fächern sowie einem kleinen Eckklo ohne Deckel. Daneben war ein Waschbecken mit Spiegel angebracht und an der Decke befand sich eine vergitterte Neonröhre. Das Fenster war von außen vergittert, aber man konnte es öffnen.

Wolf räumte seine Sachen ein und dachte, daß es im

Gefängnis eigentlich nicht anders als bei der Armee ist. Um aus dem Fenster schauen zu können, stieg er auf das obere Bett. Keine schlechte Aussicht, stellte er fest, denn er sah Wiesen, Felder, ein paar Baumgruppen und einen kleinen Bach, der mit niedrigem Buschwerk gesäumt war. Das Vegesacker Gefängnis stand wie eine uneinnehmbare Festung auf einem Wiesengelände außerhalb der Stadt. Hinter einer zweihundert Meter entfernten Tannenschonung konnte er ein kleines, zweistöckiges Fachwerkhaus ausmachen.

„Drei Jahre in diesem Stall", fluchte er laut und schlug mit der Hand gegen den Bettrahmen. „Drei lausige, verlorene Jahre – aber ich werde sie überleben", schwor er sich.

Ein Tag war wie der andere. Es passierte nichts Außergewöhnliches. Morgens bekam er seinen Wäschekorb mit den Elektroteilen, die er zusammenstecken mußte. Abends wurde der Korb abgeholt, voll mit fertigen Lichtschaltern. Seine Menge lag leicht über der Norm, dafür bekam er einen Bonus.

Nach drei Wochen wurde ihm mitgeteilt, daß er einen Zellengenossen bekäme. Er freute sich auf die Abwechslung. Als er nach dem Ausgang auf dem Gefängnishof in seine Zelle zurückkehrte, räumte der Neue bereits seine Sachen ein.

„Tag, Meister", grinste ihn ein hagerer Mann mit Igelfrisur und Hakennase an. „Hab' noch zweieinhalb Jahre abzudrücken, wegen Vergewaltigung. Weswegen bist Du hier?" fragte er Wolf.

„Bewaffneter Raubüberfall, noch drei Jahre", antwortete Wolf teilnahmslos. „Vergewaltigung, darauf würd' ich zur Zeit auch stehen."

Der Neue wieherte wie ein Pferd: „Solange Du nicht scharf auf meinen Arsch bist, werden wir uns schon vertragen." Er hieß Albert, kam aus Helgoland und hatte nach der Schule als Bademeister gearbeitet.

Beide setzten sich an ihre Wäschekörbe und steckten die Elektroschalter zusammen. Sie schreckten auf, als etwas sehr nah am Fenster vorbeiflog. Mit einem kraftvollen Schwung hievte sich Wolf auf das obere Bett.

„Unglaublich", schrie er runter, „da fliegt ein kleines Modellflugzeug über dem Knast."

Vor der Tannenschonung, nicht weit entfernt von dem Fachwerkhaus, stand ein kleiner Junge, zwischen zwölf und vierzehn Jahren vielleicht, und hielt in seiner Hand einen Fernlenksender. Die Antenne zeigte in den Himmel, wo in etwa dreißig Meter Höhe ein blauweißes Modellflugzeug seine Bahnen über die äußere Knastmauer zog. Das Flugzeug wurde mit einem kleinen Benzinmotor angetrieben und machte mächtig Krach. Es drehte ein paar Runden und verschwand dann hinter dem Verwaltungsgebäude.

Nur noch sein lautes Knattern war zu hören, und erst ein paar Minuten später konnte Wolf sehen, wie das kleine Flugzeug elegant auf dem Feld aufsetzte.

„Top, wirklich eine gekonnte Landung", bemerkte Wolf anerkennend zu seinem Zellenkumpel, den die Angelegenheit nicht allzusehr interessierte. Er sprang vom Bett herunter und begann mit doppelter Geschwindigkeit zu arbeiten, um sein Soll zu schaffen.

Die Wochen vergingen eintönig und langsam.

Nichts geschah. Wolf bekam wegen guter Führung von der Blockleitung ein paar Vergünstigungen. Er holte sich aus der Gefängnisbücherei im Laufe der Zeit alles über Modellflugzeuge und Funkfernsteuerungen. Und zu Weihnachten erlaubte ihm die Gefängnisleitung, sich einen Bausatz mitsamt Fernbedienung zu bestellen. Die Sendung traf schon ein paar Tage später ein.

In seinen freien Abendstunden baute Wolf besessen an einem kleinen Flugzeug und studierte alles, was es zu diesem Thema gab. Sommeranfang war sein Roter Baron, wie er das Flugzeug nannte, fertig, allerdings durfte er ihn nicht fliegen lassen. Sehnsuchtsvoll strich er mit der Hand über die Bespannung der Tragflächen. „Dem Roten Baron geht's ähnlich wie mir", murmelte er und hängte das Modell, das eine Spannweite von knapp zwei Metern hatte, an der Zellendecke auf.

„So ein kleines Flugzeug, das hat doch irgendwie Charakter, Albert", sagte Wolf, als er an einem herrlichen Sonntagvormittag aus dem Zellenfenster guckte und draußen wieder den Jungen mit einem Spielkameraden sah. Sie stellten ihre Maschine auf einem Sandweg auf und gossen etwas Benzin in den Tank, der durch einen kleinen Schlauch mit dem Motor verbunden war. Der Junge schloß dann die Dachöffnung des Fliegers, startete den Motor, trat zur Seite und drehte an den Knöpfen seines Senders. Langsam rollte das Flugzeug los, wurde schneller und schneller und hob schließlich mit einem kleinen Satz vom Boden ab. Es flog steil nach oben, drehte über den Tannen ab und kreiste über dem Fachwerkhaus.

Schmidt war völlig aus dem Häuschen und schrie: „Albert, Albert, komm hoch und schau Dir das an – gleich geht's los."

Albert stieg zu ihm auf das obere Bett.

„Paß auf, jetzt kommt der SS-Terrorist Schmidt", kicherte Wolf vergnügt und nahm seinen Sender in die Hand.

Das Modellflugzeug flog in etwa vierzig Meter Höhe einen Kreis. Als es in die Nähe der Gefängnismauer kam, drehte Wolf hastig an seinem Sender. Die Maschine ruckte kurz, flog aber dann weiter.

„Hast Du's gesehen, beinahe hätte ich das Ding gekapert", brüllte Wolf aufgeregt und verfolgte gebannt die Kurven des kleinen Fliegers. Sein Gesicht war ganz rot und der Schweiß stand ihm auf der Stirn.

„Schmidt, den kriegst Du, darauf wett' ich einen", ermunterte ihn Albert.

Das Flugzeug flog auf die Tannenschonung zu, stieg höher und überflog das Fachwerkhaus, dann drehte es und kam wieder zurück. Schmidt hatte inzwischen das Fenster geöffnet und hielt die Antenne weit hinaus. Eifrig drehte er an den Knöpfen des Senders. Als der Flieger ganz nahe an der Gefängnismauer war, drückte er langsam und mit viel Gefühl einen kleinen Hebel.

„Ich hab' ihn, ich hab' ihn", schrie er schrill und triumphierend. Und tatsächlich, die Maschine änderte ihre Flugbahn und flog in die Mitte des großen Gefängnishofes.

Schmidt hielt in der einen Hand ganz verkrampft den Sender und führte mit der anderen die Manöver durch. Albert strahlte und Schmidt lachte wie entfesselt. „Jetzt erlebst Du den Roten Baron bei einem Angriff auf die verhaßten feindlichen Linien“, rief er vergnügt.

Er hatte nun das Flugzeug voll unter Kontrolle und ließ es mal auf- und mal absteigen, schließlich ließ er es ganz dicht an den Zellenfenstern vorbeifliegen, dann in einem Sturzflug nach unten auf den Hof, wo er es elegant abfing.

Auf der Wiese stand der Junge und fummelte unentwegt an seinem Sender rum. Nichts geschah. Er hielt die Hand gegen die Sonne und verfolgte ängstlich Wolfs gefährliche Manöver.

Als die Maschine ein wenig zu stottern anfing, sagte Wolf: „Der geht jetzt der Sprit aus, und bevor der alle ist, wollen wir noch unseren Spaß haben, nicht wahr, Albert?“

Er grinste und kniff ein Auge zu, als die Maschine einen kleinen Kreis über dem Gefängnishof flog. „Da hinten, am Ende des nächsten Gebäudes, da sitzt der Gefängnisdirektor, diese dumme, fette Sau! Dem jagen wir jetzt einen gewaltigen Schrecken ein.“

Die Maschine flog mit voller Geschwindigkeit auf das Fenster zu und zerschellte mit einem lauten Scheppern am Fenstergitter. Schmidt und Albert johlten vor Vergnügen und schlugen sich auf die Schultern, dabei hatten sie Tränen in den Augen.

Der Junge auf der Wiese hatte hilflos alles mitansehen müssen. Traurig drehte er sich nun um und ging langsam auf das Fachwerkhaus zu.

„Der hat ’nen Schock fürs Leben abgekriegt“, sagte Wolf Schmidt schadenfroh.

Frankfurt II

Als meine Bundeswehrzeit um war, drückte man mir 120 Mark Restsold in die Hand und eine Fahrkarte nach Frankfurt. Diese Stadt hielt ich für die kommende Metropole. Dort wollte ich mein Glück versuchen, also gab ich bei der Bundeswehr Frankfurt als meinen Wohnort an und bekam dafür den Freifahrschein.

Im Oldenburger Bahnhof soff ich mit ein paar Kameraden, grölte die üblichen Soldatenlieder und warf mich dann kurz vor Mitternacht in den Zug nach Bremen, dort stieg ich um in den Nachtexpreß nach Frankfurt. Als ich aufwachte, fuhr der Zug gerade in den Frankfurter Hauptbahnhof ein.

„Guten Morgen, Frankfurt", grunzte ich und nahm einen letzten Schluck aus der Bierflasche.

Im Bahnhof mietete ich mir für zwei Mark einen Waschraum, rasierte mich und zog ein frisches Hemd an. Dann schlenderte ich mit dem Leinenkoffer in der Hand durch die Kaiserstraße, hinein in die City. Als ich die Goethestraße erreichte, Frankfurts Einkaufsstraße für die, die es geschafft haben, sagte ich still zu mir: An diesen Moment will ich mich immer erinnern. Als armes Schwein stehe ich hier in der Goethestraße. Irgendwann, wenn ich meine Millionen gemacht habe, irgendwann werde ich mit meinem Luxusschlitten hier durchfahren und an den jungen einundzwanzigjährigen Burschen denken, der voller Träume und Hoffnungen hier entlang kroch.

Einen langhaarigen Studententypen fragte ich über die gängigen Tagestreffpunkte in Frankfurt aus.

„Da gibt's nur das Jazzhaus, das ich Dir empfehlen kann, da vorne rechts in der Jazz-Gasse. Die haben den ganzen Tag auf! Da verkehren gute Leute, außerdem gibt's 'nen prima Kaffee", sagte er.

Ich fand das barocke Jazzhaus mit seinen unverputzten Backsteinwänden sofort. Hinter der Theke stand Wolfgang, der Pächter. Durch die belagerte Theke hindurch bestellte ich bei ihm eine Tasse Kaffee und stellte den Koffer mit meinen Habseligkeiten unter die Treppe zum oberen Gastraum. Ich nahm die Tasse, warf zwei Löffel Zucker 'rein und fragte ein schlankes, langhaariges Mädchen, das am einzigen Tisch im Erdgeschoß eine Tasse Tee trank, ob ich mich dazusetzen könnte.

„Ja, yes, sit down", antwortete sie freundlich. Sie war Amerikanerin, kam aus Minneapolis/St. Paul, hieß Jean und studierte in Frankfurt Psychologie.

Obwohl ich sie sehr nett fand, verabschiedete ich mich schon nach ein paar Minuten, schließlich mußte ich ja noch ein Hotelzimmer suchen.

„Good by, see you around", rief sie mir nach.

In Bahnhofsnähe hatte ich eine Menge Hotels und Pensionen gesehen, von denen ich annahm, daß sie für mich erschwinglich wären. In einer schlichten, eher schmuddeligen Pension fragte ich den Portier nach einem kleinen, vor allem aber billigen Zimmer.

„Ich glaub' schon, daß ich was für Sie habe", sagte er und schaute auf seinen Belegungsplan. Dann nahm er einen Schlüssel vom Haken und bedeutete mir, ihm zu folgen, und wir stiegen die enge Treppe rauf.

„Im Dachgeschoß haben wir ein Zimmer für Angestellte, das schon seit längerem frei ist. Es liegt im Turmgiebel, ist nicht besonders hübsch, aber für acht Mark die Nacht auch nicht besonders teuer!"

Ich willigte ein und nahm das Zimmer für einen Monat.

„Wenn Sie die erste Woche im voraus bezahlen, dann geht die Sache okay", sagte er.

„Einverstanden", antwortete ich und erhielt den Schlüssel. Zimmer 41. Dann räumte ich meine bescheidene Habe in den Schrank und stellte in meinem Transistorradio AFN ein.

„And I don't give a damn about a greenback dollar" spielten sie. Ich legte mich aufs Bett und zündete mir eine Astor an. Neue Stadt, neue Abenteuer, dachte ich erwartungsvoll.

Am nächsten Tag begann ich mit dem Klinkenputzen. Ich klapperte die Frankfurter Werbeagenturen und -abteilungen ab. Schon nach drei Tagen hatte ich Glück. Die Agentur *Werbeart-Müller*, eine Spezialagentur für Textilwerbung, suchte einen Produktionsassistenten und gab mir den Job. Um einen lükkenlosen Lebenslauf präsentieren zu können, hatte ich meine Pariser Zeit als Graphiklehre bei französischen Malern angegeben.

Am kommenden Ersten sollte es losgehen – mit 700 Mark Monatsgehalt brutto, dazu verbilligtes Kantinenessen. Ich mietete in der Friedberger Landstraße eine Dachkammer mit Waschbecken und Toilette. Per Inserat verscherbelte ich meinen einzigen Besitz, der etwas wert war: eine Contaflex-Spiegelreflex-Kamera mitsamt drei Objektiven. Von dem Geld kaufte ich Bettwäsche und richtete mir die Bude ein. Das war gar nicht so einfach: 100 Mark kostete ein Spind mit vier Wäschefächern und Kleiderhakenteil; ein Jugendzimmer-Billigsofa mit Bücherfach kostete 140 Mark, dazu kam ein flacher Couchtisch für 65 Mark, und aus einem Sonderangebot ergatterte ich einen Schaukelstuhl. Von dem Rest kaufte ich eine Hängelampe, eine Wolldecke, eine Kochplatte und eine Grundausstattung Geschirr. Die Kochplatte stellte ich auf eine Apfelsinenkiste. Ich war glücklich, eine gemütliche Bleibe zu haben, und fastete mich zum ersten Monatsgehalt durch.

Nach Feierabend ging ich oft ins Jazzhaus, saß bei einer Flasche Bier im Obergeschoß und schaute mir die Leute an. Der Laden war immer voll.

„Hello, how are you?" sprach mich eines Abends jemand von der Seite an.

„Tag, Jean", sagte ich hocherfreut. „Wenn Du ein bißchen Zeit hast, setz Dich doch zu mir. Trinkst Du ein Bier mit?" fragte ich sie.

Ich freute mich sehr, sie wiederzusehen. Sie erzählte mir viel über ihr Leben in den USA, ich steuerte meine Geschichten aus Deutschland und Frankreich bei. Wir kamen gut miteinander zurecht und mochten uns.

Gegen 23.00 Uhr kam ein junger, blonder Amerikaner mit einem Uni-Sweatshirt, um sie abzuholen. Offenbar ihr Freund.

„Auf Wiedersehen, bye, bye", sagte sie und ging. Mann, war ich sauer.

In der Firma arbeitete ich hart, und der Abteilungsleiter war mit mir sehr zufrieden. Aber mein

Monatsgehalt war eine Schande, es reichte hinten und vorne nicht. An den Arbeitstagen hatte ich zwar immer eine vernünftige Mahlzeit zum Kasino-Billigpreis, aber an den Wochenenden hungerte ich. Am schlimmsten waren die Tage vor dem nächsten Ersten, da war ich total pleite und fraß jedweden Mist, um satt zu werden. Ich legte mir einen Vorrat an Mehl, Zucker, Eiern und Ölsardinen in Dosen an. Dazu trank ich Leitungswasser. Um meine Figur brauchte ich mir damals keine Gedanken zu machen. Es war immer ein Luxus, wenn ich noch 90 Pfennig für einen Teller Goulaschsuppe im Picnic, einem Stehimbiß an der Hauptwache, übrig hatte.

An einem Sonntagnachmittag, als ich mal wieder in der Lage war, mir etwas Besonderes zu gönnen, traf ich sie im Picnic. Sie nahm sich gerade einen Teller Suppe vom Tresen, als ich sie sah.

„Jean", rief ich laut, „komm, setz Dich zu mir!"

Zusammen schlürften wir unseren köstlichen Hackfleischbrei.

„Ich dachte immer, alle Amerikaner sind reich", versuchte ich's auf die lockere Tour.

„Oh, no! Meine Mutter schickt mir fürs Studium 100 Dollar. Dazu kommen noch 200 Mark, die ich als Kuchenverkäuferin bei Latscha verdiene", antwortete sie aufrichtig.

„Dann lebst Du ja genau so knapp wie ich", stellte ich fest.

Nach dem Essen machten wir einen Spaziergang und trafen uns von dem Tag an häufiger. Dann aber konnte sie plötzlich wegen ihres Studiums immer öfter nicht kommen.

Das ist sicher der blöde, blonde Ami, dachte ich, und tröstete mich auf meine Art. In dem Apartmenthaus, in dem ich die Dachkammer bewohnte, lebte im Erdgeschoß eine blonde, etwas mollige Hamburgerin. Sie war zehn Jahre älter als ich und die einzige Tochter eines Arztes. Ihre wohlhabenden Eltern unterstützten sie mit einem monatlichen Scheck. So bewohnte sie dann auch das teuerste Apartment des Hauses, mit großer Gartenterrasse und schicken Möbeln.

Als ihr im Flur einmal eine Einkaufstüte auf den Boden fiel, half ich ihr beim Einsammeln der verstreuten Sachen und da sie mich schon vom Sehen her kannte, lud sie mich auf eine Tasse Kaffee ein. Aus der einen Tasse wurden mehrere, und bald war ich ständiger Gast bei ihr. Sie kam auch oft auf meine Bude, und wir hatten viel Spaß miteinander. Sie war eine „richtige, reife Frau“ und daß sie mich ranließ, machte mich erst recht scharf auf die Gisela aus Hamburg.

An einem Nachmittag kam mich Jean besuchen. Sie war eine wirklich nette, intelligente Person, in die ich mich tatsächlich verliebt hatte. Aber am Abend, gegen sieben, wurde sie immer nervöser und hatte es auf einmal eilig.

Mißtrauisch moserte ich: „Jean, triffst Du Dich etwa nachher mit John? War ich heute nachmittag nur der Lückenbüßer? Du mußt Dich entscheiden, entweder er oder ich“, stellte ich sie vor die Entscheidung.

John war Direktor des Frankfurter Army-Theaters, wie sie mir in einem schwachen Augenblick gebeichtet hatte. Die beiden kannten sich aus Wien, als Jean dort ein Semester lang studierte und John an der amerikanischen Botschaft arbeitete. Weil ich ihr die Entscheidung so direkt abverlangte, nickte sie kurz verschüchtert und verabschiedete sich.

In diesem Moment klopfte es. Ich öffnete und Gisela stand vor der Tür, mit einem hungrigen Blick, der nichts offenließ.

„Adi, Liebling, wollte nur mal guten Tag sagen", flötete sie mit einem verführerischen Augenaufschlag.

Die beiden Frauen schauten sich neugierig an.

„Ich bringe Jean nur gerade zur Haustür", sagte ich verlegen, „bin gleich zurück."

Unten im Hauseingang legte ich Jean meine Hände auf die Schultern, sah ihr tief in die Augen und sagte: „Okay, Jean, geh zu Deiner Verabredung! Wenn Du innerhalb der nächsten Stunde zurückkommst, mache ich mit ihr Schluß", dabei deutete ich zur Decke.

Jean schwieg und huschte hinaus auf die Straße. Eine Stunde später klopfte es an meine Tür. Jean war zurück. Ich verabschiedete Gisela ziemlich brüsk und unfair, schließlich hatten wir die ganze Zeit auf der Couch geschmust.

„Ich habe mit John endgültig Schluß gemacht", hauchte Jean, zog ihre Jacke aus und setzte sich auf mein Sofa – vier Monate später waren wir verheiratet!

Saalmünster

Kurz vor unserer Heirat war der Job eines Werbeleiters in einer Kartonagenfabrik in Saalmünster, Osthessen, vakant geworden. Ich bewarb mich, wurde vorgeladen und erquatschte mir in einer harten Stunde die Stelle. Dabei nahm ich in Kauf, in einer Kleinstadt mit Dorfcharakter zu wohnen. Das war, wie wir später feststellen sollten, ein Fehler, aber von meinem bescheidenen Gehalt von 700 Mark konnten wir ja nicht leben.

Adolf Sahn, der alte Besitzer der Kartonagenfabrik, war von mir begeistert; er sah mich als neuen „Messias“ für seine Firma und wollte mich nach dem Verkaufsgespräch gleich da behalten. Frech forderte ich das Dreifache meines jetzigen Einkommens. Aber Sahn war ein erfahrener Fuchs.

„In der Probezeit fünfzehnhundert, danach sechzehnhundertfünfzig pro Monat“, war sein Gegenangebot. „Die geforderten zweitausend kriegen Sie dann nach einem Jahr, wenn wir beide uns gut verstehen. Einverstanden?“

Ich nickte mit dem Kopf und war damit Werbechef einer mittleren Fabrik mit 800 Beschäftigten. Nach der Vertragsunterzeichnung bot Sahn mir gleich ein Haus an.

„In Ihrer Position müssen Sie auch standesgemäß wohnen“, sagte er und wählte eine Telephonnummer.

„Ja, der neue Manager hat gerade unterschrieben, mein Lieber. Können wir uns nachher beim Haus treffen? Sagen wir in einer Viertelstunde? Dann bis gleich, Herr Pfarrer!“

Er legte den Hörer auf und drehte sich lächelnd zu mir um. „Wissen Sie, Herr Bartels, die Wohnfrage für den neuen Werbechef hab' ich schon geklärt. Unser Pfarrer Wein, ein wohlhabender Mann, wohnt immer noch im Nachbarort, im kircheneigenen Pfarrhaus. Da sein neues Privathaus bis zu seiner Pensionierung in fünf Jahren leer steht, vermietet er es. für nur 350 Mark im Monat. Für einen modernen Bungalow mit Hanglage, offenem Kamin, Parkettfußboden, Terrasse ist das geschenkt!"

Ich stimmte ihm zu. Als ich mir das Haus anschaute, war ich überwältigt. Ich hatte meiner Meinung nach gesellschaftlich drei Stufen auf einmal erklommen. Ich unterschrieb den Mietvertrag und verabschiedete mich vom alten Sahn.

Als ich nach Frankfurt zurückkam, erzählte ich alles Jean – in der Erwartung, sie würde mir vor Freude um den Hals fallen. Das tat sie aber nicht.

„Um Gottes willen, das ist ja ein Dorf am Ende of the world", schluchzte sie, „da sind wir doch lebendig begraben." Auch das Traumgehalt und das tolle Haus brachten sie nicht in Stimmung. Aber es gab keine Alternative, schließlich willigte sie schmollend ein.

Unsere Trauung zogen wir ziemlich unromantisch in Straßenkleidung während einer Mittagspause durch. Zwei Schuhverkäuferinnen aus einem Schuhladen neben dem Standesamt waren unsere Trauzeugen. Erst am Abend machten wir es uns gemütlich und feierten unsere Hochzeit mit einer Flasche Krimsekt. Wir waren beide 22 Jahre jung und sehr, sehr glücklich.

Mein erster Arbeitstag in Saalmünster begann mit einer Besprechung im Chefbüro.

„Wissen Sie, Bartels, Sie sind nur die ersten drei Monate Angestellter der Firma“, meinte Sahn und kramte in seinen Unterlagen. „In dieser Zeit gründe ich eine selbständige Werbeagentur, die in einem Haus auf der Hauptstraße untergebracht ist. Das Haus wird zur Zeit modernisiert. Die derzeitigen Mitarbeiter der Werbeabteilung werden von der Werbeagentur übernommen.“

„Warum?“ fragte ich ihn erstaunt.

„Wegen der 15%, mein Lieber“, lächelte er wissend und erklärte mir dann seine Idee. „Der Werbeetat der Fabrik liegt im nächsten Jahr bei knapp zwei Millionen. Davon entfallen 50%, also rund eine Million, auf Anzeigen- und Rundfunkwerbung. Wenn nicht wie bisher die Fabrik, sondern eine Werbeagentur die Anzeigen bei den Verlagen schaltet, dann gewinnen wir 150.000 Mark an AE-Rabatten, die bisher ja verloren waren, Bartels! Das deckt die gesamten fixen Kosten der Agentur und außerdem können noch Anzeigen von anderen Unternehmen im Landkreis erscheinen. Mein Freundeskreis besteht überwiegend aus Fabrikanten. Denen gebe ich dann inoffiziell 5 bis 8% Rückvergütung für ihre Anzeigenwerbung und mache trotzdem noch ein Bombengeschäft.“

Das leuchtete mir ein, und ich machte mich sofort an die Arbeit. Ich entwarf das Logo für eine eigenständige Werbeagentur mit Firmennamen, Bestellformulare, Arbeitsabläufe und so weiter und so fort.

Von den Ersparnissen meiner Frau, sie hatte tatsächlich sechstausend Mark in bar mit in die Ehe gebracht, kaufte ich mir einen gebrauchten feuerroten Sunbeam-Alpine-Sportwagen. Dann orderten wir, teilweise auf Ratenzahlung, das Notwendigste an Mobiliar.

An den freien Wochenenden fuhren wir über die Dörfer und kauften den oberhessischen Bauern manch seltenes antikes Bauernmöbel ab. Im Laufe der Zeit schufen wir eine stilvolle und behagliche Atmosphäre in unserem neuen Heim. Wir genossen das schöne Haus mit Kamin, Eichenparkettboden und der großen Terrasse in vollen Zügen. Meine Arbeit machte mir Spaß, und der Chef war auch okay. Da klingelte an einem Freitagabend plötzlich das Telephon.

„Bartels, es ist ’was Fürchterliches geschehen“, sagte unser entsetzter Graphiker mit schriller Stimme. „Der alte Sahn ist heute nacht gestorben, das Herz.“

Die Schwester des Graphikers arbeitete im Kreiskrankenhaus, deshalb hatte er es als Erster erfahren. „Was wird bloß aus dem Unternehmen? Der Alte war Witwer und hatte keine Kinder.“

Ich schwieg und war am Boden zerstört. „Das kann sehr schlimm für uns werden“, antwortete ich dann.

„In den nächsten Tagen wird allerhand passieren“, jammerte er. Der Meinung war ich auch, und so bedankte ich mich für die prompte Benachrichtigung. Nachdem ich aufgelegt hatte, goß ich mir erstmal einen doppelten Asbach ein, dann erzählte ich Jean die Sache.

„Prost Mahlzeit“, war ihr trockener Kommentar.

Sahns so blendend aussehendes Unternehmen

war, wie sich herausstellte, auf Sand gebaut und ging in den nächsten Tagen unter. Laut Konkursverwalter gab es keine Möglichkeit, das Unternehmen weiterzuführen. Besonders die alten Mitarbeiter, die fast ihr ganzes Leben in Sahns Betrieb verbracht hatten, waren mit den Nerven völlig am Ende.

Als Sahn starb, war alles aus. Als Spätheimkehrer hatte er in einer alten Scheune sein Einmannunternehmen gegründet, mit selbstgebastelten Maschinen. Im Laufe der Zeit hatte er sein Unternehmen vergrößert und immer mehr Schulden gemacht. Ging's nicht weiter, spielte er einfach noch eine Nummer größer und so fort. Er war der Typ des Selfmademannes gewesen, der immer wieder eine Idee hatte und immer neue Auswege fand, wenn andere sich schon längst aufgehangen hätten. Ein Glücksritter und Seiltänzer, der sein Leben lang „doppelt oder nichts" gespielt hatte. Zeit seines Lebens war es ihm gelungen, die Balance zu halten.

Die örtlichen Banken hingen alle voll mit drin. In den Vorstandsetagen rollten Köpfe, aber das nutzte uns allen nichts.

Auch ich wurde entlassen. Man gab mir eine Bescheinigung für das Arbeitsamt.

„Ich und arbeitslos, da kann ich nur lachen! Wir machen unsere eigene Werbeagentur auf", sagte ich zu Jean.

Skeptisch schaute sie mich an. Ich malte ein provisorisches Firmenschild *Bartels Advertising* und hängte es draußen an die Haustür. Dann fuhr ich auf Kundschaftssuche; tagelang, von morgens bis abends besuchte ich die Unternehmen im Landkreis. Aber der Auftragseingang war lächerlich: Für einen Hersteller von Fertig-Jagdhütten entwarf ich ein Zweiseitenprospekt, ein mickriges, zweifarbiges DIN-A4-Blatt, ein paar Kleinanzeigen kamen von einem Kosmetikunternehmen. Dies und der Entwurf einer Seifenverpackung für Handwaschpaste brachten ein paar hundert Mark.

Dann kam endlich von einem Gummiteilehersteller der Auftrag für ein großes Imageprojekt, einen Katalog. Das gab mir den langersehnten Kick. Bis in die Nächte hinein konzipierte ich den Katalog, schrieb Texte und entwickelte das Layout. Für die umfangreichen Photoarbeiten verpflichtete ich einen erstklassigen, aber teuren Photographen. Und ganz gewissenhaft und zäh besuchte ich daneben täglich zwei neue Firmen, aber es kamen nur schleppend ein paar Kleinaufträge herein. Der abgeschiedene Landkreis gab nicht viel her und aufgrund meiner Unerfahrenheit bekam ich keine größeren Aufträge.

Die Kosten für den Gummikatalog stiegen und stiegen. Mit Photo-, Satz- und Lithokosten war ich schon mit über 1.500 Mark in der Vorlage, aber der Auftraggeber, Herr Fuchs, machte plötzlich alles, was ich ihn anbot, mies.

„Eigentlich wollte ich gar nicht so viel in den Katalog investieren“, sagte er bei meinem Besuch. „Der Katalog wird ein Reinfall. Sie haben mir den Mist doch nur eingeredet“, schimpfte er blöd.

Mir stand der Schweiß auf der Stirn, denn ich hatte keine schriftliche Auftragsbestätigung. Es war alles nur mündlich vereinbart worden, denn Fuchs galt im Landkreis als einflußreicher, solider Kaufmann.

Ich arbeitete wie besessen, obwohl er mir noch keinen Pfennig Vorschuß gegeben hatte, und warf nach seinen Launen jedesmal das Konzept um. Schließlich entwarf ich einen komplett neuen Katalog.

Doch Fuchs lehnte die Arbeit wiederum ab. Jetzt war die Situation klar: Er hatte sich ein Spielzeug angeschafft, war dessen nun überdrüssig und ließ die Zusammenarbeit platzen. Daß das Arschloch mich dabei persönlich total ruinierte, war ihm völlig egal. Durch seine Sekretärin ließ er per Telephon mitteilen, daß er den Katalog abbestellen möchte.

Verzweifelt stieg ich in meinen Wagen und raste zu seiner Fabrik. Die Empfangsdame sagte kühl: „Herr Fuchs ist für zwei Wochen nach England zu seiner britischen Niederlassung gefahren!"

Ich war total am Ende. Insgesamt hatte ich bei Lieferanten und der Bank über 30.000 Mark Schulden, verfügte allenfalls noch über hundert Mark Bargeld. Der Mann hatte wissentlich einen Großteil dieser Kosten verursacht und wochenlang von mir Arbeit in Anspruch genommen, ohne daran zu denken, auch nur einen Pfennig zu zahlen. Mit Tränen in den Augen schmiß ich den Scheißprospekt ins Klo.

Dann fuhr ich zum Pfarrer – wir waren bereits mit zwei Monatsmieten im Rückstand – und kündigte den Mietvertrag. Ich schilderte ihm unsere verzweifelte Situation. Er war damit einverstanden, als ich ihm versprach, die beiden Monatsmieten sofort zu überweisen, wenn ich wieder flüssig wäre.

Mitten in der Nacht kamen wir in Frankfurt an, auf einem alten Möbelwagen . . . – aber das wissen Sie ja schon.

FRANKFURT III

Ich wollte mich wieder selbständig machen, diesmal in der Altbauverwertungs-Branche. Ich hatte von meinem Job die Schnauze voll und wollte vor allen Dingen mehr Freizeit. Gleich am nächsten Morgen ging ich ins Schwille.

Elf Uhr vormittags, Frühstückszeit für die Paradiesvögel. Da saßen Money, der Baron, und las die FAZ, und neben ihm der zynische Meier im Maßanzug und Telly Goldstein mit Kaschmir-Pullover und polierten Lederstiefeln. Am nächsten Tisch aß Zeitarbeit-Schulz seinen Toast mit großen gekochten Hummerschwänzchen, die er sich immer nebenan beim Delikatessen-Plöger holte. Gesprächsthema war von Habenberg, der über Nacht einen großen Coup gelandet hatte. Der weltgrößte Konzern für Spielzeugautos aus den USA hatte ihn zum neuen Vizepräsidenten für Europa gemacht. Das Stellenangebot für den Job hatte in der FAZ gestanden. Da er fließend Deutsch, Englisch und Französisch sprach, Abitur hatte, zudem gut aussah, zuvor einige Jahre im Marketingbereich eines großen deutschen Spielzeugherstellers gearbeitet hatte und der amerikanische Boß ihn auf Anhieb gut leiden konnte, bekam er den Job. Jetzt war er Mr. Vice President, mit einem schicken Büro im Frankfurter Westend. Es waren zwar sechs Monate Probezeit zu bewältigen, aber der repräsentative Dienstwagen und das Anfangsgehalt von 80.000 Mark im Jahr lullten ihn ein.

Die Firma *Golden Toys* aus New York wollte Europa erobern, und Mike von Habenberg erstellte den Marketingplan für die Invasion. Angepeiltes Ziel: drei Millionen Umsatz im ersten, sechs Millionen im zweiten und zehn Millionen im dritten Jahr. Mit diesem Plan kriegte er den „Big Boss“ aus USA rum.

„Du bist mein Mann, Mike“, sagte der begeistert und genehmigte ihm für die neue Tochtergesellschaft einen Kredit von einer Million Mark für das erste Jahr.

„Die haben wir im Nu wieder raus“, versicherte Mike, als er an unserem Tisch seine Frühstückseier verzehrte.

„Drei Millionen. Das sind allerhand Spielzeugautos, die Du verscheuern mußt“, meinte Heinz nachdenklich.

„Ich habe meinem alten Arbeitgeber den besten Spielzeugvertreter abgeworben. Zur Zeit baut er rund um die Uhr Verkaufsbezirke mit Vertretern auf“, erklärte von Habenberg. „Natürlich übernehmen wir nur die Modelle, die schon in USA ein großer Verkaufserfolg waren. Im Frühjahr starte ich einen riesigen Werberummel, und im Herbst lande ich einen großen Stand auf der Nürnberger Spielwarenmesse. Da machen wir 40% unseres Jahresumsatzes in ein paar Tagen. Die restlichen 1,8 Millionen Umsatz kommen automatisch aus dem Weihnachtsgeschäft.“

„Bist Du sicher?“ zweifelte ich.

„Na klar. Das sind die Gesetzmäßigkeiten des Spielwarenhandels. Die funktionieren wie die Bauernregeln beim Hundertjährigen Kalender.“

Heinz und ich schauten uns beeindruckt an.

„Also, Du bist nun richtiger Vice President", Heinz schlug ihm kameradschaftlich auf den Rücken.

„Erst muß ich die Probezeit 'rumkriegen und die 1,2 Millionen Messeumsatz hinter mir haben. Dann werden wir weitersehen."

„Sind da ein paar Aufträge für uns drin?" fragte Heinz.

„Sicher. Ich lasse meine Freunde nicht fallen", versprach Mike. Dann stand auf und verabschiedete sich. Als leitender Angestellter mußte er wieder zurück ins Büro.

„Wir drücken Dir die Daumen", riefen wir ihm nach.

Ein weißes Mercedes-Coupé näherte sich und parkte direkt vor dem großen Schaufenster vom Schwille. Weich, elegant gekleidet, stieg mit Herrschermiene aus. In der linken Hand trug er einen schwarzen Koffer aus Krokodilleder.

Weich kam herein, setzte sich zur Prominentenrunde, warf den Koffer lässig zu Money rüber, der ihn auffing und auf einem freien Sessel deponierte. Dann zog er ein Glasröhrchen aus der Brusttasche, entkorkte es und entnahm ihm eine gewaltige Zigarre, die er sich in den Mund steckte. Meier griff eilfertig zu seinem Chinoise-Dupont-Feuerzeug und gab ihm Feuer.

„Das Ding, was der Kerl da raucht, das is 'ne echte Davidoff, das Stück zu 50 Mark", raunte Heinz mir zu.

„Und wie er sie raucht, wie ein Feudalherr", meinte ich hingerissen.

„Ja, er macht jetzt den großen Reibach und verkehrt nur noch im St. James Inn und im Tennis Chalet in Bad Homburg. Ins Schwille kommt er nur noch ganz selten. Meistens trinkt er Kaffee im Kranzler und sitzt mit den Großspekulanten zusammen."

Weich war auf dem totalen Höhenflug. Ganz nach oben wollte er – er, der von ganz unten kam. Sein Vater war Briefträger gewesen, und seine Mutter arbeitete in einer Buchbinderei.

Wilhelm fing eine Schlosserlehre an, mußte sie aber abbrechen, nachdem er seinen Lehrherrn verprügelt hatte. In seinem Boxclub wurde er ein kleiner Star. Er siegte zwar bei der Landesmeisterschaft, kam aber nicht weiter, weil er zu fett wurde und keinen Bock aufs Trainieren hatte.

Eine Zeitlang arbeitete er als Drücker in einer Zeitschriftenkolonne und als Haus-zu-Haus-Verkäufer und wurde schließlich ein Verkaufsas bei IOS, bis es zu dem großen Knall kam.

Mit ein paar tausend Mark, die er noch auf der Bank hatte, zog er dann seinen Immobilienladen auf. Und nun arbeitete er wie beim Boxen: Kopf einziehen und als erster zuschlagen.

An diesem Morgen hatte er eine Protokollierung für das Haus Bergerweg 18 in Sachsenhausen hinter sich. Es war ein heruntergekommener Altbau, mit Klos auf dem Flur, hatte aber sechs Zwei-Zimmer-Wohnungen und einen Zeitschriftenladen im Erdgeschoß. Ein unbewohntes Hinterhaus gehörte auch dazu. Das war ein Musterbeispiel für die Situation der 70er Jahre, in denen Altbauten als Bruchbuden galten und von unkundigen Erben als „Abrißhäuser" verkauft wurden. Weich hatte es für lächerliche 190.000 Mark buchstäblich geschenkt bekommen.

Vom Café Schwille fuhr Weich zu seinem Büro, um Peter Schlotzky, seinen neuen Hausmeister, zu treffen. Schlotzky, ein Jugo aus Belgrad, galt im Bahnhofsviertel als harter Bursche. Weich hatte vor, ihm den Bau zur Räumung zu übergeben. Er hatte darin Erfahrung: es war seine achte Wohnungsauflösung.

„Schlotzky, merken Sie sich eins“, sagte Weich, nachdem sie Platz genommen hatten. „Die Mieter sind in der Regel zwar alle kleine Wichser, aber sie können Dir das Leben schwermachen, wenn Du sie falsch anpackst. Sie haben nur vor zwei Dingen Respekt: vor Macht und vor Geld.“

Er nahm ein Notizbuch aus seinem Koffer und schaute wieder zu Schlotzky rüber: „Jetzt können Sie beweisen, ob Sie der richtige Mann sind.“

„Sie können mit mir rechnen, Chef“, versicherte Schlotzky.

„Wir schauen uns das Haus heute an. Ich will es bis zum Frühjahr leer haben. Dann ist der Winter vorbei, und wir können renovieren“, erklärte Weich. „Zuerst starten wir eine Einschüchterungsaktion. Wir schikken an jeden ein Schreiben, in dem wir mitteilen, daß wir die neuen Besitzer sind und das Haus bis März komplett geräumt sein muß.“

Er dachte nach.

„Und an das Schreiben hängen wir ein Formular. Wer selbst kündigt, erhält 3.000 Mark Abfindung. Der Mieter muß nur das Formular unterschreiben. Da sind immer ein paar junge Leute dabei, die mitmachen, weil sie nicht flüssig sind. Das übernehme ich", sagte er und machte sich einen Notiz in seinem Kalender. „Ihr Job", Schlotzky hörte ihm gespannt zu, „ist es, ein verdrecktes Baugerüst bis zur Dachrinne hochzuziehen. Das macht Eindruck und unterstützt die Auszugsbereitschaft weiterer Mieter. Außerdem schlagen Sie auf allen Fluren den Putz ab, um neue Steigleitungen zu verlegen. Hinterlassen Sie dabei möglichst viel Dreck im Treppenflur."

„Werde ich schnellstens erledigen. Da sehe ich kein Problem", sagte Schlotzky.

Sie fuhren nach Sachsenhausen zum Haus. Weich parkte in der Einfahrt. Sie gingen auf die andere Straßenseite, um sich das Gebäude anzuschauen.

„War ein guter Kauf", meinte Weich.

„Das Zeitungsgeschäft wird als Eigentumsladen verkauft, und aus der Erdgeschoßwohnung daneben machen wir einen zweiten Laden. Da bringt er mehr als eine Wohnung."

„Geht das denn? Das wäre eine Änderung von Wohnraum in Gewerberaum."

„Das Dachgeschoß ist verrottet und unbewohnbar. Ich schlage dem Wohnungsamt vor, daraus eine luxuriöse Penthousewohnung mit Sonnenterrasse zu machen. Dann genehmigen sie mir den Laden im Erdgeschoß. Ich kriege 'nen Toppreis für das Dach und die sind auch zufrieden."

Schlotzky schaute Weich bewundernd an: „Sie wissen wirklich, wie der Hase läuft, Chef."

Sie gingen zurück zum Auto, und Weich holte eine dicke Mappe aus dem Kofferraum.

„Jetzt gehen Sie zu den Mietern und stellen sich als der neue Hausmeister vor. Nehmen Sie die Mietverträge mit“, sagte er und drückte Schlotzky die Mappe in die Hand. „Horchen Sie die Leute aus, und erkundigen Sie sich nach Beruf, Familienverhältnissen und Zukunftsvorstellungen. Ich will mir ein klares Bild machen.“

Schlotzky ging ins Haus, Weich wartete auf der anderen Straßenseite.

Im ersten Stock lehnte sich eine langjährige Mieterin, die alte Muth, auf ihre Fensterbank, um die letzten Strahlen der Nachmittagssonne zu genießen. Das Haus war in einer guten, ruhigen Wohngegend, und sie wohnte hier schon über 40 Jahre. Sie wollte nie woandershin. Hier war ihre Tochter geboren worden, ihr Mann gestorben und ihr Leben im guten wie im schlechten abgelaufen; sie fühlte sich hier wohl.

Trotz der Jahreszeit hat die Sonne noch Kraft, dachte sie zufrieden. Sie hatte ihre Augen geschlossen, genoß die Sonne und ahnte nichts vom kommenden Unheil.

Das Haus Bergerweg 18 war ein Spekulationsobjekt geworden; ein Spielchip in den Händen eines Berufszockers, der sich den Teufel um Schicksale scherte.

Eine Woche später kam Schlotzky in Weichs Büro und erstattete Bericht.

„Ich habe ein gebrauchtes Malergerüst gekauft. Es steht schon neben dem Hauseingang. In allen vier Stockwerken sind im Flur die Kabelkanäle aufgeschlagen, überall liegen Haufen mit Bauschutt.“

„Gut, sehr gut. Setzen Sie sich“, Weich bot ihm eine seiner teuren Davidoff-Zigarren an.

„Dann kommen wir zur zweiten Phase", sagte er. „Wir verdoppeln die Mieten und bieten allen Mietern ihre Wohnung zum Kauf an."

Er schaute in sein Notizbuch und sagte: „Vergiß die Michaelis. Die haben schon gekündigt und bekommen die Abfindung."

Schlotzky öffnete die Mappe mit den Mietverträgen, die er mitgebracht hatte.

„Fangen Sie mit dem Erdgeschoß an", sagte Weich, „mit wem haben wir es da zu tun?"

„Der Vertrag vom Zeitschriftenladen läuft nächstes Jahr aus. Der Pächter, Herr Sturm, fragte mich, wie hoch der Kaufpreis sei. Falls es zuviel für ihn ist, würde er vier Monate früher rausgehen, wenn die Abfindung stimmt."

„Daß ich nicht lache, dieser Träumer! Mit seiner kleinen Klitsche kriegt er die 200.000 Mark nie zusammen. Sagen Sie ihm, er soll sofort kündigen, sonst bekommt er als Abfindung nicht einmal das Schwarze unterm Fingernagel."

Schlotzky notierte alles sorgfältig.

„In der Wohnung neben dem Laden wohnt ein junger Angestellter, Alfons Lauber. Er hat vier Katzen, die ihren Auslauf im Hof haben. Das ist ihm per Mietvertrag gestattet."

Weich grinste: „Da legen wir ein paar Giftköder aus. Wenn die kleinen Biester krepiert sind, geht er freiwillig. Haben Sie da Hemmungen?"

Schlotzky schüttelte den Kopf und notierte auch das.

„Im ersten Stock links wohnt die Witwe Muth", sagte er, „sie meint, sie will in der Wohnung sterben."

„Scheiße“, meinte Weich. „Weiter!“

„Neben ihr wohnen die Hornauers. Er ist Rentner, und sie arbeitet als Briefträgerin. Sie haben auch gefragt, was ihre Wohnung kosten soll.“

„130.000! Sagen Sie ihnen, als Mieter kriegen sie einen Rabatt von 10%, und wenn sie 17.000 Mark Eigenkapital haben, läuft’s.“

„Sie haben 60.000 gespart.“

„Um so besser. Drücken Sie denen die Bude aufs Auge. Mit 60.000 Eigenkohle krieg’ ich die Finanzierung durch. Ein Tausender als Belohnung ist schon drin für Sie, mein lieber Schlotzky.“

„Danke, Chef! Das schaff’ ich.“ Schlotzky war begeistert.

„Im 2. Stock gehen die Michaelis raus. Wer wohnt sonst noch da?“ fragte Weich.

„Ilse Gebein, eine alleinstehende Buchhalterin im mittleren Alter. Sie stellt sich quer. Sie sagt, wenn da weiterhin soviel Dreck im Flur liegt, dann geht sie zum Mieterschutzbund und kürzt die Miete.“

„Aha, so weht der Wind! Die braucht ’ne Sonderbehandlung. Du mußt allen im Hause erzählen, daß ich Jude bin. Das macht vieles einfacher.“

„Sind Sie Jude, Herr Weich?“ fragte Schlotzky und sah ihn irritiert an.

„Nein, und ich hab’ auch nichts gegen Juden. Aber sagen Sie das ruhig, habe ich früher schon gemacht. Dann haben die Leute Respekt vor einem. Sie denken, man ist besonders clever und hat den Geruch des fremdartigen, nicht kalkulierbaren Geschäftemachers. Und viele machen schlicht keinen Stunk, wegen der Kollektivschuld, ha, ha, diese Verunsicherung brauchen die!“

Das leuchtete Schlotzky ein, er lächelte bewundernd.

„Was machen wir weiter mit der Gebein?“ fragte er.

„Da gibt es nur eine Methode: Sie muß mit Gewalt rausgegrault werden. Knacken Sie mit einem Brecheisen die Wohnungstür auf, wühlen Sie in der Wohnung rum, und pissen Sie an die Schlafzimmerwand. Es muß aussehen wie ein Einbruch. Darf aber nichts fehlen. Wenn sie von der Arbeit nach Hause kommt, kriegt sie einen Schock.“

Er dachte nach.

„Ein paar Tage später wird uns was anderes einfallen. Aber lassen Sie sich bloß nicht erwischen!“

Schlotzky schmunzelte amüsiert: „Keine Bange, da kenne ich mich aus. Das funktioniert immer.“

Er schaute wieder in die Mappe: „Oh ja, der dickste Brocken ist Konrad Zimmerer im Dachgeschoß. Ein Student und Künstler. Er sagte, daß das mit der Räumung der stärkste Witz sei, den er in der letzten Zeit gehört habe. Bei den guten Mietgesetzen werde ich hier alt und grau, meinte er.“

Weich faltete langsam die Hände zusammen und lehnte sich in seinem Stuhl zurück. Er kniff die Augen zu kleinen Schlitzen zusammen und lächelte boshaft. „Erst einmal gehen wir an die Schwächeren“, sagte er, jedes Wort genußvoll betonend. „Den Studenten nehmen wir uns als letzten vor und reißen ihm dann den Arsch auf.“

Währenddessen träumte ich von einem sorglosen und freien Leben, allerdings mit dem nötigen Kleingeld in der Tasche. Und um diesen Traum zu verwirklichen, brauchte ich Geld, viel Geld! Ich hatte es satt, ein armes Schwein zu sein, das sich zwar von früh bis spät kaputtarbeitet, aber vor lauter Mietkosten und Abzahlungsraten über seine Verhältnisse lebt, wenn es sich im Café Hauptwache eine Flasche Bier leistet. Du nuckelst dann eine Stunde an dem Bier rum, weil ein zweites nicht drin ist. Und dann kommt ein Superschlitten um die Ecke, ein neuer Jaguar E, für mindestens 50 Mille, und ein junger Angeber, in Deinem Alter, sitzt am Steuer, und Du, Du arme Sau, kannst Dir nicht einmal das nächste Bier leisten.

Ja, das ist der erste Schritt zum Erfolg: wenn Du überlegst, wie Du . . . ja DU! an die Kohle kommst, um das zu haben, was der Wichser mit dem Jaguar hat.

In meinem neuen Immobiliengeschäft waren für mich nur kleine, preiswerte Mietshäuser interessant. Auf der Suche nach der richtigen Größenordnung stieß ich aber ständig auf welche, die zu groß waren. Da es schade um diese Gelegenheiten war, kam ich auf eine Idee. Ich rief Weich an und fragte, ob er einen Abklopperjob für mich hätte.

„Nein, im Augenblick nicht. Aber rufen Sie den Finanzier Meier an. Der investiert zur Zeit wie ein Teufel", war sein Tip.

Ah Meier, von ihm hatte ich schon viel gehört! Ich war heiß darauf, ihm zu begegnen. Aber zuerst mußte ich mehr über ihn wissen.

„Ja", bestätigte mir Heinz, als ich ihn ausfragte.

„Meier hat sich vor ein paar Monaten selbständig gemacht. 'Billige' Kredite vermittelt er, gekoppelt an Lebensversicherungen. Er macht massig Geld zur Zeit."

Ernsthaft schaute er mich an und fügte hinzu: „Aber das ist ein rücksichtsloser Abkocher. Laß Dich nie mit dem ein!"

Hätte ich bloß auf Heinz gehört! Aber ich hatte Angst vor den Risiken meiner Selbständigkeit und sah in dieser Beschäftigung eine Möglichkeit, die vielleicht zum Überleben beitrug.

Also rief ich Meier an. Er gab mir sofort einen Termin für den Nachmittag desselben Tages.

Meiers Büro lag im ersten Stock eines Hochhauses in der Frankfurter Straße von Neu-Isenburg. Eine protzige Bronzetafel am Marmoreingang verkündete die weltweiten Geschäfte ihres Besitzers:

HERMANN MEIER
International Financing Center

Eingeschüchtert fuhr ich mit dem Fahrstuhl hoch und klingelte an der polierten Eichentür. Eine wichtigtuende Sekretärin öffnete.

„Guten Tag, mein Name ist Bartels", sagte ich. „Ich bin mit Herrn Meier verabredet."

„Heute ist sein Terminkalender sehr voll", sagte sie und musterte mich feindselig. „Er hat nur ein paar Minuten Zeit für Sie."

Ich folgte ihr in die Besucherecke. Sie bat mich, einen Augenblick Platz zu nehmen. Dieser Moment dauerte über eine Stunde. Das war Meiers vornehme

Art, Leute kleinzumachen. Endlich öffnete er mit einem Strahlemannlächeln die Tür seines Arbeitszimmers und ließ mich rein.

„Machen Sie sich's bequem“, sagte er und bot mir einen Stuhl an.

Er sah gut aus. Tweedanzug, flaschengrüne Krawatte und Einstecktuch, eine gepflegte Frisur und sonnenbrauner Teint.

„Sie wollen als Objektsucher für mich arbeiten? Gut, ich zahle 3% Finderlohn für jedes Objekt, das ich kaufe. Ich gebe Ihnen das schriftlich.“

Er reichte mir einen Geschäftsbrief, der das bestätigte. Ich hatte nur noch zu unterschreiben.

„Sammeln Sie Ihre Quittungen. Sie bekommen für Benzin-, Photomaterial-, Essens- und Telefonkosten das Geld ersetzt.“

„Auf welche Objekte legen Sie besonderen Wert?“ fragte ich.

„Auf alles, was unter Preis angeboten wird, egal ob Grundstücke, Mehrfamilienhäuser, Gemischtobjekte oder reine Gewerbeliegenschaften. In erster Linie aber preiswerte Mehrfamilienhäuser, die sich gut aufteilen lassen. Es wäre schön, wenn sie im guten Zustand wären. Dann fallen kaum Renovierungskosten an.“ Seine Augen leuchteten. „Günstige Maklerangebote sind auch sehr interessant, sind manchmal Knüller dabei.“

Er musterte mich scharf.

„Haben Sie Lust?“

„Ja“, nickte ich.

„Dann wünsche ich Ihnen viel Erfolg“, sagte er und drückte mir die Hand.

„Vergessen Sie nie: Das halbe Geschäft ist schon gemacht, wenn man weit unter Preis einkauft."

Ich studierte gewissenhaft alle Anzeigen im Immobilienteil der verschiedenen Frankfurter Zeitungen und Anzeigenblätter. Verbissen ging ich jeder Spur nach. Rund um die Uhr schaute ich Gebäude an und sprach mit Maklern und Hausbesitzern. Jeden Tag ging ich „abklopfen", Straße für Straße, Haus für Haus, hauptsächlich in Sachsenhausen.

Die Häuser, die interessant schienen, photographierte ich und nahm mir dann das „heißeste" vor. Wenn es renovierungsbedürftig und/oder von alten Leuten bewohnt war oder einen miesen Tante-Emma-Laden hatte, also die Merkmale besaß, die auf geringen Mieteingang hinwiesen, ging ich mit allen Tricks vor, um den Hausbesitzer ausfindig zu machen.

Ich ließ mir teure Visitenkarten mit der Aufschrift *Bartels-Blitzableiter-Service* drucken und überreichte sie dem Ladenpächter oder einem Wohnungsmieter. Ich sagte, das Haus bräuchte einen Blitzableiter, und bat um die Telefonnummer des Besitzers. Meistens klappte das. Dann rief ich den Hausbesitzer an und bot ihm im Namen von Meier einen niedrigen Preis in bar. Diesen Preis errechnete ich sehr grob nach Mieteingang, zukünftigen Renovierungskosten, Wohnungsgrößen und Lage.

Wenn ich die Reaktion des Besitzers für heiß hielt, gab ich diese Information an Meier weiter. Das Objekt war dann für mich gestorben. Von da an bearbeitete es Meier persönlich.

Jedesmal, wenn ich etwas Gutes brachte, lobte er

mich in den höchsten Tönen und prophezeite mir tolle Honorare. Aber immer wieder: „... muß ich Sie leider enttäuschen, weil doch nichts daraus geworden ist."

Nach ein paar Wochen kam mir die Sache komisch vor. Denn es waren zwei Objekte dabei, die so günstig waren, daß ich sie selber gekauft hätte, wenn sie nicht zu groß gewesen wären, soll heißen, wenn ich genug Geld gehabt hätte. Eins davon hatte zwei Gebäude mit insgesamt 40 Wohnungen und Büros.

Ich rief den Hausbesitzer an. Er erzählte mir, daß er das Haus an einen Frankfurter Arzt verkauft habe. Also Fehlanzeige.

Das andere war ein schönes Mehrfamilienhaus mit einem Laden im Nordend. Ich hatte es von einem Makler bekommen, rief dort an und erhielt eine Bombe als Antwort: Der neue Besitzer sei ein Frankfurter Notar: Dr. Minke!

Jetzt war mir klar: Meier hatte mich nur benutzt, um die Maklergebühr zu sparen. Er hatte meine Informationen angenommen, direkt mit der Besitzerin verhandelt und das Objekt dann seinem Freund Minke zugeschoben.

Mir kam noch ein weiterer Verdacht, denn Meiers Firma machte auch Hausverwaltungen. Was ist, wenn er Geschäftsfreunden Objekte besorgt und dann, gewissermaßen als Belohnung, einen Vertrag für die Verwaltung bekommt?

Ich fuhr sofort zu den Liegenschaften und sprach mit den Mietern. Tatsächlich! Meiers Firma machte die Verwaltung für beide.

Sechs lange Wochen hatte ich für diesen Drecksack gearbeitet, und er betrog mich um meinen Lohn! Zornig fuhr ich zu ihm ins Büro.

„Erstens habe ich die nicht gekauft“, sagte er frech und grinste dabei. „Und zweitens wußte die halbe Stadt, daß die beiden Liegenschaften zum Verkauf standen. Warum soll ich Sie dafür bezahlen?“

Ich war in meinem Leben noch nie so schamlos ausgebeutet worden. Benommen von der direkten Konfrontation mit diesem Gauner, drehte ich mich um und rannte raus. Keine Minute länger konnte ich den Anblick dieses Mistkerls ertragen. Was noch hatte Wolf Schmidt in Paris gesagt: „Um Erfolg zu haben, mußt Du über Leichen gehen!“

Ab sofort suchte ich nur noch für mich!

„Kannste mir mit ein paar Mark aushelfen? Ich lieg' mit 'ner brutalen Grippe auf der Matte und bin total pleite“, fragte Heinz am Telephon.

„Wo wohnst Du, Heinz?“

„Im Hinterhaus von Udos Malerladen. Mich hat's brutal erwischt. Zum Glück ist Steffi da und pflegt mich ein bißchen.“

„Das ist im Nordend beim Shell-Hochhaus, nicht? Ich komme rüber und helf' Dir mit ein paar Mäusen aus. Kopf hoch, Heinz!“

Heinz saß zwar immer der Pleitegeier auf der Schulter, aber er war ein guter Kumpel. Ihn wollte ich nicht als Freund verlieren, also fuhr ich sofort zu ihm.

Es war ein kalter, regnerischer Herbsttag, ein typisch grauer Miesepetertag in Deutschland, hervorragend geeignet für Depressionsschübe. Das finstere, verlotterte Hinterhaus war ein Garagentrakt mit

Werkstatträumen im ersten Stock. Die oberen Fenster waren blind, teilweise kaputt und nur notdürftig mit Pappe geflickt. Vorsichtig ging ich die verrostete Wendeltreppe hoch.

An die Tür war eine Visitenkarte geheftet: „Heinz Dreckmann, Grafik-Messebau-Renovierungen.“ Während ich las, tropfte Regenwasser aus einer durchlöcherten Dachrinne auf meinen Kopf. Ich klopfte laut.

Die Tür ging auf und eine Schwarzhaarige mit Pferdeschwanz und dickem Schwangerenbauch begrüßte mich freundlich. „Tag, Du bist bestimmt Adi?“

Ich nickte und trat ein. Der Anblick der Szene warf mich beinahe um. In dem verwahrlosten, dreckigen Raum befanden sich ein alter Küchentisch, zwei Stühle, ein lärmender Fernseher, auf dem bloßen Betonboden zwei Matratzen. Auf einer davon, in einer Decke eingerollt, lag Heinz.

„Jesus, Dir scheint es nicht besonders gut zu gehen“, stammelte ich geschockt.

„Ich hab’ ziemliches Pech gehabt in letzter Zeit. Dazu bin ich besoffen mit meinem Schlitten gegen ’nen Laternenmast gefahren – Totalschaden und Führerschein weg“, sagte er.

„Sag mal, das Kind – bist Du der Vater?“ fragte ich.

Er nickte und fuhr fort: „So’n Pech kann nur ich haben. Steffi ist gerade mal fünfzehn.“

„Du lieber Himmel! Ist das nicht strafbar?“

„Ich habe es mit ihrer Mutter hinbiegen können. Wir heiraten in der nächsten Woche. Bist mit Jean herzlich eingeladen.“

Ich mußte lachen.

„Danke für die Einladung. Na, dann Prost Mahlzeit", ich reichte ihm alles Bargeld, das ich bei mir trug. 40 Mark. „Verrechnen wir, wenn Du wieder auf den Beinen bist."

„Bist ein echter Freund. Es sieht bei mir im Moment schlecht aus, aber der Eindruck täuscht. Ich bin an einer großen Sache dran", er schneuzte ins Taschentuch und zog die Decke höher. „Zusammen mit meiner Partnerin, einer ehemaligen Schönheitskönigin, die immer noch sehr gut aussieht, ziehe ich im nächsten Monat meine Fernsehzeitschrift durch."

Elend, schweißnaß das Gesicht lag er sterbenskrank auf dem Werkstattboden und erzählte mir mit fanatischen Augen seinen großen Fiebertraum. Steffi stand begeistert daneben und sagte: „Heinz ist ganz nahe dran an den Millionen. Er wird es schaffen."

„Klar, Leute. Aber zuerst mußt Du gesundheitlich wieder auf die Beine kommen."

Ich fühlte mich elend, zeigte es aber nicht. „Ich muß jetzt gehen. Solltet Ihr Probleme haben, ruft mich an. Ich lasse Euch bestimmt nicht hängen."

Ich verabschiedete mich und sprang über Regenpfützen Richtung Auto.

Das war wirklich eine gruselige Szenerie gewesen, die miese Werkstatt, die alten Matratzen, der fiebernde Heinz und die Kleine mit dem dicken Bauch.

Zwei Monate nach meiner Kündigung fand ich in der *Frankfurter Rundschau* folgende Anzeige:

„Abbruchhaus in Sachsenhausen,
siebenstöckig, 130 qm Grundstück, DM 90.000,–
Immobilien Michels, Tel: 963996"

Ich rief an und bat um Auskunft.

„Wissen Sie, wir schließen unser Büro in einer Stunde. Es ist Freitag und der zuständige Kollege ist schon nach Hause gegangen“, sagte die Maklerin am Telefon. „Das Haus ist in der Vereinsstraße Nummer zwölf. Schauen Sie es sich von außen an. Wenn Sie dann noch interessiert sind, kann der Kollege Ihnen am Montag mehr darüber sagen.“

Enttäuscht bat ich Jean, mit mir zu der Liegenschaft zu fahren.

Die Vereinsstraße führte zu einer kleinen Fußgängerbrücke über den Main. Das Haus Nr. 12 war ein Eckhaus und stand so, daß alle Vorderfenster Mainblick hatten. Im Erdgeschoß waren zwei leere Ladengeschäfte. Die oberen vier Geschosse waren unverputzt hochgemauert, wahrscheinlich aus Trümmerresten in der Nachkriegszeit.

Es war eine atemberaubende Menge Haus. Ich war von dem günstigen Angebot überwältigt.

„Dahinter steckt eine auswärtige Erbengemeinschaft, die keine Ahnung hat, Jean. Es ist gar nicht baufällig. Sieht nur so aus. Das kaufen wir!“

Jean schüttelte den Kopf. „Bei dem niedrigen Preis wird es viele Interessenten geben. Wir haben keine Chance, Adi.“

„Wir müssen die Konkurrenz ausschalten. Die Zeitung ist erst vor einer halben Stunde rausgekommen und die Maklerin wird nur bis zum Büroschluß die Adresse rausgeben.“

Ich schaute mich um.

„Wir sind wahrscheinlich die ersten. Bleib Du im Auto, Jean. Ich habe hier eine delikate Arbeit zu erledigen. Wir können einen Haufen Ärger bekommen, aber ich riskier's."

Ich stellte mich vor die Haustür und legte meinen geöffneten Aktenkoffer mit Geschäftspapieren und Rechnungen auf die Stufen.

Nur Minuten später hielt ein Porsche vor dem Haus. Ein drahtiger Blondkopf mit sportlicher Lederjacke sprang raus und schaute das Gebäude an.

Ich ging zu ihm, lächelte und sagte: „Göbel, von der Maklerfirma. Ich bin gekommen, um einen Druckfehler zu korrigieren. Es müßte in der Anzeige 290.000 und nicht 90.000 Mark heißen. Ich muß mich im Namen unserer Firma entschuldigen." Ich nahm meinen Schlüsselbund auffällig aus der Tasche. „Ich zeige Ihnen gerne das Gebäude von innen."

„Bei dem Preis bin ich nicht interessiert", antwortete der Porschefahrer. Er warf einen enttäuschten Blick auf die Fassade und verabschiedete sich.

Es kamen in den nächsten zwei Stunden noch vier Parteien, und alle fielen auf meinen Trick rein. Es wurde dunkel und leichter Nieselregen setzte ein.

„Für heute ist es genug", meinte Jean. „Jetzt kommt keiner mehr."

„Die Frage ist nur, wer noch morgen und übermorgen kommt", seufzte ich. „Wir stellen den Wagen morgen wieder hier ab und bewachen das Gebäude."

Wir saßen den ganzen Samstag da und sagten immerhin noch acht Parteien ab.

Sonntagmorgen hielt ein großer, schwarzer SEL-Daimler vorm Haus. Ein dicker Mann in den Fünfzigern trat vor das Gebäude und betrachtete es sorgfältig. Er schaute in die Ladenfenster und ging auf die andere Straßenseite, um mehr vom Haus zu sehen. Dann kam er auf den Eingang zu.

Lächelnd trat ich ihm entgegen und sagte meinen Spruch auf.

„Druckfehler!“ zischte er verärgert. „Na, dann zeigen Sie mir das Gebäude mal von innen.“

Am Tag vorher war es mir gelungen, durch ein Hoffenster einzusteigen und die Eingangstür von innen zu öffnen. Wir konnten also eintreten. Der Flur war verdreckt. Putz blätterte von Decke und Wänden. Die Treppe war ausgetreten, und es roch widerlich.

„Für ein reines Grundstück ist der Preis zu hoch“, sagte der Interessent. „Die Frage ist, ob es sich lohnt, den alten Kasten zu sanieren.“

Er schaute in den Kellereingang und sah sich die Elektroleitungen an.

„Total vergammelt, lebensgefährlich“, kommentierte er seine Untersuchungen.

Ich bekam einen Schweißausbruch und wurde immer nervöser. Mit klopfendem Herzen drückte ich die Klinke der rechten Ladentür runter. Sie war offen. Hoffentlich kriegen'se mich nicht am Arsch, dachte ich verängstigt.

„Das sind die Gewerberäume“, sagte ich und machte eine einladende Geste.

Der Mann trat ein, um dann mit einem schrillen: „Widerlich, einfach widerlich!“ herauszurennen.

Ich zuckte erschrocken zusammen.

„Sie sollten erst die Räume in Ordnung bringen, bevor Sie Leuten den Appetit verderben“, schimpfte er verärgert. „Von Ihrem Unternehmen hätte ich sowas nicht erwartet!“

Er ging zu seinem Wagen, schlug die Tür laut hinter sich zu und fuhr davon.

Vorsichtig schaute ich in den Laden. Mitten im Raum lag eine riesige, aufgedunsene Ratte, die steifen Füße nach oben. Sie war schon in Verwesung übergegangen und stank fürchterlich. Ich schloß die Tür.

„Die kann mich vielleicht noch einmal retten", dachte ich grinsend.

Ich setzte mich ins Auto und wartete. An diesem Sonntag kam nur noch ein älteres Ehepaar, das ich rasch abfertigen konnte.

Als es dunkel wurde, fuhr ich total fertig nach Hause.

Am Montag waren wir eine halbe Stunde vor Bürobeginn beim Maklerbüro. Pünktlich um 9.00 kam der Makler. Alles ging dann sehr schnell.

Wir unterschrieben ein Provisionsformular und eine Kaufzusage, und ich überreichte dem Makler einen Scheck über seine Provision. Er gab uns eine Quittung und Kopien von allen Unterlagen. Anschließend rief er den Notar an und meldete die Protokollierung für Freitag an.

Als wir fertig waren, fuhren wir sofort zur Bank. Wir hatten eigenmächtig gehandelt und mußten jetzt unseren Filialleiter überreden, mitzumachen.

„Wir haben 30.000 Mark von unseren Ersparnissen bezahlt. Die restlichen 60.000 müssen wir finanzieren", erklärte ich ihm.

Er war leicht zu überzeugen, denn die Unterlagen bewiesen, daß die verwahrlosten Wohnungen bereits eine Jahresmiete von 10.000 Mark abwarfen.

„Das ist eine solide Deckung, Herr Bartels“, meinte er zufrieden.

Am Freitag unterschrieben wir den Kaufvertrag beim Notar und danach fühlten wir uns unermeßlich reich.

Natürlich hatten wir nicht vor, das „Abbruchhaus“ abzureißen. Wir wollten es sanieren, aber weil die Mieten gerade die Hypothek deckten, waren wir nicht flüssig.

„Ins Plus kommen wir nur, wenn wir die Gewerberäume gut verpachten“, meinte Jean nachdenklich.

„Wer will in dieser ruhigen Wohngegend einen Laden aufmachen?“ zweifelte ich.

„Machen wir doch eine Kneipe auf, Adi. Die kann überall laufen“, sagte Jean.

„Womit?“ fragte ich zurück.

„Gib eine Anzeige auf. Vielleicht meldet sich einer“, meinte sie und dachte nach. „Laden zu verpachten. Ideal für Kneipe – oder so ähnlich.“

„Es könnte vielleicht klappen.“

Bis jetzt hatten wir mit unseren Zeitungsannoncen immer Glück gehabt. Ich entwarf also einen Anzeigentext und plazierte ihn in die Wochenendausgabe der *Rundschau*.

Am Sonntag kam ein Anruf. Ein älterer Herr namens Paul Goldstein meldete sich, und wir verabredeten einen Besichtigungstermin.

Als ich vor dem Gebäude hielt, warteten bereits zwei Männer in einem roten Alfa. Der eine hatte weißes Haar und war ungefähr 65 Jahre alt. Den anderen kannte ich vom Schwille: Telly Goldstein, der Architekt, offenbar sein Sohn.

Die Goldsteins machten einen erfahrenen Eindruck. Sie schauten sich die Räume mit den Augen von Fachleuten an und fuchtelten mit dem Zollstock rum.

„An der Raumhöhe fehlen 15 Zentimeter“, sagte der Vater.

„Kein Problem. Wir schlagen den Steinboden auf und heben ihn aus, bis wir die Mindesthöhe erreicht haben“, sagte sein Sohn beschwichtigend.

„Wir müssen mindestens drei Parkplätze bei der Stadt ablösen“, sagte der Vater abweisend. „Das geht ins Geld.“

Das mit den Parkplätzen war mir neu. „Wieviel nimmt die Stadt dafür?“ fragte ich.

„Pro Parkplatz 4.000 Mark.“

„Das sind 12.000 Mark!“ sagte ich unüberlegt. „Der Hauskauf hat meine Reserven aufgebraucht. Die habe ich nicht.“

„Wir könnten halbe-halbe machen“, beruhigte Telly mich. „Wie hoch ist die Pacht?“

Mutig sagte ich: „2.000 im Monat, plus Umlagen.“

„Zuviel. Da müssen wir passen“, er schüttelte den Kopf. „Die Baukosten betragen mindestens 80.000 Mark, dazu noch die halbe Parkplatzablöse.“

Mein Herz sank fast in die Hose. „Was würden Sie denn bezahlen?“ fragte ich kleinlaut.

„Höchstens tausend und keinen Pfennig mehr. Sonst ist es uninteressant für uns.“

Es war doch noch nicht alles verloren! Erleichtert atmete ich auf.

„Sie können den Laden für fünfzehnhundert haben“, sagte ich und fuhr fort: „Wir machen einen

Vertrag auf sechs Jahre, zwei Monatsmieten Kaution."

Vater und Sohn diskutierten einen Moment in einer fremden Sprache, russisch oder vielleicht hebräisch, ich wußte es nicht.

Dann kam Telly auf mich zu und sagte: „Herr Bartels, damit wären wir einverstanden. Aber Sie geben uns einen Pachtvertrag für 15 Jahre, und wir dürfen unsere eigene Brauerei nehmen."

Ich sagte frohgemut zu. Am nächsten Tag unterzeichneten wir den Vertrag: 15 Jahre Pacht, mit Brauereibindungs- und Unterverpachtungsrecht für die Goldsteins. Für mich die Verpflichtung von 6.000 Mark Parkplatzzuschuß, fällig am Tag der städtischen Rechnungsstellung.

Zum Glück gaben sie mir danach 3.000 Mark für die Kaution und die erste Miete. Das baute mich auf.

In den nächsten Tagen erhöhten wir alle Wohnungsmieten. Gleichzeitig boten wir eine Abfindung an, falls die Mieter sich bereit erklärten, auszuziehen. Wir kamen, zusammen mit der Kneipe, auf eine Monatsmiete von rund 3.000 Mark. Die Hypothek kostete uns nur siebenhundert Mark. Das waren 2.300 Mark für uns ... jeden Monat ... bis ans Lebensende. Ein gutes Geschäft!

Die Herren Goldstein waren ausgefuchste Profis. Während der Baugenehmigungsphase klebten sie die Fenster zur Straße mit Papier zu und bauten sofort drauf los. Sie hatten offenbar keine Angst vor dem Bauamt. Nach vier Monaten, eine Woche nach Erteilung der Genehmigung, wurde die Kneipe eröffnet.

Jean und ich staunten.

„Von denen kannst Du noch was lernen“, sagte sie beeindruckt. Und wir lernten noch viel, viel mehr!

Bei der Vertragsunterzeichnung hatte ich Telly beiläufig gefragt, wer die Kneipe führen würde.

„Ich setze einen Geschäftsführer ein. Wir haben acht andere Gaststätten, da müssen Angestellte ran“, erklärte er vage.

Als wir einige Wochen später in unserem Mietshaus zu tun hatten, sahen wir das Schild *Bauernstübchen* über dem Ladenfenster. Musik war zu hören. Neugierig gingen wir hinein. Die Räume beherbergten eine zünftige Bierstube mit rohen Holzbänken und rustikaler Eichentheke. Wir setzten uns an die lange Theke und orderten zwei Bier. Der Geschäftsführer zapfte und stellte uns die beschlagenen Krüge hin.

„Prost“, sagte er.

„Ein schöner Laden ist das hier. Hat Ihren Chef bestimmt allerhand gekostet“, versuchte ich's.

„Ich bin der Inhaber“, sagte er stolz.

Jean und ich schauten uns fragend an. Dann erklärte ich ihm vorsichtig, daß wir die Hausbesitzer seien und die Kneipe an die Herren Goldstein verpachtet hätten. Anschließend bat ich ihn zu erklären, wer *er* sei.

„Telly Goldstein hat mir den Laden unterverpachtet, für fünfzehn Jahre“, sagte er bereitwillig. „Der Abstand war hoch. Aber wie Sie sehen, ist alles funkelnagelneu und hat ihn viel gekostet.“

„Wieviel haben Sie denn bezahlt?“

Er antwortete nicht, wahrscheinlich hatte ich zu direkt gefragt.

„Mehr oder weniger als 50.000 Mark?“ versuchte ich es erneut.

„Erheblich mehr“, beteuerte er zögernd.

„Wissen Sie, daß Telly 1.500 Mark Pacht bezahlt?“ offenbarte ich ihm und hoffte auf eine Reaktion

Er sah mich ungläubig, fast zornig, an. Dann schlug er mit der Faust auf den Tresen.

„Ich zahle 3.500 im Monat!“

„Gott im Himmel, das sind Geschäfte! In den nächsten fünfzehn Jahren verdient Telly rund eine Drittelmillion – an meinem Haus“, ich war erschüttert.

Wir tranken unser Bier aus, bezahlten und verabschiedeten uns herzlich von unserem neuen „Unterpächter“.

Ein paar Tage später saß ich mit Heinz im Schwille. Er war wieder gesund und ziemlich gut drauf. Ich erzählte ihm meine Erfahrungen mit Telly Goldstein.

Heinz lachte: „Da warste aber nicht auf Zack, Adi. Telly hat das Geschäft so durchgezogen, daß Du ihm buchstäblich den Laden finanziert hast.“

„Ich?“ fragte ich.

„Ja, weil Du ihm das Recht zur Wahl der Brauerei überlassen hast.“

Ich nahm einen Schluck von dem Kaffee, um mich zu beruhigen.

„Mit Deinem Vertrag ist Telly zu einer Brauerei gegangen und hat sich einen Bierkredit und eine kostenlose Leihtheke geben lassen. Wahrscheinlich haben die ihm auch die 50.000 Eier zum Umbau gegeben.“

„Einfach so?“ staunte ich ungläubig.

Ich brauchte noch einen Schluck Kaffee.

„Das Geld braucht er nicht einmal zurückzuzahlen. Der Unterpächter muß von der Brauerei fünfzehn Jahre lang Bier beziehen, damit wird's getilgt."

Ich pfiff durch die Zähne.

„Mit dem Brauereigeld hat Telly die Kneipe ausgebaut und dann verpachtet", erklärte Heinz. „Du hast ihm ja das Recht zur Unterverpachtung eingeräumt."

Ich fühlte mich nicht wohl. Das hätte ich selber mit einer Brauerei machen können. Wie konnte ich Telly so naiv auf den Leim gehen!

„Was meinst Du, was Telly verdient hat?"

„Oh, mindestens 80.000 Mark am Abstand des Unterpächters. Er hat bestimmt nicht das gesamte Brauereigeld für den Ausbau benutzt."

„Ich habe auch noch 6.000 Mark für die Parkplätze dazugezahlt", sagte ich leise.

„Aber die Kneipe war doch schon vorher Gewerberaum", wunderte sich Heinz.

„Ja", gab ich zu und schaute betreten in meine Kaffeetasse.

„Dann hattest Du schon zwei, drei Parkplätze gut bei der Stadt. Die reichten wahrscheinlich für die kleine Kneipe. Die Goldsteins haben Dein Geld einfach eingesteckt."

„Mensch Heinz, woher weißt Du das alles?"

„Ich habe öfters am Kneipenausbau mitgearbeitet", erklärte er, „da spricht man über so etwas."

„Hätt' ich Dich bloß vorher gefragt", jammerte ich. „Aber einen Vorteil hat der Beschiß, jetzt kenn' ich mich aus. Das nächste Mal mach' ich das Geschäft selber."

„Ja, das sind kreative Abkochertypen“, stimmte Heinz mir zu. „Die zeigen Dir, wo’s langgeht, auch wenn Du dafür ganz schön löhnen mußt!“

Ich schaute zur Prominentengruppe, die wieder einmal um die Frühstücksrechnung zockte. Der lachende, brutale Weich. Meier, die elegante Ratte. Telly Goldstein, der clevere Trickser. Und Zeitarbeit-Schulz, der arrogante Showtyp.

Irgendwann werde ich es Euch zeigen, Gesindel, dachte ich.

Bei dem anderen Laden waren wir schlauer und bauten selbst ein Bistro-Café ein. Wie bei Telly Goldstein abgeguckt, holten wir uns das Geld von einer Brauerei. Fünf Monate arbeiteten wir rund um die Uhr, hatten zu tun mit Fachfirmen und Feierabendhandwerkern.

Schon im Rohbau inserierten wir das Café und fanden auch auf Anhieb eine Pächterin. Die junge Dame legte 60.000 Mark Abstand auf den Tisch und verpflichtete sich, 3.000 Mark Miete pro Monat zu zahlen.

Zugleich modernisierten wir drei durch Abfindungszahlungen leer gewordene Wohnungen, die danach weit höhere Mieten brachten als früher.

Als Besitzer unserer Eigentumswohnung und eines Mietshauses erzielten wir nun monatlich über 9.000 Mark Einnahmen. Etwas ging zwar für die Hypothek drauf, aber vom Rest ließ sich ganz gut leben.

Weich saß in seinem monströsen, neuen Penthousebüro. Das fünfzehnstöckige Hochhaus hatte er aus der Konkursmasse eines anderen Hasardeurs erstanden, der sich nach Haifa verdrückt hatte. Es stand gegenüber dem Messegelände und hatte früher eine bekannte Versicherungsgesellschaft beherbergt. In bombastischen Lettern prangte der Firmenname:

WILHELM WEICH
LIEGENSCHAFTSVERWALTUNG

Direkt unter den riesigen Buchstaben residierte Weich mit seiner Maklerfirma und seinem eigenen Hausnotar, der rund um die Uhr für ihn protokollierte.

Das Sprechgerät auf Weichs Schreibtisch leuchtete rot auf und seine Sekretärin meldete Schlotzky an.

Weich ließ ihn eintreten.

„Wie sieht's mit dem Haus Bergerweg 18 aus?“ wollte er wissen.

„Gut, Chef“, antwortete Schlotzky. Er setzte sich und schlug die Mietermappe auf. „Das Schreibwarengeschäft zieht diese Woche aus. Sturm hat einen Ersatzladen gefunden. Der junge Lauber soll nach dem Tod seiner Katzen furchtbar geweint haben. Er war so schockiert, daß er sofort gekündigt hat. Hat mir ehrlich leid getan der Junge. Nochmal möcht' ich sowas nicht machen“, seufzte er. „Jedenfalls haben Sie jetzt zwei weitere Kündigungen.“

„Unsere Branche hat ab und zu ihre Härten. Da muß man durch“, beruhigte ihn Weich. „Die Mieter in den Altbauten mit diesen schwindelerregend niedrigen Mieten von 1945 sind nichts anderes als Schmarotzer, die sich einen schönen Tag machen auf Kosten des Hausbesitzers.“

Weich bot Schlotzky eine Davidoff an.

„Glauben Sie mir . . . Sie haben was Gutes getan.“

Schlotzky dankte ihm mit einer tiefen Verbeugung, und beide rauchten bedächtig ein paar Züge.

„Wir tun mit unserer Arbeit etwas fürs Vaterland“, fuhr Weich fort. „Durch unsere Sanierung und Aufteilung schaffen wir preiswertes Wohneigentum für Leute, die sich nie eine neue Wohnung leisten könnten. Wir helfen ihnen, Vermögen zu bilden. So müssen Sie das sehen.“

Schlotzky nickte und berichtete weiter: „Die Witwe Muth redet nicht mehr mit mir. Das letzte, was sie sagte, war, daß sie immer noch lieber krepieren würde, als freiwillig aus der Wohnung zu gehen.“

„Der nächste . . .“

„Die Hornauers wollen ihre Wohnung kaufen. Sie sind einverstanden. Sie haben 60.000 Mark Eigenkapital und bitten um den Protokollierungstermin.“ Schlotzky lächelte zum ersten Mal. „Von dem Tausender kaufe ich meiner Nichte in Belgrad zu Weihnachten ein Fahrrad. Danke, Chef.“

Weich schüttelte den Kopf. „Mir brauchen Sie nicht zu danken. Sie haben es sich selbst verdient“, sagte er gönnerhaft und schaute in seinen Terminkalender.

„Fragen Sie die Hornauers, ob sie Mittwoch um 15 Uhr zum Notar kommen können. Und holen Sie sich die Belohnung am nächsten Tag bei meiner Sekretärin ab.“

„Mach ich“, sagte Schlotzky. Dann schaute er wieder in seine Mappe. „Die nächste Partei ist Ilse Gebein, die Buchhalterin.“

„Warten Sie mal, da hatte ich was."

Weich fischte ein Schreiben aus der Schublade.

„Ja, hier ist der Wisch von diesen Wichsern vom Mieterschutz. Die drohen mit einer Mietkürzung, wenn nicht bis zum 18. der Dreck im Flur verschwunden ist."

Er verzog verärgert das Gesicht.

„Dann muß der Dreck eben einen Tag vorher verschwinden, damit sie keine Handhabe mehr hat!" schrie er zornig auf. „Die Gebein wird jetzt planmäßig fertiggemacht, bis sie mit den Nerven am Ende ist. Erstmal bekommt sie eine fristlose Kündigung. Die ist wertlos und wird sofort vom Mieterschutzverein abgewiesen. Damit machen wir sie aber mürbe."

Die Vorstellung gefiel ihm, und er faßte sich wieder.

„Mit dem Baugerüst müssen Sie aus Versehen ihr Wohnzimmerfenster demolieren, außerdem sollten Sie ihren Briefkasten aufbrechen und die Hauptsicherung klauen. Oder jeden zweiten Tag an die Tür pinkeln. Hauptsache, sie fühlt sich ständig verfolgt."

Er dachte nach.

„Ich werde auch für ihre Unterhaltung sorgen. Da wird ein Kommafehler in ihrer Umlagenabrechnung sein. Vielleicht vermiete ich ihre Wohnung an einen neuen Mieter, der ihr viel Ärger macht, weil er nicht einziehen kann. Wie wäre das?"Er schaute bedächtig zu Schlotzky hinüber.

„Ja, und der Zimmerer, dieser komische Student mit dem großen Maul im Dachgeschoß, bekommt ab sofort auch Dauerbeschuß. Sie werden sehen, wie schnell wir die beiden weichkriegen."

Weichs Wutausbruch hatte Schlotzky nervös gemacht. Er hatte harte Jungs in seinem Leben kennengelernt, aber im Vergleich zu Weich schienen sie ihm jetzt wie friedliche Lämmchen. Er entschloß sich, sein Bestes zu geben, damit der Chef keinen Grund hatte, verärgert zu sein.

„Sie haben klasse Ideen, Chef“, versicherte er unterwürfig und versprach: „Ich werde alles tun, um die Sache gut über die Bühne zu kriegen.“

Selbstgefällig nahm Weich seine Huldigung an.

„Verstehen Sie, wir leben in einem freien kapitalistischen Staat. Da regieren Angebot und Nachfrage. Und das Schlimmste in solch einem System ist der Parasit. Wenn sich jemand eine gute Wohnung nicht leisten kann, muß er eben ausziehen und bescheidener leben.“ Da kam der philosophische Sozialnazi bei ihm durch.

„Was könnte es diesem Land gut gehen, wenn allen, die gut verdienen und trotzdem in einer Sozialwohnung leben, gekündigt würde. Diese Wohnungen dann als preiswerte Eigentumswohnungen auf den Markt geworfen – oh Henker!“ Er war überwältigt von seinen tiefsinnigen Worten. „Das Staatssäckel wäre für die nächsten fünfzig Jahre saniert!“

Auch Schlotzky fand diese Überlegungen überzeugend. Der Weich ärgert sich halt mal ein bißchen. Das kann man verstehen in diesem Geschäft, dachte er, als er nach Hause ging. Aber er ist ein kluger Kopf. In dem, was er sagt, steckt viel Wahrheit.

Währenddessen lehnte sich Weich in seinem riesigen Daunenledersessel zufrieden zurück. Ja, seine Geschäfte liefen gut. Überall ging es nur aufwärts.

Die Geschäfte liefen sogar mehr als gut, sie liefen bestens!

Auch bei mir lief alles bestens. Im Herbst 1970 kauften wir ein heruntergekommenes fünfstöckiges Mietshaus mit leerem Ladenlokal in bester Citylage.

Es war durch einen früheren Umbau in zwanzig Ein-Zimmer-Wohnungen umgewandelt worden und wurde von türkischen Gastarbeitern bewohnt. Es gab keine sanitären Anlagen in den Wohnungen, lediglich im Erdgeschoß waren Gemeinschaftsklos, die furchtbar stanken.

Wir kauften das Haus für 120.000 Mark. Das war im Grunde lächerlich. 25.000 zahlten wir aus eigener Tasche, den Rest finanzierten wir durch unsere Bank.

Nach bewährtem Konzept bauten wir eine Kneipe ins Erdgeschoß und renovierten die Fassade. Dann schickten wir allen Mietern die Kündigung zum Ende des nächsten Jahres und boten ihnen fünfzehn Monate freies Wohnen an. Mietrechtlich gesehen war natürlich keiner von ihnen kündbar. Dennoch akzeptierten zwölf Mieter unser Angebot.

Ein Mieter hatte schon vier Monate keine Miete mehr gezahlt, mit dem machte ich kurzen Prozeß. Ich kündigte ihm auf meine Art. An einem Samstagmorgen warfen wir seine gesamte Wohnungseinrichtung aus dem Fenster, auf die Straße. Er holte seine Habseligkeiten noch am gleichen Tag ab, und ich sah ihn nicht wieder.

Bei zwei Mietern bauten wir Badezimmer ein und renovierten ihre Wohnungen. Sie akzeptierten die dreifache Miete, die immer noch niedrig war. Den letzten fünf Mietparteien gaben wir 3.000 Mark als Abfindung bar auf die Hand. Sie zogen sofort aus. Die Räumung des Hauses lief reibungslos. Das war unser Glück. Die meisten Mieter waren Ausländer und kannten ihre Rechte nicht; sie sahen das Geld als ein unerwartetes Geschenk an.

Anfang 1971 hatten wir Bäder in alle Wohnungen eingebaut und die Zimmer renoviert. Rasch wurden sie vermietet. Jetzt bekamen wir aus diesem Haus allein über 7.000 Mark im Monat!

Und wir kauften weiter ... Das nächste Objekt war ein Fachwerkhaus in Alt-Sachsenhausen. Da kam eine nette Appelwein-Kneipe rein.

Nach der Neuverpachtung verzeichneten wir nun einen Mieteingang von über 20.000 Mark im Monat. Davon waren zwar Bankkosten, Reparaturen und Steuern zu zahlen, trotzdem floß das Geld reichlich, und wir hatten keine finanziellen Probleme mehr.

Aber der Erfolg stieg mir zu Kopf. Ich wurde der typische geltungssüchtige Angeber. Ich tauschte meinen 280er Mercedes für einen gebrauchten 600er Pullmann ein. Der war chauffeurgepflegt und sah wie neu aus. Die Innenausstattung war ein Traum: wurzelholzgetäfelte Blenden, eine Bar, Klapptische und eine elektrische Trennscheibe. Mit diesem Wagen fielen wir nicht nur auf, wir waren wer!

Unsere erste Ausfahrt ging zum Schwille. Obwohl ich zur Hälfte im Halteverbot stand, konnte ich den Pullman gerade noch in der Club-Voltaire-Gasse einparken, so daß alle Schwille-Gäste, die am Fenster saßen, mich sehen konnten.

Den Gästen fielen die Kinnladen runter. Der 600er

war ein Hammer! Wie ein Großfürst, der sein ganzes Leben in Saus und Braus verbracht hatte, stieg ich lässig aus und schlenderte in das Caféhaus.

Leider saßen nur Goldstein, Schulz und Mercedes-Klaus vorne. Weich war bedauerlicherweise nicht da. Hinten saß noch von Habenberg mit einer Zitronenbrause vor der Nase.

Ich setzte mich zu ihm und bestellte einen Kaffee.

„Tag, wie geht's den Spielzeugautos?“

„Alter Angeber. Mußtest Du Dir unbedingt diesen Horror von Auto kaufen?“ Er lächelte mich an. „Jedenfalls scheinen Deine Geschäfte gut zu laufen.“

„Ich kann nicht klagen. Wie läuft's bei Dir, Herr Vize-Präsident?“

„Ich expandiere wie der Teufel. Die Verkaufsorganisation steht. Marketing, Produktmanagement und Buchhaltung kann ich ebenfalls abhaken. Der erste Produktkatalog ist fast fertig.“

„Klingt gut“, sagte ich. „Wann ist die Messe?“

„Nächsten Monat.“

„Heinz baut vermutlich Deinen Messestand?“

„Nein, er hat abgesagt. Meinte, er wäre gerade dabei, eine Fernsehzeitschrift auf die Beine zu stellen.“

Mir fiel fast die Kaffeetasse aus der Hand.

„Das sind aber Neuigkeiten!“ sagte ich.

„Ja, es sieht so aus, als ob wir alle die Kurve kriegen würden“, sagte er.

„Hoffentlich“, erwiderte ich.

Zunächst schien tatsächlich alles weiter gut zu laufen. In unsere nächste Neuerwerbung bauten wir ein Wiener Kaffeehaus ein, mit Samtvorhängen, zierlichen Caféhaustischen und entsprechenden Stühlen, dazu viele Palmen. Auf der Kuchentheke funkelte eine verchromte Kaffeemaschine von WMF. Das Porzellan: echtes Rosenthal – classic rose. Das Café gefiel uns gut. Selbst später gingen Jean und ich noch hin.

Ich erwarb noch zwei weitere Gebäude, die ich sanierte und ausbaute. Nun besaß ich sechs Liegenschaften. Der monatliche Mieteingang betrug über 50.000 Mark. Allerdings bekamen die Banken davon 43.000. Das war also zu knapp kalkuliert.

Weiter zu expandieren, war aber auch nicht drin. Wir hatten viele Reparaturen und konnten uns oft von dem restlichen Geld nicht die Butter aufs Brot leisten.

Ich entschied, auf die „Weich-Methode" umzusteigen und Umwandlungen zu machen, das heißt, Mietshäuser in Eigentumswohnungen aufzulösen und einzeln zu verkaufen. Also rief ich die Anzeigenabteilung der Rundschau an und gab die ersten Anzeigen auf: „Wohneigentum für Selbstbezug und Anlage" lautete die Überschrift.

Manche der Wohnungen gingen an Selbstbezieher, die Anspruch auf Eigennutzung hatten. Andere räumte ich mit großzügigen Abfindungen und nahm wahre Schleuderpreise, mit genügend Profit. Am dritten Wochenende verkaufte ich sage und schreibe neun Wohnungen für insgesamt 750.000 Mark! Und das in nur einer Woche!

Ich legte das Geld sofort in weitere Gebäude an und löste gleichzeitig andere auf. Ich beschäftigte drei Notare, vier nebenberufliche und zwei festangestellte Verkäufer. Zwei clevere „Spürhunde“ durchkämmten planmäßig ganze Straßenzüge, um Hausbesitzern in meinem Namen Kaufangebote zu machen.

Anfang 1975 besaßen wir fünfzehn Mietshäuser und ein älteres zehnstöckiges Bürohaus in der Frankfurter City. Der Verkaufswert des Bürohauses betrug cirka 8 Millionen Mark, die Hypotheken lediglich 4 Millionen. Ich fühlte mich wie Midas, der alles, was er anfaßte, in pures Gold verwandeln konnte.

Allerdings zahlte ich auch meinen Preis. Mit meiner Gesundheit ging es rapide abwärts. Die ganze Schacherei ging mir auf die Nerven. Mein Arzt diagnostizierte Magengeschwüre und leichte Herzrhythmusstörungen. Immer häufiger trank ich schon am Tag ein Gläschen Cognac, zur Beruhigung.

Schließlich kauften wir uns in Bad Homburg einen Bungalow. Von der einen Seite hatte man einen wunderbaren Blick auf den Kurpark, die andere Seite bestand aus vier Meter hohen Glaswänden. Durch sie konnte man direkt auf den Swimmingpool schauen. Jean richtete das Haus ein und kaufte nur vom Feinsten. Wie im Rausch sammelten wir Antiquitäten, Möbel, Orientteppiche, Ölgemälde, antikes Silber, Waffen und China-Porzellan.

Abends saßen wir, allerdings oft fertig mit den Nerven, am Kamin. Wir legten ein Buchenscheit in die Flammen und tranken Champagner – und, um besser schlafen zu können, ein paar Cognacs hinterher. Das waren schöne, glückliche Abende, und wir staunten, wie weit wir es gebracht hatten.

In der Frankfurter Hausbesitzerszene sorgten Weich und seine Nachahmer für eine totale Marktveränderung im Altbaubereich. Sie demonstrierten mit ihrem kometenhaften Aufstieg, daß die Zeiten sich ständig änderten und neue Ideen Erfolg brachten.

Die Besitzer der Hochhäuser und Westend-Straßenzüge spielten Millionen-Super-Monopoly. Bauträgergesellschaften und Firmen, die auf neue Eigentumswohnungen und Reihenhäuser gesetzt hatten, mußten ums Überleben kämpfen oder gar Konkurs anmelden. Zum Glück übersahen alle das gute Geld, das mit der einfachen Altbauumwandlung zu verdienen war. Als sie es schließlich bemerkten, war es zu spät: Der Markt war leergefegt.

Auch Mercedes-Klaus hatte nicht den Anschluß verpaßt. Er hatte rechtzeitig sein Firmengelände an der Bornheimer Landstraße abgestoßen und ein repräsentatives Wohn- und Geschäftshaus auf der Hanauer Landstraße erworben.

Da standen hinter vier großen Schaufenstern die teuersten Luxusschlitten und auf dem Parkplatz davor zwei weitere Reihen mit gepflegten Autos. An dem Haus stand in großen Buchstaben:

KLAUS SCHRÖTER
GEBRAUCHTE MERCEDES

Eine Zubringergruppe von cleveren Jungs sorgte Tag und Nacht für preiswerten Nachschub an Gebrauchtwagen.

Als Mercedes dann eine Lieferzeit von neun Monaten hatte und Leute jeden Preis für das neue Modell zu zahlen bereit waren, kam seine erfolgreichste

Zeit. Seine Jungs standen schon früh am Freitag vor dem *Rundschau*-Haus, um der Wochenendausgabe aufzulauern. Mit den ersten, noch druckfeuchten Zeitungen rasten sie los und verhandelten schon unterwegs im Wagen per Autotelefon mit Daimler-Inserenten, die ihren Wagen verkaufen wollten. Wenn der normale Zeitungsleser Stunden später anrief, waren diese Wagen längst verkauft.

Ein Jahr später, die Mercedes-Lieferzeiten waren wieder kürzer, fuhr ich an Klaus' Firma vorbei. Er stand auf dem Bürgersteig und dirigierte eine Gruppe Handwerker, die seinen Namen vom Gebäude abmontierten. Neugierig hielt ich den Wagen an und ging zu ihm.

„Klaus, was ist los? Warum läßt Du die Schrift abmontieren?"

Er legte einen Arm auf meine Schulter und sagte: „Ich habe die Hütte für 1,2 Millionen verkauft und meine Fahrzeuge für ein paar hunderttausend an einen Händler. Im Augenblick kannst Du noch guten Reibach mit Mercedes machen. Aber die Zeiten sind bald gelaufen. Jetzt steige ich groß ein und schachere mit Häusern. Ich mache Umwandlungen. Wirst sehen!"

Das tat er dann auch. Ein paar Jahre später traf ich ihn im Schickeriatreff Operncafé, und er erzählte mir, daß er bereits 30 Mietshäuser besaß.

Klaus war ein begnadeter Geschäftsmann, ein Verkaufsgenie. Sein Erfolg hatte nicht das geringste mit Glück zu tun. Er kopierte zuerst Weich, wie auch ich es getan hatte, aber dann legte er los mit neuen, zündenden Ideen, die die Branche zum Staunen brachte.

Von der kreativen Aufkaufarbeit bis hin zur Einbeziehung von Steuervorteilen.

Kopisten entwickelten hieraus weitere neue Mauschelspielarten: Erwarben Ruinen, sanierten sie mit Schwarzgeld und verkauften sie mit erheblichem Profit. Denn eines war klar: Kein Finanzbeamter schaut gekaufte Mietshäuser jahrelang mit einer Strichliste für Modernisierungsadditionen an.

Die Mitstreiter operierten mit Strohmännern. Gaben zum Beispiel einem pleitegegangenen Freund ein Darlehen. Der gründete eine GmbH. Diese Firma kaufte ein Mietshaus für 300.000 Mark. Handwerksfirmen wurden beauftragt, das Haus zu sanieren. Es bekam ein neues Dach, Elektroinstallationen und Isolierglasfenster; 200.000 Mark wurden investiert. Bevor die GmbH die Handwerksrechnungen bezahlte, kauften sie das Haus für fast den ursprünglichen Preis zurück. Ein paar Wochen später ging dann die GmbH des Freundes pleite. Bei dieser Variante des Häusergeschäfts bekam die Bank immer ihr Geld zurück. Das war wichtig, um zukünftige Hypotheken zu sichern. Die Lieferanten dagegen gingen leer aus.

Eine weitere Variante war, ein Haus weit unter seinem tatsächlichen Wert zu erwerben – mit zehnmonatigem Zahlungsziel. Man löste es in Eigentumswohnungen auf und verkaufte diese, bevor die zehn Monate um waren.

Andere Spekulanten machten das nach, auch wenn sie keinen Pfennig Geld hatten. Selbst wenn einer aufgrund vorangegangener Zahlungsunfähigkeit nirgendwo mehr einen Kredit bekam, fand sich immer noch ein Weg, über Strohmänner ohne Geld an Haus und Grund zu kommen.

Ja, der Rubel rollte, und er rollte immer schneller!

Dann kam endlich der Tag, an dem ich das Schwille betrat und die Prominenz mich einlud, an ihrem Tisch Platz zu nehmen. Als ob nie etwas gewesen wäre, setzte ich mich lässig dazu.

Das Gesprächsthema war Mike von Habenberg. Sie machten Späße über ihn, weil seine „Gesetzmäßigkeiten" im Spielwarenhandel nicht gut liefen.

Money erzählte: „Mike erreichte nur lausige 400.000 Mark Umsatz auf der Spielwarenmesse. Die Nachbestellungen blieben fast ganz aus."

Er grinste. „Ich habe ihn einmal in der Firma besucht. Ihr hättet erleben sollen, wie er dort residiert: Alle sprechen ihn mit 'Herr Direktor' an und wieseln um ihn herum."

„Tatsächlich?" Weich lachte sich schief und bekam vor lauter Schadenfreude einen Hustenanfall. Als er wieder Luft kriegte, fragte er: „Sag mal, Baron, arbeitest Du jetzt für Meier?"

„Ja, ich bin sein Organisationsdirektor", erwiderte Money.

„Schon wieder 'n Herr Direktor!" Weich lachte los. Und alle lachten mit. Ich auch, obwohl ich es beschissen fand, wie sich dieser miese Emporkömmling über das Unglück anderer lustig machte.

„Noch ein anderer Stammgast macht als Direktor rum, als Verlagsdirektor", sagte Mercedes-Klaus und stieß Schulz mit den Ellenbogen an. Der lächelte wissend. Ich verstand gar nichts.

„Adi, Du kennst doch den Heinz Dreckmann gut. Hast Du das Neueste von ihm gehört?“ fragte mich Klaus.

„Nee.“

Klaus lehnte sich in die alten, roten Plüschpolster zurück und nahm einen Schluck aus seinem Henkell-Piccolo-Glas. Dann fing er an: „Heinz hat als Partner eine charmante Mutti, eine Mitsechzigerin, die einen Draht zu alten Opas mit viel Kies hat. Das Verlagshaus Zeppelinheim in Zeppelinheim haben sie zusammen gegründet.“ Er machte eine bedeutungsvolle Pause und fuhr dann fort: „Vor ’nem halben Jahr, als Heinz bankrott war, sind die beiden zur Bayerischen Denkmalsverwaltung gegangen. Dort hat er seinen millionenschweren Investor präsentiert und gesagt, daß er viel Platz bräuchte für Büros, Lagerräume und eine Druckerei. Er wäre an einem Schloß mit 20 bis 30 Räumen interessiert, nicht zu weit von Frankfurt entfernt. Fünf Mark, seinen letzten Heiermann, bot er an, um es zu übernehmen und stilgerecht auf eigene Kosten zu renovieren.“

Daß die Denkmalverwaltung verfallene Rittergüter zwecks Renovierung verschenkte, war mir aus Zeitungsberichten bekannt, aber daß einer tatsächlich hinging und danach fragte, noch dazu mein alter Freund Heinz, der ja pleite war, das haute mich um!

„Hat er sein Schloß gekriegt?“ fragte ich cool, als ob es mich nur beiläufig interessierte.

„Natürlich, das ist ja der Witz. Schloß Zeppelinheim, ein Rokokoschlößchen mit Gesindehaus, Schloßpark und verfallenem Tennisplatz. Heinz hat einen Renovierungsplan erstellt, der bei ungefähr einer Million Mark Baukosten lag, daraufhin haben sie's ihm gegeben."

Er schüttelte sich vor Lachen, und die anderen johlten ebenfalls.

Klaus nahm einen Schluck Champagner, räusperte sich und erzählte weiter: „Im Schloß hat Heinz bisher nur den großen Saal mit Marmorkamin und Stuckdecken renoviert. Er und seine Partnerin haben sich darin ein hochherrschaftliches Büro eingerichtet. Dort schmiedet Heinz nun phantastische Pläne für seine neue Fernsehzeitschrift *14 Tage Fernsehen*. Sie suchen Investoren per Anzeigen. Aber die Krönung ist, die Mutti hat einen alten Herrn aufgerissen, der drei Millionen in den Verlag investiert hat."

„Drei Millionen für den Schmarren?" fragte Weich und legte seine Davidoff in den Aschenbecher, obwohl er sie noch nicht einmal bis zur Hälfte geraucht hatte. „Und der Alte hat echt gelöhnt?"

Alle waren ruhig. Keiner lachte mehr. Klaus nickte und sagte ernst: „Das war ein Bauer, der über Parteienklüngel und Neuformierungen nach dem Krieg Hauptteilhaber an der West-Getreide AG wurde."

Das haute uns um. Jeder kannte die bekannten Markenprodukte des Unternehmens. Offenbar spielte Heinz jetzt in den höchsten Etagen.

„Ja, Heinz Dreckmann macht ganz geil als Schloßherr und Verlagsbesitzer rum", sagte Klaus und lächelte verschmitzt, wohlwissend, daß er die Knüllergeschichte der Saison gebracht hatte.

Alle dachten beeindruckt darüber nach. Das mit dem Marmorkamin im Rokokoschloß und den drei Millionen imponierte. Das sollte mal einer nachmachen! Heinz, der Zwerg, in einem 30-Zimmer-Palast.

Hoffentlich hält die Sache eine Weile, dachte ich und prostete mit meinem Sektglas hoch zur Decke, es sei ihm von Herzen gegönnt.

Es war ein wunderschöner Morgen. Obwohl erst März, wärmte die Sonne. Weich fuhr zum Haus Bergerweg 18.

Das Gerüst war bereits abmontiert. Das Haus sah super aus, kanariengelb mit braunen Fenstersimsen. Im Erdgeschoß gab es zwei neue Geschäfte mit großen Schaufenstern. Links räumte der Besitzer, ein Metzgermeister, mit seinen Gesellen und Verkäuferinnen die Waren ein. Über dem Schaufenster war ein blauer Leuchtschriftzug angebracht: *Fleischerei Geier*. Der Laden daneben stand noch zum Verkauf, ebenso vier Wohnungen. Im ersten Stock rechts wohnten die stolzen Wohnungsbesitzer Herr und Frau Hornauer.

Die Räumung war erfolgreich verlaufen. Alle waren ausgezogen; zuerst Frau Gebein, total zermürbt, dann der Student im Dachgeschoß. 8.000 Mark in bar hatte Weich ihm geboten, da wurde er schwach und warf seine Prinzipien über Bord.

Nur mit der alten Muth aus dem ersten Stock war es schwer gewesen. Sie weigerte sich auszuziehen. Daraufhin ließ Weich ruckzuck eine kleine Zwei-Zimmer-Wohnung im Hinterhaus ausbauen. Sie war viel moderner als ihre alte Wohnung, mit richtigem Badezimmer, trotzdem weigerte sich die Alte, umzuziehen.

Weich schrieb ihr einen Brief. Darin teilte er ihr mit, sie solle nur vorübergehend, während der Hausrenovierung, umziehen. Aber sie blieb stur und reagierte nicht. Dann bekam Schlotzky den eindeutigen Auftrag: „Schmeiß die Muth raus!"

Und so wartete Schlotzky eines Tages mit einem Rollkommando, zwei kräftigen Möbelpackern, bis sie das Haus zum Vormittagseinkauf verlassen hatte. In dem Augenblick, als sie um die Ecke gebogen war, brachen sie die Tür auf und räumten ihr gesamtes Hab und Gut in die Hinterhauswohnung.

Als Frau Muth zurückkam, fehlte die Wohnungstür, die Fenster waren herausgebrochen und die Tapeten hingen in Fetzen von der Wand. Schlotzky stand im Türrahmen und versuchte, sie zu beruhigen.

Sie zitterte am ganzen Körper und ihr Gesicht war aschfahl. Sie brachte kein Wort heraus. Als sie zusammenbrach, fingen Schlotzky und einer der Möbelpacker sie auf. Die beiden brachten sie in die dunkle Hinterhauswohnung. Sie stöhnte und Tränen rannen ihr über das Gesicht.

„Ist doch nur für ein paar Tage, Frau Muth", sagte Schlotzky. „Das kommt alles wieder in Ordnung." Dann gingen sie.

Schlotzky war die ganze Sache unheimlich. Im Nachbarhaus wohnte eine Bekannte von Frau Muth. Schnell ging er zu ihr und erzählte, daß der Muth nicht ganz wohl sei. Er bat sie, sich um sie zu kümmern. Dann verschwand er.

Zwei Tage später stand Weich in der Sonne und betrachtete sein renoviertes Haus, als ein dunkler Leichenwagen vorfuhr.

„Hallo, Sie! Ist das Ihr Wagen?“ rief der Fahrer. „Sie versperren die Einfahrt!“

„Wo wollen Sie denn hin?“ fragte Weich.

„Ins Hinterhaus, die verstorbene Frau Muth abholen.“

Weich war entsetzt – hatte er diese Frau nicht auf dem Gewissen? Hastig stieg er in seinen Wagen, machte die Einfahrt frei und ließ den Leichenwagen passieren. Sie war zwei Tage nach der Zwangsräumung an einer „Herzgeschichte“ gestorben.

Schlotzky stand hinten im Hof und öffnete den Leuten vom Beerdigungsinstitut die Tür. Als er Weich sah, der gelähmt auf den Sarg starrte, ging er zu ihm. Verstört erzählte er Weich die Geschichte. Der hörte wortlos zu, winkte müde ab und fuhr davon. Eigentlich wollte er sagen: Wo gehobelt wird, fallen Späne, aber irgendwie war ihm bewußt, daß diese Einsicht in diesem Augenblick nicht so richtig paßte.

Monate waren vergangen. Im Hinterzimmer des Hotels Helios lief eine Pokerpartie. Alle stadtbekannten Zocker waren anwesend. Am Spieltisch saßen Wilhelm Weich, Baron Money und Zeitarbeit-Schulz. Der Pott war fett und an den Handgelenken schimmerte das Rolex-Gold.

Weich hatte einen schlechten Tag und verlor. Money war der Gewinner des Abends. Mit einem Startkapital von 500 Mark zockte er über 7.000 Mark ab, obwohl er zwischendurch pleite war und seine Rolex vom Arm fummeln mußte, um sie als Pfand einzusetzen.

„Wird wirklich Zeit, daß ich mal am Drücker bin“, seufzte er erleichtert auf, als er mit einem müden Drilling den Pott einstrich. „Sonst geht es mir immer wie von Habenberg – stempeln gehen und mit der Straßenbahn fahren.“

Money steckte das Geld in die rechte Jackentasche, griff nach einer Flasche Bier und überließ Telly Goldstein seinen Platz. Er kam zu Heinz und mir an den Tisch.

„So ist das Leben, einmal oben, einmal unten“, bemerkte er und setzte sich. „Ich übernehme die nächste Runde Bier.“

Jeder hatte an diesem Abend schon eine Runde ausgegeben, und wir waren ziemlich betrunken. Aber wir nahmen gerne an, denn es war Money schlecht gegangen in der letzten Zeit, jetzt konnte er sich revanchieren. Mit den frischen Bieren prosteten wir uns zu und tranken auf Moneys Wohl.

„Was war das mit von Habenberg?“ fragte Heinz. „Ich habe ihn ewig nicht gesehen.“

„Er hat seinen Job bei der Toy-Firma verloren, weil der Umsatz vorne und hinten nicht stimmte. Dann war er lange Zeit arbeitslos. Vize-Präsidenten-Jobs sind rar und keiner wollte ihn unter seinem Niveau einstellen“, erklärte Money. „Aber jetzt hat er einen Kinderbuchverlag auf die Beine gestellt.“

„Also beim Spielzeug geblieben“, sagte ich.

„Ja, da kennt er sich aus. Ein Lagerhaus voller Malbücher hat er aus ’nem Bankrott übernommen und dazu auf Pump Ramschware aus Österreich gekauft. Im nächsten Monat ist er mit einem eigenen Messestand auf der Nürnberger Spielwarenmesse.“

Weich drehte sich um und sagte anerkennend: „Stehvermögen hat er ja, der von Habenberg. Kaum auf die Schnauze gefallen, steht er wieder.“

„Was macht Dein Verlag, Heinz?“ fragte Money.

„Es läuft. Nächste Woche geht's los, auf Bundesebene. Startauflage: 350.000 Exemplare.“

„Hoffentlich reicht Eure Kohle noch für 'ne zweite Ausgabe“, lästerte Telly Goldstein vom Spieltisch.

„Sieh zu, daß Du nicht auf Deinen Wohnungen in Bad Homburg sitzenbleibst, Telly“, sagte Heinz leicht verärgert. „Die Eigentumswohnungswelle geht jetzt nämlich den Bach runter.“

„Hab Dich nicht so“, meinte Telly. „Bist doch sonst nicht so zimperlich, Heinz.“

Die Runde spielte die Partie zu Ende. Schulz gewann, und Telly gab seinen Stuhl an den nächsten. Er setzte sich zu uns.

„Da mein neues Gebäude in Bad Homburg leersteht, habe ich noch Zeit zum Umsteigen. Ich mache ein Altenwohnheim draus. Es gibt genug betuchte, alte Leute, die einen gepflegten Lebensabend verbringen wollen“, sagte er. „Neben dem Komplex ist praktischerweise ein Ärztezentrum. Da spar' ich mir den eigenen Doktor.“

Der kumpelhafte Ton, mit dem der stadtbekannte Millionär zu Heinz sprach, schmeichelte diesem.

„Du hast die richtige Einstellung, Telly“, sagte Heinz gutmütig. „Man muß ständig mit der Zeit gehen. Nur durch Flexibilität bleibt man am Rahm.“

Weich, der in der Gruppe der Papst war, drehte sich wieder zu uns um. „Bei Tellys kostspieligem Lebensstandard, Rolls Royce und 'ne Wohnung in Monaco, muß er ständig wie der Teufel hinter den armen Seelen herjagen, um den geilen Stil zu halten“, sagte er hämisch.

Telly lachte.

„Wenn ich alle zwei Monate nach Las Vegas fliegen würde, wo die Mafia mich ausnimmt wie eine Weihnachtsgans, dann hätte ich auch Geldsorgen“, meinte er.

Das fand Weich gar nicht komisch. Es ärgerte ihn, daß offenbar jemand herumerzählt hatte, daß er bei seiner letzten Las Vegas-Tour mehr als eine halbe Million am Spieltisch verloren hatte. Er schmiß mit saurer Miene die Karten auf den Tisch: „Scheiß Armleuchter!“ und ging. Dabei schaute er Mercedes-Klaus mit zusammengekniffenen Augen an, sagte aber nichts. Der war nämlich letztes Mal mit nach Las Vegas geflogen.

Das zehnstöckige Hochhaus war ein großer Fehler gewesen. Ich hatte es in einem Anfall von Größenwahn gekauft und das schon bald wieder bereut.

Vorher beherbergte es die Verwaltung und Verarbeitung eines kleineren Schmuckunternehmens. Die Firma zog aus Expansionsgründen ins Industrieviertel und brachte es billig auf den Markt. Der Preis von 4 Millionen Mark lag weit unter Wert, aber da ich ihn voll finanzierte, hatte ich eine monatliche Belastung von 35.000 Mark.

Mit kostspieligen Anzeigen in allen großen Tageszeitungen suchte ich wochenlang Mieter. Es tat sich nichts. Das Hochhaus war für ein Einzelunternehmen gebaut worden und nur mit hohen Umbaukosten teilbar. Meine Bank setzte mich immer mehr unter Druck, und ich war ziemlich ratlos.

Endlich entschloß ich mich, eine weitere Million beim Sultan Privatbankhaus aufzunehmen, um das Hochhaus in selbständige Büroeinheiten umwandeln zu können. Ich ließ Elektroanlagen und Sanitärbereiche ändern und trennte den Fahrstuhlbereich in allen Stockwerken ab. Als die Arbeiten zu zwei Dritteln fertig waren, war ich gezwungen, weitere 200.000 Mark für neue Verputz- und Malerarbeiten nachzuschießen. Die jetzt brauchbaren Einzelbüros bot ich dann zur Vermietung an. Zwei Mieter übernahmen je ein Büro.

Meine eigene Verwaltung richtete ich im Penthaus ein. Ich bestellte für das Dach in 3-Meter-Buchstaben meinen Firmennamen, „Bartels Haus & Grund“.

Mit unserem zunehmenden Erfolgen und gleichzeitig wachsenden Geldsorgen stürzten wir uns ins Frankfurter Nachtleben. Wir feierten unseren „Aufstieg“ und betäubten uns, um die Belastung des furchtbaren finanziellen Drucks zu lindern.

Es war wie verhext. Wir fanden keine weiteren Mieter. Bisher hatte ich immer Häuser mit Wohnraum und Läden gekauft, dafür war offenbar Bedarf. Bürohäuser aber wurden im Augenblick überall in Frankfurt gebaut. Hunderte von Büroetagen standen plötzlich in der City leer.

Ich bot mehrere Mietshäuser unter Preis an, um flüssig zu werden. Zwei Häuser gingen weg, und wir konnten die wichtigsten Rechnungen bezahlen.

Aber auch das Umwandlungsgeschäft lief nicht, weil es keine Altbauten mehr zum günstigen Preis gab. Die Blutfährte des schnellen Geldes hatte zu viele angelockt.

Ich zahlte meinen Preis für den Erfolg. Meine Nerven waren längst nicht mehr die besten. Ich bekam immer häufiger Angstzustände und mein Mittel zum Überleben hieß: französischer Cognac. Es wurde immer schlimmer. Mich warf jedes kleine Problem, das eigentlich geschäftliche Routine sein sollte, um. Ein längerer Erholungsurlaub aber war nicht drin, weil die Geschäfte zu schlecht liefen.

Dann bekam ich an einem Sonntagabend einen Telefonanruf von meinem Hausmeister.

„Die Diebe sind diesmal nicht reingekommen, aber wir haben vier beschädigte Türen“, jammerte er. „Das waren garantiert die Landfahrerkinder. Zwei Mädchen mit langen Röcken sind gesehen worden.“

„Die schon wieder!“ sagte ich verärgert.

Ich legte auf und goß mir einen Cognac aus der fast leeren Flasche ein.

In letzter Zeit hatten die Einbrüche drastisch zugenommen. Ausländische Landfahrerkinder plünderten am hellichten Tage die Wohnungen in der Innenstadt. Die Polizei war machtlos. Und weil die Kinder nicht strafmündig waren, mußten sie wieder laufengelassen werden.

Rund dreißig Einbrüche waren in den letzten Monaten in meinen Wohnungen vorgekommen. Persönlich wurde ich nicht beklaut, aber jede beschädigte Tür mußte ich auf eigene Rechnung reparieren lassen. Da kam die Versicherung nicht für auf.

In dieser Nacht schlief ich schlecht. Die Flasche Cognac leerte ich zwar noch, aber es war nicht genug, um meine Nerven zu beruhigen. Ich wälzte mich unruhig im Bett hin und her. Erst gegen Morgen schlief ich ein und träumte von Tara, dem Mädchen mit der goldenen Maske aus meiner Kindheit.

Eines Tages saß ich im Café Schwille und frühstückte. Baron Money und Franz Georg vom Jazzhaus waren ebenfalls da. Sie saßen am Nebentisch. Ab und zu steuerte ich ein paar Worte zu ihrer Unterhaltung bei, während ich die *Frankfurter Rundschau* las. Im Lokalteil überflog ich einen Artikel mit der Überschrift „Wohnungseinbrüche im Stadtbereich erheblich angestiegen!“ und fiel fast vom Stuhl.

Brühwarm wurde von der Ohnmacht der Polizei mit den Landfahrereinbrüchen und der versuchten Aushebung eines internationalen Diebesyndikats berichtet. Der Sippe, die des Raubes von Wertgegenständen in Millionenhöhe verdächtigt wurde, war die Flucht ins Ausland gelungen. Nach Augenzeugenberichten trug die Chefin der Bande immer eine goldene Maske.

Tara! stellte ich überrascht fest.

In den nächsten Tagen war wie üblich viel zu erledigen, und ich vergaß die Geschichte wieder.

Zu dieser Zeit bekam ich ein Gebäude in der Nähe von Zeppelinheim angeboten.

„Komm mit, Schatz. Wir machen einen Ausflug“, sagte ich zu Jean. „Wir besuchen Heinz in seinem Schloß.“

Weil unser Wagen schmutzig war, fuhren wir vorher durch die Waschanlage im Nordend. Ein Mercedes 600 Pullmann war etwas Seltenes. Die Leute guckten neugierig.

Danach fuhren wir zu Bilka in der Leipziger Straße. Vor dem Haupteingang war ein Parkplatz frei, gerade groß genug für unseren Pullmann. Ich ging ins Kaufhausrestaurant und kaufte zweimal Wiener Schnitzel mit Kartoffelsalat. Danach nahmen Jean und ich an den hinteren Klapptischen Platz und versorgten uns mit Tellern, Silberbesteck, Kristallgläsern und einer Flasche Champagner aus der Bar. Im Pullmann vor Bilka verspeisten wir unser bescheidenes Mahl, mit todernsten Gesichtern. Um unseren Wagen gab es einen kleinen Menschenauflauf, neugierig starrten uns die Leute an. Als sich die Menge etwas lichtete, sprang ich nach vorn und fuhr los. – Gott, haben wir gelacht.

Das angebotene Gebäude in Zeppelinheim hatte nur drei Etagenwohnungen und war daher uninteressant. Ohne uns lange aufzuhalten, fuhren wir weiter.

„Ich bin gespannt. Ich kann mir Heinz in einem Schloß gar nicht vorstellen“, meinte Jean, die vor Neugierde zu platzten schien.

Wir fuhren durch die Stadt bis zum Waldrand. Dahinter lag ein Park mit alten Bäumen, und dann sahen wir auch schon das riesige, schmiedeeiserne Tor, das noch eindrucksvoller war, als ich es mir vorgestellt hatte. Beide Torhälften waren in zwei mächtige Granitsäulen eingelassen, auf denen zwei imposante Löwen aus Sandstein thronten. In ihren Klauen hielten sie das Wappen derer von Schildburg. Das Tor war offen.

Als wir langsam reinfuhren, knirschte der Kies unter unseren Reifen. Wir durchquerten eine gepflegte Gartenanlage mit blühenden Rosen und sorgfältig geschnittenem Rasen und kamen zu einem prächtigen, ovalen Springbrunnen mit anmutig spielenden Putten, die das Wasser hoch in die Sonne pusteten. Dahinter stand, majestätisch, ein schneeweißes Rokokoschloß.

„Oh, wie wunderschön“, sagte Jean ehrfürchtig.

Ich nickte, ebenfalls sehr beeindruckt. Wir fuhren um den Brunnen herum und hielten vor einem großen Säulenportal, stiegen aus und sahen uns um.

„Der alte Adel wußte, was geil ist“, sagte ich.

In diesem Augenblick öffneten sich die hohen, zweiflügeligen Eichentüren und Heinz kam, um uns zu begrüßen. Hinter ihm stand Steffi, den kleinen, zappelnden Dreckmann junior im Arm.

Es war ein freudiges Wiedersehen. Lachend und schwatzend gingen wir in die mächtige Eingangshalle mit ihrem Marmorfußboden und einem sanft im Durchzug klirrenden, venezianischen Kronleuchter.

„Nur das Erdgeschoß ist renoviert. Das reicht fürs erste“, erklärte Heinz. „Wir haben versucht, den Schloßsaal stilgerecht wiederherzustellen. Zwei Büros und Schlafzimmer sind auch fertig. Küche und Badezimmer haben wir modernisiert.“

Er grinste.

„Im ersten Stock sieht es so vergammelt aus wie vor hundert Jahren. Hinten im Garten ist es am schlimmsten, da liegt ein großer Haufen Bauschutt. Aber weil vorne alles picobello ist, merkt das keiner.“

Ich starrte Heinz an, denn er trug ein merkwürdig glänzendes Kleidungsstück.

„Ein Dior-Morgenmantel, reine Seide“, sagte er lässig, als er mein Interesse merkte.

Nachdem wir eine weitere Flügeltür passiert hatten, gelangten wir in einen prächtigen Saal.

„Spitzenmäßig“, sagten Jean und ich begeistert im Chor.

Der weitläufige Raum hatte eine kostbare, reichverzierte Stuckdecke und geschwungene Rokokotüren. Schwere Stores aus Damast hingen vor dunkelgebeizten Sprossenfenstern mit mundgeblasenen, antiken Glasscheiben. Mittelpunkt der gegenüberliegenden Wand war ein rosa Marmorkamin mit geschwärzter Wappen-Herdplatte und gekacheltem Boden.

„Das sind echte Delfter Kacheln, 300 Jahre alt“, erklärte Heinz.

Er nahm ein großes Streichholz, das zum Entfachen des Kaminfeuers benutzt wurde, und zündete sich eine Havanna an. Mit derselben Flamme brannte er dann die Kerzen in den Silberleuchtern links und rechts der feuervergoldeten Kaminuhr an. Das Feuer erhellte sein Gesicht und bildete schimmernde Lichtreflexe auf seinem Seidenmantel. Er sah aus wie ein kleiner Pascha.

„Der englische Eßtisch mit Stühlen ist frühes Victorian“, erklärte er uns die Einrichtung. „Die Eichenvitrine ist deutsches Rokoko und die beiden Gemälde sind Frühbarock.“

Neben ihm stand mit großen Kinderaugen Steffi, seine Frau. Bewundernd blickte sie von oben – sie war ja einen halben Kopf größer als er – auf ihren geliebten „Napoleon“. Die Szenerie begeisterte mich.

Wir setzten uns in gesteppte, englische Ledersofas, und Heinz öffnete eine Flasche Champagner.

„Auf Deinen Erfolg!“ sagte ich und prostete Heinz zu.

Beim Champagner erzählte Heinz, wie es bei ihm gelaufen war, vom Einstieg des Multimillionär-Investors bis zum ersten Andruck der Zeitschrift, die er uns ganz stolz auf den Tisch legte.

„Das ist das erste Exemplar, noch mit der Hand geschnitten und geheftet. Kam heute nacht per Kurier aus Budapest. Da ist der Druck ein Drittel billiger als bei uns.“

Ich blätterte das Magazin durch.

„Sieht sehr professionell aus, fast wie *TV-Hören und Sehen*“, sagte ich bewundernd und reichte es Jean.

Sie musterte das Titelblatt. Es zeigte ein Bild aus Deutschlands beliebtester Fernsehschau: den lächelnden Quizmaster, umringt von vier hübschen Frauen.

„Kann man da noch treu bleiben?“ stand darunter.

Oben leuchtete in gelb-orangen Farben: „14 Tage Fernsehen.“

„Toll“, sagte Jean und schlug die Zeitschrift auf.

Auf der ersten Seite stand im Impressum: „Herausgeber und Verlagsdirektor: Heinz Dreckmann.“

„Ich drücke Dir wirklich beide Daumen, Heinz“, meinte ich skeptisch. „Aber was ist, wenn die ersten Nummern sich nicht verkaufen?“

„Für drei bis vier Ausgaben langt meine Puste

schon. Wenn das Ding bis dahin nicht läuft – naja, dann knallt's", sagte er achselzuckend.

„Große Verlage wie Springer oder Gruner & Jahr arbeiten bei der Einführung von Zeitschriften manchmal jahrelang mit Verlust. Und Du kannst nicht länger überleben als zwei Monate?"

„Ich weiß, daß ich russisches Roulette spiele, Adi. Aber vielleicht habe ich ein bißchen Glück, so wie Augstein mit seinem ersten *Spiegel* oder, noch besser, Hugh Hefner mit seinem *Playboy*. Der verkaufte sich so gut, daß er sofort saniert war."

„Heinz, damit kannst Du Dich nicht vergleichen. Der Augstein kam auf den Markt, als es gar nichts gab. Eine Medienwüste ... und der Hefner ebenso. Er zeigte als erster im großen Stil nackte Frauen mit Riesentitten, damals, als Pornos noch im Verborgenen gehandelt wurden. Der mußte Erfolg haben. Sein einziges Risiko war eine Strafanzeige."

„Hast schon recht", sagte Heinz nachdenklich. „Aber vielleicht klappt's doch."

„Hmm ... Ich wüßte, wie Du Dich rückversichern könntest", sprach ich meine Gedanken aus.

„Was meinst Du?"

„Hör zu, ich gründe eine Betriebsberatungs-Agentur. Dann machen wir einen Vertrag, in dem wir festhalten, daß Dein Zeitschriftenverlag mir ein monatliches Beratungshonorar von 16.000 Mark zahlt. Du bezahlst mich sofort für die letzten drei Monate und im voraus für die nächsten drei. Kurz danach gibst Du mir einen Vorschuß auf die nächsten Monate usw. Du mußt Deinen Laden so lange über Wasser halten, bis 200.000 Mark für mich rausspringen."

„Unmöglich“, sagte Heinz.

„Heuer eine Gruppe Vertreter an, und köder sie mit Anzeigenprovisionen von 40%. Nimm jede Menge Kredite auf und such noch ein paar Teilhaber. Dann kommt was rein in die Kasse.“

„Angenommen, Du kriegst Deine 200.000 Mark. Was ist für mich drin?“

„Heinz, Du hast schon zwei Offenbacher hinter Dir. Wenn der Laden in die Hose geht, darfst Du nichts besitzen.“

Heinz schüttelte verunsichert den Kopf.

Ich erklärte weiter: „Mit Deinem Geld kaufe ich ein Mietshaus. Das Obergeschoß wird eine top renovierte Wohnung, und Du bekommst lebenslanges, kostenloses Wohnrecht. Offiziell bist Du Hausmeister und kriegst dafür tausend Mark Lohn von den Mietern.“

Ich versuchte mein Bestes, ihn zu überzeugen. „Wenn hier alles schief laufen sollte, hättest Du bis ans Lebensende eine gute Bleibe bei mir und einen Tausender im Monat.“

Heinz dachte einen Moment nach und sah Steffi an. Die zuckte mit den Mundwinkeln.

Dann drehte er sich zu mir und antwortete: „Adi, ich werde mir Deinen Vorschlag ehrlich überlegen. Aber im Grunde genommen läuft Dein Vorschlag darauf hinaus, daß ich meinen Finanzier bescheiße. Das kann ich nicht. Der Mensch muß irgendwo Rückgrat haben.“

„Ich hab's gut gemeint“, sagte ich und drückte ihm kräftig die Hand, um zu signalisieren, daß es keine verletzten Gefühle gab. „Dann mußt Du eben Deinen Weg gehen.“

Ein paar Monate später, beim Frühstück im Schwille, las ich die *Rundschau.* Auf der ersten Seite war die Offenbacher Eishockey Bundesligamannschaft ganzseitig vierfarbig abgebildet. Die gesamte Mannschaft: Torwart, Trainer und Reservespieler. Alle vierzehn Jungs trugen neue Trikots mit dem Aufdruck: Weich, Weich, Weich, Weich – insgesamt vierzehnmal. Das war ein ganz starkes Stück.

Dazu gab es einen langen Artikel über den neuen, großzügigen Sponsor und Mäzen des Vereins, Wilhelm Weich, den bekannten Frankfurter Immobilienkaufmann und Förderer des Sports. Er schenkte dem Verein für die neue Saison 300.000 Mark. Weich – welch ein Nobelmann!

Jeder reichte den Artikel an seinen Nachbarn weiter. Alle waren überwältigt.

„Mensch, muß der Weich Knete machen, daß er sich das leisten kann", meinte von Habenberg.

„Ja, der verkehrt jetzt nur noch in der High-Society. Er hält sich für was Besseres. Ins Schwille kommt er gar nicht mehr", meinte Baron Money.

„Junge, 300.000 Märker. Ich wünsche, ich hätte sie", seufzte ich sorgenvoll und sah zu Heinz, der gar nicht aufsah.

Sein Verlag war schon vor einer Woche übernommen und er entlassen worden. Seine Zeitschrift, von der sich pro Ausgabe immerhin 50.000 Exemplare verkauft hatten, wurde nach der fünften Nummer eingestellt. Aus dem Schloß wurde er rausgeschmissen. Er wohnte jetzt wieder in dem alten Hinterhaus.

Als er total blank war, bot ich ihm an, Fassadenrenovierungen für mich zu machen. Bei trübstem

Regenwetter, auf schwankenden Gerüstbrettern renovierte er zur Zeit zwei Straßenfronten für mich.

An diesem Tag ging sein Frühstück natürlich auf meine Rechnung.

Vorm Schwille hielt ein Rolls Royce-Silver Shadow mit Monaco-Kennzeichen. Alle verrenkten sich vor Neugier die Hälse. Wer stieg aus? Telly Goldstein.

„Noch so ein Glückskind", sagte Heinz.

„Manche Leute fallen immer wieder auf die Füße, wie Katzen, egal wie turbulent es vorher zuging."

Telly trat ein, begrüßte uns freundlich und bestellte sein Frühstück. Wortlos reichte Heinz ihm die Zeitung mit dem Weich-Artikel. Telly mußte lachen.

„Wenn's seinem Ego gut tut, dann ist ja alles okay", sagte er.

„Ihr habt gut reden. Ihr seid ja obenauf, fahrt Mercedes und Rolls. Minderwertigkeitskomplexe?" scherzte Money. „Mann, bin ich froh, daß ich die nicht habe!"

„Wir sind halt keine Barone, Money. Wir müssen mit unseren Angeberschlitten ein bißchen Imagepflege betreiben", sagte ich und die anderen lachten laut.

Tagelang telefonierte ich mit Büroraummaklern und verhandelte mit meinen Banken, um mehr Kredit zu bekommen. Sie hielten mich nur hin. Meine Stimmung sank auf den Nullpunkt.

Dann kam der Tag, an dem die Neonbuchstabenfirma, die mein neues Firmenschild am Bürohaus in Auftrag hatte, anrief. Sie teilte mit, daß das Schild ab

18.00 Uhr in Betrieb sein würde. Das verbesserte meine Laune.

Ich verabredete mich mit Jean eine halbe Stunde vorher im Café Kranzler. Als ich in die City fuhr, trug ich einen grauen Armani-Anzug, einen blauen Seidenschlips und ein dazu passendes Seidentaschentuch. Jean hatte ihr schwarzes Dior-Kostüm angezogen, an das sie eine Platin-Brillantbrosche mit Saphiren geheftet hatte. Am Ringfinger ihrer linken Hand funkelte ein dreikarätiger, lupenreiner Brillant, den ich mal in Amsterdam als Gelegenheit erworben hatte.

Im ersten Stock des Cafés trafen wir uns und setzten uns an einen Tisch am Fenster, der für uns reserviert war. Wir bestellten eine Flasche Moet und füllten unsere Kristallkelche. Als wir aus dem Fenster sahen, konnten wir die in den Himmel ragende dunkle Spitze unseres Hochhauses sehen.

„Das ist einer der größten Momente in unserem Leben. Was nun gleich passiert, ist das Symbol unseres größten Triumphes und vielleicht der Beginn unseres größten Mißerfolgs. Die Zukunft wird es zeigen", sagte ich.

Jean schaute mich fragend an.

Ich zeigte nach draußen, und in diesem Moment ging unsere riesige Leuchtreklame an. Inmitten des schwarzblauen Himmels über der Frankfurter City stand mit gigantischen roten Buchstaben:

BARTELS
HAUS & GRUND V.V.

Es war brutal beeindruckend!

Wir waren erschüttert. Tränen standen mir in den Augen, und ich dachte an meine frühere Zeit als armer Schlucker – und hob dann mit Jean die Gläser. Wir prosteten uns zu, und ich flüsterte mit bewegter Stimme: „Höher kommen wir nicht, Schatz. Dazu hab' ich einfach nicht die Kraft. Ich frage mich, ob wir überleben werden."

Jean schwieg einen Moment. Dann legte sie ihren Arm um mich und gab mir einen Kuß.

„Adi", sagte sie, „wir schaffen das schon."

Doch bereits am nächsten Morgen wurde meine dunkle Ahnung wahr. Auf der Titelseite der *Rundschau* stand: „Sultan Privatbankhaus geschlossen! Ist genug Masse für einen Vergleich da?"

Wie gelähmt las ich den Artikel. Es hieß, daß der Bankenverband die Sache regeln würde, zur Zeit aber niemand wüßte, wie es weitergehen sollte. Eines war klar: Im Augenblick war ich zahlungsunfähig, weil keiner mehr einen Scheck der Sultan Privatbank nehmen würde.

Ich verhandelte tagelang mit anderen Banken und auswärtigen Kreditinstituten. In der Zwischenzeit kamen Gerichtsvollzieher und Gläubiger und wollten Geld. Ich war völlig mit den Nerven fertig. Dann hieß es, das Sultan Privatbankhaus sei aufgelöst worden.

Langsam kapierte ich, daß wir pleite waren. Um überhaupt ein paar Mark in der Tasche zu haben, schleppten wir unseren gesamten Schmuck in die Frankfurter Leihhäuser und verkauften per Kleinanzeigen mehrere Antiquitäten weit unter Preis.

Am Monatsende rief ein Bankenkonsortium an und vereinbarte mit uns einen Termin für ein Verhandlungsgespräch. Man unterbreitete uns ein Angebot, das wir nach zweistündiger Bedenkzeit mit zitternden Händen unterschrieben. Die anwesenden Bänker, Anwälte und Notare zeichneten gegen – und wir verloren in diesem Moment vierzehn unserer sechzehn Häuser! Das Hochhaus kassierten sie ebenfalls – und den 600er Pullman.

Aufgrund des Verzichts hatten wir alle Schulden vom Hals. Nur die beiden Häuser in der Sachsenhauser Apfelweingegend mit den drei Kneipen im Erdgeschoß gehörten uns noch. Auch sie waren nun schuldenfrei.

Benommen torkelte ich mit Jean aus dem Bankgebäude. Es war später Nachmittag und bereits dunkel. Als wir zum Parkplatz gingen, sah ich in der Skyline unser ehemaliges Hochhaus. Als schwarze, düstere Silhouette ragte es in den Himmel. Die Leuchtschrift war ausgeschaltet.

„Das Elektrizitätswerk hat bereits den Strom gesperrt", krächzte ich heiser.

Im Café Schwille ließ ich mich nicht mehr sehen. Ich hatte keine Lust, dort als Versager geduldet zu werden.

In der Zeitung las ich, daß Weich zum „Ball des Sports" eingeladen worden war. Das war der Top-Ball der Nation, zu dem der Bundespräsident, der Bundeskanzler und die gesamte deutsche Elite aus allen Bereichen des gesellschaftlichen Lebens geladen wurden.

Weichs Vermögen wurde auf 100 Millionen Mark

geschätzt, das von Telly Goldstein und Mercedes-Klaus auf je ca. 30 Millionen und Zeitarbeit-Schulz kam immerhin noch auf 20 Millionen. Die eine Hälfte der Schwille-Typen war arm und erfolglos geblieben. Die andere Hälfte war ans große Geld gekommen. Wie das Leben so spielt . . .

In den nächsten vier Wochen boten wir unsere gesamte Hauseinrichtung mit all den schönen Antiquitäten in den Tageszeitungen an. Zum halben Preis. Das brachte uns schnell über 100.000 Mark cash. Den restlichen Plunder lagerten wir ein, denn wir mußten das Haus zum Monatsende geräumt an die Bank übergeben.

Ich soff mir jeden Abend die Hucke voll. Am Tage jammerte ich herum. Ich war seelisch total ausgebrannt.

„Beruhige Dich, Adi", meinte Jean zuversichtlich. „Die zwei Häuser in Sachsenhausen bringen uns eine monatliche Rente von 8.000 Mark, und wir haben 100.000 in bar. Das reicht für ein angenehmes, sorgenfreies Leben im sonnigen Süden."

Jean hatte wirklich prima Ideen!

Ich richtete mich auf und sagte: „Packen wir die Koffer. Von jetzt an machen wir ewige Ferien am Mittelmeer."

Meinen Hausmeister machte ich zum Verwalter unserer zwei Mietshäuser. Ich kaufte ein gebrauchtes Mercedes-Cabrio. Wir packten und fuhren los, Richtung Südfrankreich.

Und so begann unser neues Leben als Edelhippies an fernen, südlichen Stränden.

Ibiza

Wir fuhren nach Nizza und mieteten uns in einem Hotel hinter der Promenade des Anglais ein. Es lag direkt gegenüber dem Strandcasino. In diesen ersten Tagen genossen wir unser Zigeunerleben in vollen Zügen. Wir schliefen bis mittags, saßen in den Straßencafés und spazierten durch die Belle-Époque-Straßen, speisten in den Gourmet-Restaurants auf der Promenade und verspielten abends, bei einem Gläschen Champagner, noch ein paar Francs im Casino. Langsam ging es wieder aufwärts mit mir.

„Weißt Du, Jean. Es tut mir so gut, nicht mehr mit diesem furchtbaren Druck leben zu müssen, geknebelt von Bankschulden, Bauterminen und der Last, den großen Apparat von morgens bis abends in Bewegung zu halten. Das war doch ein gemeines Hundeleben. Damit ist jetzt Schluß!" sagte ich aufrichtig zu ihr.

Als Ende September die Tage an der Côte d'Azur kälter wurden, fuhren wir weiter gen Süden. Nach Lust und Laune blieben wir ein paar Tage im winzigen Monte Carlo, in Cannes, Saint-Tropez und im geschäftigen Marseille. Ohne auf die Zeit zu achten, ließen wir uns treiben.

Finanziell ging es uns ausgezeichnet. Damals waren achttausend Mark viel, viel Geld. Ohne es darauf anzulegen, lebten wir relativ bescheiden und verbrauchten oft nur die Hälfte unserer monatlichen Einnahmen.

Es war Ende November, als wir die Pyrenäen überquerten. In den warmen, spätherbstlichen Tagen fuhren wir im offenen Cabrio an der gebirgigen Küste entlang. Immer weiter ging die ziellose Fahrt bis Denia, Malaga und Marbella.

An einem sonnigen Morgen kamen wir im Yachthafen von Puerto Banus an. Als wir im Schrittempo, an der Hafenwache vorbei, in den Spielplatz der reichen, internationalen Aussteiger und Müßiggänger fuhren, war jedenfalls eines klar: Wir gehörten endlich dazu!

Die Hafencafés waren mit braungebrannten, gut gelaunten „people“ besetzt. Die hübschen, schlanken Frauen trugen funkelnden Schmuck und teure Kleider. Im Hafenbecken schaukelten die prächtigsten Yachten der Welt und jeden Augenblick kamen neue Leute in offenen Luxuswagen an.

Wir parkten unseren Wagen und setzten uns in ein Café.

Bei Kaffee und Soberano-Cognacs betrachteten wir das gediegene, kostspielige Urlaubstreiben. So einen lockeren, verspielten Lebensstil hatten wir bisher nicht gekannt und waren davon sehr beeindruckt.

Als die Sonne unterging und es frischer wurde, verließen wir das Café. In der Hafenverwaltung mieteten wir ein Apartment, verstauten unsere Koffer und machten uns für den Abend schick. Ich zog meinen dunkelblauen, englischen Blazer an, dazu weiße Jeans und Leinenschuhe. Jean trug ein langes, violettes Abendkleid und hängte sich für den kühlen Abend ein perlenbesticktes Jäckchen um.

So schlenderten wir an den Restaurants vorbei und schauten in die Speisekarten. Wir entschieden uns für eine zünftige Bodega, wo wir uns vor einer langen

Reihe duftender Tapas an die Theke setzten. Wir bestellten frische, gebackene Champignons, Artischokken mit Mayonnaise, Garnelen und Tintenfischringe in Knoblauchsauce – köstliche Häppchen, die uns fantastisch schmeckten. Dazu tranken wir eine Flasche Carta de Plata.

Als wir eine zweite Flasche kommen ließen, setzten sich zwei Brüder aus Berlin neben uns.

„Machen Sie in Puerto Banus Urlaub?“ fragte ich, schon etwas beschwipst.

„Sind nur auf der Durchfahrt. Wir leben auf Ibiza“, sagte der Ältere der beiden. „In Gibraltar haben wir eine gebrauchte Motoryacht gekauft, und morgen tuckern wir mit ihr nach Ibiza.“

Das hörte sich wundervoll an: mit einer Yacht von Gibraltar nach Ibiza. Wir waren begeistert.

„Ibiza ist zur Zeit das Stärkste“, erklärte uns überzeugt der Jüngere. „Das ist kein verstaubter Rentnertreff wie Mallorca. Dort geben junge Typen den Ton an. Und selbst im Winter gibt es dort warme Tage, an denen man in Straßencafés seinen Kaffee genießen kann.“

Die beiden imponierten uns, und wir wollten mehr erfahren. Wir ließen zwei Gläser für sie kommen und fragten sie neugierig aus: Wo wohnen Sie denn auf der Insel? Wie lebt sich's da? Wo sind die guten Plätze zum Ausgehen, zum Essen, zum Tanzen usw.?

Sie beantworteten unsere Fragen geduldig und oft mit Begeisterung. Wir bestellten noch eine Flasche, sie gaben die nächste aus. Nachdem wir bis spät in die Nacht getrunken und uns unterhalten hatten, erschien uns Ibiza als der allein seligmachende Ort auf

Erden. Wir konnten es kaum mehr abwarten, diese faszinierende Insel zu besuchen.

Also fuhren wir zwei Tage später nach Valencia und nahmen die Fähre nach Ibiza. Als das Schiff langsam den Hafen verließ, setzten wir uns mit einer Flasche Rioja in die Deckstühle.

Es war eine traumhafte, windstille Herbstnacht, und wir fuhren in die dunkle See hinein. Als wir das offene Meer erreichten, prosteten wir uns zu: „Ibiza – Wir kommen!“

Um uns herum waren ausgelassene, bunt angezogene junge Leute. Manche trugen ausgeflippte Phantasiekostüme, Leopardenkleider, Uniformjacken und grellbemalte T-Shirts. Andere waren im verkommen aussehenden Hippielook ausstaffiert.

Nach einer Weile setzten sich die Passagiere, und es wurde ruhiger. Ein paar der Reisenden nahmen ihre Gitarren und eine kleine Zuhörergruppe scharte sich um sie. Neben uns spielte jemand einen alten, mir sehr vertrauten Song: „And I don’t give a damn about a greenback dollar.“

Ich goß mir ein weiteres Glas von dem kühlen, roten Wein ein und war nach langer, langer Zeit wieder einmal richtig glücklich.

Als wir am frühen Morgen in unserer Kabine aufwachten und durch das Bullauge schauten, lief das Schiff gerade in den Hafen von Ibiza ein. Von der südländischen Schönheit und dem maurischen Puig von Ibiza, dieser uralten Stadt auf dem spitzen Felsen, waren wir überwältigt.

Die Vorfreude weckte unseren Entdeckergeist. Schnell gingen wir zu unserem Wagen. Es blieb gerade genug Zeit, das Verdeck runterzuklappen, und schon öffneten sich die großen Ladeklappen der Fähre, und wir folgten den anderen Wagen an Land.

Es war noch früh, aber die Sonne knallte bereits vom wolkenlosen Himmel, als wir entlang der Mole zum Hafenausgang fuhren. Links ging es zur Plaza, wo wir unser Cabrio unter einer Dattelpalme parkten. Wir nahmen Platz im Straßencafé des Montesol Hotels und bestellten Milchkaffee, Schinkenomelettes und süße, weiche Ensaimada-Brötchen.

Das Montesol war damals der Tagestreffpunkt Nr. 1 der Insel. Hier saßen schon am frühen Vormittag Aussteiger, Lebenskünstler und Hippies. Schillernde Leute, die mit ihren kunterbunten Klamotten und Frisuren auf die Neuankömmlinge eine starke Anziehungskraft ausübten.

Einer von ihnen fiel uns besonders auf. Er war schlicht gekleidet, Jeanshemd und Bluejeans. Seine Haut war rotbraun und seine hellen, rötlichen Haare fielen ihm über die Schultern. Um seinen Tisch bildete sich ein Kreis junger Leute. Viele der Passanten hielten an und plauderten mit ihm.

„He, Peter! Wir haben Dich im Glorys vermißt“, hörten wir einen Mann mit einem tibetanischen Käppchen und schwarzen Zöpfen im Vorbeigehen rufen.

„Eine verfluchte Grippe!“ rief Peter zurück und grinste. „Alkohol hilft Keime töten“, er hob das Cognacglas, das neben seiner Kaffeetasse stand, und leerte es mit einem Schluck.

Wir schauten diese wilden Typen bewundernd an. Mit ihren ausgewaschenen Jeans und von der Sonne gebleichten Haaren, die sie lang und teilweise zu Pferdeschwänze gebunden trugen, schienen sie uns der Inbegriff von Freiheit.

„Jean, das ist unser Platz! Wir werden uns hier wohl fühlen“, sagte ich begeistert.

Die Überfahrt hatte uns Appetit gemacht. Während des Essens schauten wir hinaus auf die weite Plaza, bepflanzt mit exotischen Blumen und Bäumen. Darüber flogen kleine Vögel, die zirpend ausschwärmten und in den hohen Palmen landeten. Rundherum gab es antike, weißgekalkte Geschäftsgebäude mit dicken Wänden, roten Ziegeldächern und massiven Holztüren und Fensterläden. Rostige, zerbeulte Seats kreisten um das Rondell und versuchten, einen der wenigen Parkplätze zu ergattern.

Im Vergleich zu der hektischen Geschäftigkeit der Großtadt, an die wir gewöhnt waren, schien uns hier alles ruhig und geruhsam zuzugehen.

Rrr-rur-rumm! Eine chromblitzende, schwarze Harley-Davidson fuhr vors Montesol. Der große, blonde Fahrer stieg lässig ab, zog seine Lederjacke aus und verschloß sie im Seitenkoffer. Ich konnte meinen Augen kaum trauen: Wolf Schmidt!

Wolf erkannte mich ebenfalls und kam zu uns ins Café.

„Adi! Was machst Du auf Ibiza?“ fragte er und schüttelte mir die Hand.

Ich stellte ihn Jean vor und bat ihn, Platz zu nehmen. Ich ließ ihn seinen Kaffee bestellen und erklärte mit ein paar Worten, wie wir hier gelandet waren.

„Ich bin schon seit einem Jahr auf der Insel. Junge, Junge, ist die Welt klein“, wunderte er sich. „Nur daß

Du Bescheid weißt", seine Finger klopften nervös einen Trommelwirbel auf den Tisch, „ich heiße hier Rolf . . . Rolf Weipert. Da war so eine komische Geschichte in Deutschland. Du verstehst, Adi", grinste mich Wolf an.

Ich nickte und dachte mir meinen Teil. Er sprang auf und ging zu seinem Motorrad. Aus einer Seitentasche nahm er eine Broschüre und kam damit zurück.

„Ich habe in der Nähe von San Antonio einen Berg gekauft. Da baue ich zur Zeit meinen Club Tortuga. Ferienhäuser für deutsche Touristen. Komm mal vorbei", sagte er und reichte mir einen Farbprospekt.

Es war eine geschmackvolle Broschüre mit farbigen Plänen einer Wohnanlage, mit Clubhaus, Tennisplätzen und Swimmingpools. Das Gelände war von rohen Steinmauern umgeben und mit prächtigen Zierpalmen bepflanzt.

„Ich habe im ibizenkischen Stil gebaut: rohe Felssteine, flache punische Dächer, weiße Mauern und nur echtes Sabina-Holz, dazu die modernsten sanitären Einrichtungen", erzählte er über seine Anlage.

Während er konzentriert seine Geschäfte schilderte, schaute ich ihn mir genau an. Es schien ihm gut zu gehen. Er trug teure Lederklamotten, eine goldene Rolex und mehrere dicke Goldketten um den Hals. Auf muskulösen, sportlichen Motorradfan getrimmt, sah er eindrucksvoll aus. Dazu kam seine schwere Harley-Davidson. Trotzdem störte mich etwas an ihm. In seinem Gesicht war etwas Brutales, ein Grinsen um seinen Mund, das einem Angst machte. Ich dachte an unsere gemeinsame Zeit bei der Bundeswehr, an unseren Sommer in Paris; schon damals hatte sich ja im Grunde sein krimineller Werdegang abgezeichnet.

Halbausgedachte Fluchtmöglichkeiten schossen mir durch den Kopf. Diese berüchtigte Bekanntschaft schien mir hier auf Ibiza sehr entbehrlich, und ich wünschte, ich hätte ihn nie getroffen.

„Du mußt mich unbedingt besuchen. Ich zeig' Dir meine Siedlung. Dein fachmännisches Urteil kann mir sicher weiterhelfen“, sagte Wolf und gab mir seine Visitenkarte.

„Das klingt alles sehr interessant. Natürlich kommen wir vorbei“, log ich. „Jetzt müssen wir uns aber leider verabschieden. Wir sind heute erst mit der Fähre gekommen und müssen noch allerhand erledigen, vom Geldumtausch bis zum Autoabstellplatz.“

„Außerdem haben wir noch kein Hotel“, ergänzte Jean, die ahnte, daß ich schnellstens von ‚Rolf Weipert‘ wegwollte.

Wir fuhren zu einem Strandhotel im Stadtteil Figuretas. Auf dem Weg dorthin erzählte ich Jean von Wolf und mir aus vergangenen Tagen und von meinem Entschluß, ihn zu meiden.

„Er hat seinen Namen geändert. Das heißt, er hat etwas zu verbergen“, sagte ich. „Vielleicht sucht ihn sogar die Polizei. Es ist besser, wir halten uns von ihm fern.“

Das Hotel Maritimo gefiel uns auf den ersten Blick. Es war im altspanischen Stil erbaut und jedes der geräumigen, modernen Zimmer hatte einen Balkon zum Meer hin. Wir mieteten uns auf unbestimmte Zeit ein. Jetzt waren wir endlich ohne Geschäfts- und Haushaltspflichten. Urlaub für immer ... bis zum Lebensende.

Braungebrannt und gut erholt sahen wir bald aus wie andere fröhliche Urlauber. Aber die müssen nach den Ferien wieder nach Hause, dachten wir selbstgefällig. Wir nicht! Soweit hatte uns die Schinderei in Frankfurt immerhin gebracht.

Die Wochen vergingen, und wir kannten uns immer besser auf Ibiza aus. Wenn wir nun im Montesol frühstückten, grüßten auch wir den Glorys-Peter. Wir wußten, daß er der Manager der Prominentenbar in der Glorys Disco war. Außerdem schrieb er eine vielgelesene Kolumne in der Inselzeitung und berichtete über die berühmten Leute, die einen Drink bei ihm nahmen. Peter war dadurch selber zum Inselprominenten geworden. Wir wußten seine Stellung zu würdigen, saßen am Nebentisch und nahmen an den lebhaften Unterhaltungen teil, die jeden Morgen dort bei Kaffee und Cognac stattfanden.

Die Nachmittage verbrachten wir am großen Strand von Salinas, am südlichsten Zipfel der Insel. Dort breiteten wir unsere ibizenkischen Strohmatten auf dem feinen, weißen Sand aus und verbummelten die Zeit mit Schwimmen und Sonnenbaden. Tagelang, wochenlang, monatelang ... Oder wir unternahmen, mit der Landkarte auf dem Schoß, Entdekkungsreisen; vom geschäftigen, bereits vom Tourismus zerstörten San Antonio bis zum kleinen, ungestörten San Augustin mit seiner maurischen Kirche und den Fincabauernhäusern, umgeben von Palmen und Kakteen. Wir entdeckten das Fischerdorf Santa Eulalia, wo die Engländer ihre Bloody Marys bei

Sandys tranken, und die Bodega von Santa Gertrudis, wo sich die Hippies trafen und die geräucherten Schinkenbrötchen so herrlich schmeckten.

Im Landesinnern trugen die Frauen noch Trachtenkleider und kochten über offenem Feuer in rauchgefüllten Küchen, deren riesige Abzüge nach draußen führten. Großfamilien wohnten zusammen unter einem Dach, und die Großmütter saßen den ganzen Tag auf einem Feldstein und bewachten die Ziegenherde. Runde, duftende Bauernbrote wurden im Dorfgemeinschaftsofen gebacken und sogar die wohlhabenden, am Tourismus reich gewordenen Bauern fuhren hier noch mit einem Pferdewagen auf Feldwegen zu ihren Höfen.

Die Einwirkungen der Neuzeit waren allerdings auch überall zu sehen. Neue Stadtteile ohne Infrastruktur zersiedelten die Landschaft. Schnell hochgezogene Hotels und Apartmentgebäude waren Sinnbilder brutalster Zerstörung. Aber wir waren nicht zu kritisch. Uns gefiel alles, das Neue wie das Alte.

Wir suchten die kleinen, versteckten Strände, die überall an der Küste waren, die guten, preiswerten Landrestaurants, die schwarze, in Wein eingelegte Oliven und dicke Scheiben Bauernbrot mit Öl und Knoblauch zur gegrillten Lammkeule servierten. In der Altstadt von Ibiza aßen wir in den engen Restaurants am Hafen. Damals kostete ein Menu – Fisch, Huhn, Kaninchen oder Paella – samt Weißbrot und einer Flasche Wein umgerechnet nur ein paar Mark.

Nach besonders heißen Sommertagen gingen wir abends zur Meile, der Hauptstraße der Altstadt – hier gab's den meisten Rummel. *Die* Bar der Saison hieß

El Rhino und hatte ihre Außentische direkt an der Mole.

Hier tauchten wir gut gelaunt in eine mondäne, von Nobelmarken wie Gucci, Polo, Lacoste und Cartier beherrschten Menge internationaler Urlauber ein. Die gut Betuchten und Prominenten hatten die Insel entdeckt, und man stolperte dauernd über Berühmtheiten wie Gunther Sachs, Ursula Andress, John und Bo Derek, Caroline von Monaco, Nikki Lauda . . .

Für unbedarfte Leute wie wir waren das aufregende Zeiten!

Wenn uns die Meile zu „vertouristet" schien, schlenderten wir einige Gassen weiter zum Residententreff La Nada. Da hingen wir unzählige Abende rum, inmitten des Inselvolks, einem wilden Gemisch. Alle trugen lässige, stark abgewetzte Aussteigerklamotten, staubige Cowboystiefel und fuhren uralte Schrottautos.

Hier tauschten wir eifrig den neuesten Inselklatsch und die wichtigsten Überlebenstips für den ibizenkischen Alltag aus.

Wir hatten uns gerade gut auf der Insel eingelebt, als etwas passierte, das unser Leben radikal ändern sollte. Eines Abends, wir kamen erst spät vom La Nada zurück, hatte sich eine Gruppe betrunkener Touristen im Nebenzimmer eingemietet. Laut und rücksichtslos feierten sie die Nacht durch. Am nächsten Morgen saßen wir mißgelaunt und unausgeschlafen mit müden Augen im Montesol.

„Es wird Zeit, daß wir ein Haus mieten oder kaufen", sagte ich zu Jean. „Wir brauchen unsere Ruhe."

Wir wollten keine Schulden machen, deswegen widerstanden wir der Versuchung, ein Haus am Meer oder eine Finca mit Land zu kaufen. So romantisch wir diese Häuser auch fanden – sie waren für uns im Moment unbezahlbar. Also hielten wir nach preiswerten Ferienhäusern Ausschau. Vor dem Zusammenbruch des spanischen Immobilienmarktes waren viele solcher Häuser gebaut worden, die jetzt leer standen und zum Verkauf angeboten wurden. Sie befanden sich zwar auf Minigrundstücken, lagen oft aber an malerischen Berghängen mit einer atemberaubend guten Aussicht.

Unsere Wahl fiel schließlich auf eine kleine spanische Villa, die hoch und einsam an einem Felsen über der Cala Llonga-Bucht thronte und umgeben war von Mandel-, Zitronen- und Feigenbäumen. Das Wohnzimmer lag in der oberen Etage und hatte einen offenen Kamin aus Backsteinen. Die riesige Terrasse ragte über den Berghang hinaus.

Als wir zum erstenmal auf die Terrasse traten, hat uns die Aussicht schier umgehauen. Zu unseren Füßen fiel die Felswand steil in ein tiefes Tal, das in zwei Meeresbuchten mündete. Gegenüber sah man die majestätischen Ausläufer einer bizarren Gebirgskette.

Auch die Innenausstattung der Villa mit gebrannten Ziegeln, Keramikfliesen und massiven Holzarbeiten gefiel uns sehr.

„Alles echtes Sabinaholz, da geht kein Holzwurm ran, weil es so hart ist“, meinte Juan Roberto, der Kioskbesitzer am Cala Llonga-Strand, dessen Familie das Haus gebaut hatte.

„Das Haus hat Elektrizität und sogar eine eigene Zisterne“, fügte er stolz hinzu. Dem sofort einsetzenden Brummen der Wasserpumpe in der Zisterne folgte ein Plätschern im Wasserbehälter auf dem Dach. Juan untermalte dieses Geräusch mit einem befriedigenden Nicken.

Wir kauften sofort, denn der Preis von umgerechnet 55.000 Mark war eher ein Trinkgeld für diese handwerklich solide Villa in herrlichster Lage.

Kurz danach zogen wir ein. Für den Anfang erstanden wir ibizenkische Strohmöbel. Damit ließ sich erst einmal bequem leben. Dennoch malten wir uns täglich aus, wie schön sich unsere, in Frankfurt eingelagerte, antike Einrichtung in diesem Haus machen würde.

Ich beschloß einen Monat später, allein nach Frankfurt zu fliegen. Dort kaufte ich einen alten, billigen Transporter, lud unsere gesamte Habe ein und fuhr nach Ibiza. Es war wie Weihnachten, als ich mit dem Laster eintraf!

Beim Ausladen entdeckten wir viele Sachen, die wir fast schon vergessen hatten und die wir hier auf der Insel gut gebrauchen konnten. Da waren zum einen unsere erstklassige Stereo-Hifi-Anlage und die vielen Bücher, zum anderen die Nautiquitäten und Schiffsgemälde. Auch Jeans schwarze Saga-Nerzstola und die bescheidenen Schmuckstücke, die sie von ihrer Mutter geerbt hatte, brachte ich mit.

Die Vorderlader- und Steinschloßwaffen hängten wir über den Kamin, und auf dem Kaminbrett breiteten wir unsere Sammlung antiker, silberner Dosen aus. Die Sesselgarnitur, das Kapitänstischchen und die Messinglampen gruppierten wir um die Perserbrücken, die vor dem Kamin lagen. Endlich hatten wir wieder ein gemütliches Heim, dekoriert mit wertvollem, antiken Mobiliar.

Den Transporter verkaufte ich mit gutem Gewinn an eine Baghwan-Kommune, die nach Deutschland zurückzog, weil dort die Spenden üppiger waren.

Nun blieben wir meistens morgens zuhause und frühstückten auf der Terrasse. Wir rückten unsere gepolsterten Korbsessel an die Ballustrade und schauten in die schwindelerregende Tiefe oder hinaus auf die gigantische Gebirgslandschaft. Den halben Tag verbrachten wir mit Gesprächen, Lesen und Musikhören.

Im *Diario de Ibiza* lasen wir immer häufiger über die Zunahme von Diebstählen auf der Insel, die von organisierten Banden durchgeführt wurden. Bevorzugte Objekte waren Ferienvillen, weil die Diebe dort mehr Bargeld, Stereo-Anlagen und Fernseher vermuteten als bei den Einheimischen.

„Unser Haus liegt sehr einsam, Jean“, bemerkte ich eines Morgens, als ich wieder einen Artikel darüber las. „Früher oder später wird man es auch bei uns versuchen. Dagegen müssen wir uns schützen.“

Ich ließ handgeschmiedete Fenster- und Türgitter von Juans Vater anfertigen. Der alte Roberto schlug tagelang Löcher in die Wände und mauerte sie schließlich ein. Er arbeitete gerade am letzten Türgitter, als wir mittags vom Schwimmen aus der Cala Llonga-Bucht kamen.

Jean wollte ihre Omega-Weißgold-Uhr anlegen, konnte sie aber nicht finden.

„Ich weiß genau, daß ich die Uhr im Schrank versteckt habe“, sagte sie aufgeregt. „Ich habe schon überall gesucht.“

Ich half ihr und stellte bei der Suche fest, daß mein neues Radio mit Kassettenrecorder ebenfalls verschwunden war.

„Jemand muß im Haus gewesen sein!“ sagte ich erschrocken.

Fieberhaft überprüften wir alle Räume, aber sonst schien nichts zu fehlen. Allerdings bemerkten wir Beschädigungen am Holzrahmen der noch unvergitterten Balkontür. Dort waren die Diebe offenbar reingekommen. Was für ein Hohn: Gerade als wir dabei waren, uns gegen Diebstähle zu sichern, erwischte es uns. Als Señor Roberto von der Siesta zurückkam, erzählte er uns, er hätte am Vormittag jemanden durch den Garten laufen sehen.

„Un Estranjero“, meinte er, einen Ausländer.

„Das war wohl der Dieb“, sagte ich und war froh, als er das letzte Gitter einmauerte.

An diesem Abend machten wir ein Feuer im Kamin, saßen auf dem Ledersofa, mit einem Glas Wein in der Hand, und schauten erleichtert auf Schiffsgemälde, Silberdosensammlung und die anderen Antiquitäten.

„Ein Glück, daß nicht mehr fehlt“, sagte ich.

„Meine Uhr allerdings ist schon ein herber Verlust“, jammerte Jean.

„Mach Dir nichts draus. Ich kauf’ Dir zu Weihnachten eine neue“, versprach ich, und nach dem zweiten Glas Carta fühlten wir uns wieder wohl.

Unser Haus über der Bucht von Cala Llonga war nur ein paar Kilometer von Ibiza Stadt entfernt. Oft fuhren wir nach einem ruhigen Tag zuhause oder am Strand zum La Nada, wo wir jetzt viele ausländische Residenten als alte Freunde begrüßen konnten.

Wir hörten gern zu, wenn Heino, der deutsch-argentinische Wirt, beim Bierzapfen und Würstchenbraten lustige Anekdoten erzählte, etwa über frühere Zeiten, als Touristen noch selten waren und die boatpeople auf ihren heruntergekommenen Kähnen direkt im Hafen von Ibiza wohnten. Dabei wechselten wir auch mit seiner Freundin Helma ein paar Worte, die immer vorn an der Theke saß und auf ihn aufpaßte, denn Heino war ein ziemlicher Schürzenjäger.

Fast jeden Abend saß auch Hunde-Rainer mit seiner dänischen Freundin Maya und seinem ibizenkischen Windhund an Heinos Kamin. Sie wohnten in einer Finca, ohne Elektrizität und Wasser, und bauten ihr altes, hölzernes Segelschiff aus. Bald wußten wir alles über ihren Plan, mit dem klobigen 14-Meter-Kahn rund um die Welt zu segeln.

Auch Walther, der deutsche Autoschlosser, schaute ölverschmiert nach Feierabend auf einen Hierbas-Kräuterlikör rein. Er brachte uns zum Lachen, wenn er wieder von einem armen Touristen berichtete, der mit eigenem Mercedes angereist war und das Pech hatte, auf der Insel seinen Wagen reparieren lassen zu müssen. Eine gut geführte Mercedes-Werkstatt war Walthers Laden nicht gerade. Da geschah manches Merkwürdige mit den Autos der Kunden, aber wir sahen darüber hinweg, denn als Freunde wurden wir bei ihm immer gut bedient.

Viele Lebenskünstler, so der gut aussehende Herzensbrecher Windsurf-Chris oder Millionen-Dirk, der von seiner zukünftigen Riesenerbschaft träumte, verkehrten regelmäßig im La Nada.

Eines hatten diese sonst sehr extremen Individualisten gemeinsam: Finanziell kamen sie nicht besonders gut klar. Es war für Ausländer sehr schwierig, eine angemessene Tätigkeit auf der Insel zu finden. Sie fühlten sich von den lauten Neureichen, den Luxus-Urlaubern und protzigen Yachtbesitzern auf „ihrer" Insel gestört. Oft schimpften sie auf diese eingebildeten Schickeria-Affen, die dabei waren, die guten alten Ibiza-Tage für immer auszulöschen. Aus ihrer Sicht hätten wir auch zu dieser Clique gehört, deshalb redeten wir nie von unserem Einkommen, paßten uns unauffällig an und pflegten unser Aussteigerimage.

Dabei sollten wir bald Unterstützung erhalten: zu Neujahr bekam ich Besuch vom Zollamt wegen meines Mercedes-Cabrios. Das unverzollte Fahrzeug war schon zu lange in Spanien. Innerhalb von sieben Tagen mußte ich es aus Spanien rausschaffen.

„Sonst wird es öffentlich versteigert", belehrte mich der Beamte.

Und so brachte ich mein geliebtes Auto auf die Fähre nach Barcelona und fuhr die Nacht durch bis Frankfurt. Ich verkaufte den Wagen an einen Händler und kehrte zwei Tage später per Europabus zurück.

Von Walther erwarb ich einen schrottreifen spanischen Ami-Dodge. Der hatte zwar riesige Rostlöcher und eine der Türen war mit Draht zugebunden, weil das Schloß fehlte, aber er fuhr wie der Teufel und war robust wie ein Panzer.

Von nun an juckelte ich mit dieser alten Karre auf der Insel rum, in alten Jeans, Wrangler-Sweatshirt, abgeschabten Cowboystiefeln und mit langen Haaren. Das unrasierte, dunkelgebrannte Gesicht versteckte ich hinter einer Sonnenbrille und sah nun genauso obskur aus wie die anderen La Nada-Typen.

Ibiza war für Deutsche zu einem beliebten Urlaubsziel geworden. Viele Bekannte aus Frankfurt, so auch Zeitarbeit-Schulz und Telly Goldstein, besuchten uns neugierig, die wir jetzt so ein wildes, interessantes Aussteigerleben führten, und klagten ihr Leid vom harten Arbeitsleben.

Wir fuhren mit ihnen zu den schönsten Stränden, aßen in den guten Landrestaurants und machten die Nächte auf der Meile und im La Nada durch. Telly kaufte sogar ein Ferienhaus in der Nobelanlage Can Furnet, wo wir ihn manchmal besuchten. Er nahm uns dann zu den wilden Partys seines Nachbarn mit, des Königs von St. Pauli.

Obwohl wir vor gar nicht langer Zeit diesen Leute noch sehr ähnelten, waren sie für uns jetzt gierige „Geldmacher“.

Ende März, bevor die große Hitze einsetzte, fuhren wir eines Tages zum Hippie-Markt in Punta Arabi und wollten uns einen schönen, unterhaltsamen Nachmittag machen.

Einige hundert Hippies, Künstler und Aussteiger in farbenprächtigen Klamotten boten hier ihre Waren an. Wir schlenderten gemütlich von Stand zu Stand und schauten uns die Kunstgewerbeartikel an. Es gab selbstgemachte Batikhemden, gestickte Kissen, Holzspielzeug, hausgebackene Kuchen, wilden Honig und viele andere bunte und leckere Sachen.

Besonders interessant waren die Modestände mit ihren selbstgenähten Sommerkleidern und langen Röcken, die sanft in der Brise wehten. Überall auf der Insel wurden diese bequemen und preiswerten Sachen getragen.

Als ich in einen der Stände hineinschaute, stand dort eine schwarzhaarige Frau, mit dem Rücken zu mir, vor einem reichgeschnitzten, antiken Spiegel. Sie probierte ein Fetzenkleid mit aufgenähten Aluminiumplättchen an. Ihre langen, pechschwarzen Haare bedeckten fast ihren Rücken.

Hinter ihr, auf dem Boden, stand eine geflochtene Ibizenko-Strohtasche mit langen Henkeln. Ein silbernes Radio mit Kassettenrekorder ragte heraus – und sah genau so aus wie das, das mir geklaut worden war. Und es hatte auch die Schramme an der Seite!

„Jean, guck mal! Das ist mein Radio!“ schrie ich und nahm es in die Hand.

Die Frau im Fetzenkleid drehte sich langsam um. Vor mir stand Tara, die schöne Südländerin, mit ihrer goldenen Maske!

Sie lächelte mich an und sagte ganz ruhig: „Meinen Sie? Ich habe das Radio gerade eben hier auf dem Markt gekauft.“

Sie zeigte mit ausgestrecktem, reifenbestückten Arm auf einen Bilderhändler im Stand gegenüber.

„Der dort, der mit den antiken Stichen, hat es mir verkauft“, rief sie nun mit schriller Stimme.

Mit dem Radio im Arm lief ich zum Händler. Er war ein Deutscher, den ich vom Sehen kannte: Dieter, das Narbengesicht!

„Du hast dieses Radio verkauft? Es ist bei einem Einbruch in meinem Haus geklaut worden“, sagte ich und hielt ihn am Arm fest, damit er nicht entwischen konnte. „Ich fahre jetzt direkt zur Guardia Civil und zeige Dich an. Von der Insel kommst Du nicht so schnell weg. Du weißt, die Guardia macht kurzen Prozeß mit Dir!“ brüllte ich erregt.

„Halt mal, halt mal“, sagte er erschrocken und guckte dabei zu Tara.

Die lächelte, nickte ihm zu und verschwand zwischen den Ständen.

„Das Radio habe ich selber von einem Bekannten gekauft. Wenn Du mich der Polizei meldest, ist das Scheiße, da habe ich allerdings echten Ärger, weil, weil . . .“, stotterte er. „Ich hab’ noch ’ne unerledigte Sache mit der Polizei in Deutschland am Hals. Mensch, ich hab’ Frau und Kind. Ich hab mir gerade eine Existenz hier auf der Insel aufgebaut, und da kommst Du mit so ’nem Scheiß! Kannst mir doch nicht alles kaputt machen. Ich hab’s ehrlich nicht geklaut“, seufzte er weinerlich.

Da kam mir eine Idee.

„Zusammen mit dem Radio wurde uns auch eine Omega-Weißgold-Damenuhr gestohlen. Wenn Du mir die Uhr morgen bis elf zurückbringst, gehe ich nicht zur Polizei.“

Ich schrieb ihm meine Adresse auf, nahm Jean beim Arm und ging, ohne mich noch einmal umzudrehen, zum Parkplatz.

„Immerhin haben wir das Radio zurück“, sagte Jean.

Ich aber dachte über den merkwürdigen Zufall mit Tara nach und erzählte Jean von meiner Begegnung mit ihr und auch von dem Zeitungsartikel, den ich über die Bandenchefin mit der goldenen Maske gelesen hatte.

Am nächsten Morgen klingelte es früh um sieben. Draußen stand Dieter mit seinem Mofa, vorn im Sitz ein Kind, das er beschützend festhielt. Er langte in die Brusttasche seines Hemdes und zog Jeans Omega-Uhr heraus.

Mit den Worten: „Du glaubst gar nicht, was für ein Glück wir haben. Mein Bekannter hatte sie noch,“ reichte er sie mir und bat mich, nichts der Polizei zu melden.

„Die Sache ist vergessen. Ich habe die Uhr zurück“, war meine Antwort, und ich gab ihm einen Klaps auf die Schulter.

Gleich nach unserer Ankunft hatte ich mir eine Angel gekauft. Doch dann stellte ich fest, daß das Meer rund um die Insel nahezu tot war. Das lag an der noch immer praktizierten Dynamitfischerei und Harpunenjagd. Nur dort, wo das Wasser leicht verschmutzt war, gab es noch Fische, vor allem Lisas. Das sind schlanke Aasfresser, die mit ihren silbernen Schuppen an der Seite und dem blauschwarzen Rükken Heringen sehr ähnlich sehen.

Meistens ging ich in der Bucht von Cala Llonga auf Lisafang. Dort saß ich stundenlang auf einem Felsen und ließ mich von der Sonne verwöhnen. Mit kühlen

Getränken und einem Sandwich machte ich's mir bequem. Das einzige Geräusch kam von der nie endenden Bewegung des Meeres und von einer leichten Brise, die sanft durch die Pinien strich.

Angeln wurde zur wahren Leidenschaft für mich. Manchmal, wenn ich auf meinem Felsen saß, auf's Meer schaute und angelte, dachte ich an all die lausigen 8-Stunden-Tage, die ich früher im Büro verbracht hatte. Da wünschte ich, daß sich mein Leben nie mehr ändern sollte.

Man konnte fast das ganze Jahr über im Meer baden. Aus beruflichen Gründen hatte ich körperliche Betätigung jahrelang vernachlässigt und versuchte nun, das jetzt nachzuholen. Schwimmen war mir zu langweilig, also fing ich an zu schnorcheln.

Ausgerüstet mit Maske, Schnorchel, Flossen und Harpune ging ich jeden Nachmittag für eine Weile ins Wasser. Von einem weit ins Meer ragenden Felsen sprang ich hinein, schwamm am felsigen Ufer entlang und versuchte, die Fische mit der Harpune zu treffen.

Das kostete viel Kraft; zugleich mußte ich verhindern, von den Wellen an die scharfkantigen Felsen geworfen zu werden. Nach so einem Nachmittag ruhte ich mich auf der Terrasse aus, trank eine Tasse Kaffee und hörte im Radio die deutschsprachige Sendung „Radio-Pitiusas". Der Sprecher stotterte oft unprofessionell herum, aber er brachte deutsche Nachrichten, gute Platten und viel Inselklatsch. Dabei entspannte ich mich und fühlte mich sehr wohl.

Von dem Inhaber der Bar del Mar am Cala Llonga Strand kauften wir ein altes Fischerboot mit zwei Holzrudern und einem 5-PS Motor. Dazu gehörte eine hölzerne Slipanlage, etwas seitlich von der Bar, mit der wir das Boot zu Wasser lassen konnten. Wir unternahmen nun öfters Tagesausflüge, fuhren nach Santa Eulalia, einem alten Fischerdorf, oder zum Ibiza-Hafen.

Einmal, als das Meer ganz ruhig war, besuchten wir sogar Formentera und kamen erst in der Abenddämmerung zurück. Es war ein unvergeßliches Erlebnis, stundenlang auf der spiegelglatten See zu fahren, nur begleitet von ein paar Seemöven. Wir konnten in der Ferne große Segelyachten, Fischerkähne, Katamarane und vereinzelte Windsurfer sehen. Sie schienen uns weit, weit weg. Wir fühlten uns, als wären wir allein auf dem offenen Mittelmeer – und Afrika näher als Europa.

Oft unternahmen wir diese weiten Touren allerdings nicht. Meistens packten wir unsere Badesachen und tuckerten Richtung Pebble Beach, einer einsamen Bucht, die nur vom Meer aus erreichbar war.

An einem schönen Morgen steuerte ich das schwerfällige Boot zwischen zwei hohen Steinfelsen in eine fast kreisrunde, azurblaue Bucht. Jean stieg mit der Badetasche aus, das Wasser war hier flach. An Land rollte sie eine Strohmatte aus und legte sich drauf. Die Geckos waren an diesem Tag besonders lästig. Sie kannten keine Menschen und folglich auch keine Scheu. Einige krabbelten auf Jeans Matte und einer lief ihr sogar übers blanke Bein.

Mit einem Schrei fuhr sie erschrocken auf! Sie versuchte, die kleinen Biester zu verscheuchen, aber die kehrten immer wieder gleich zurück. Allmählich, als sie die Vergeblichkeit dieses Unterfangens einsah, fand sie Gefallen an den niedlichen Tierchen. Sie gab das Sonnenbaden auf und brach stattdessen Stückchen von meinem Köderbrot ab und versuchte, die Geckos zu füttern.

In der Zwischenzeit hatte ich in der Mitte der Bucht das Boot geankert und sprang wagemutig ins tiefe Wasser, um zum Strand zurückzuschwimmen. Als ich auftauchte, sah ich zwei riesige Fische vom offenen Meer her auf mich zurasen. Haie?

Hastig und in Todesangst schwamm ich zum Boot zurück und zog mich mit letzter Kraft die Badeleiter hoch. Entsetzt starrte ich auf die gewaltigen Fischleiber, die am Boot vorbeisprangen. Es waren Delphine. Trotzdem war es ein Schreck fürs Leben!

Außer Atem rief ich Jean zu: „Guck mal, da sind Delphine!“

Jean blickte von ihrem Spiel mit den Geckos auf. Aber das grandiose Naturschauspiel und mein Kampf auf „Leben und Tod“ waren schon vorüber. Die Delphine waren längst untergetaucht und auf dem Weg zurück ins offene Meer.

In den Cafés und Bodegas der Insel lernten wir laufend interessante Leute kennen. Anfangs luden wir sie auch in unser Haus ein, aber das änderte sich schnell, als wir merkten, daß die Insel mit Gangstern, Räubern und sogar Mördern bevölkert war!

Eines Tages wurde uns das schlagartig klar: Wir fuhren zum Strand von Salinas, weil uns zu Ohren gekommen war, ein Deutscher hätte dort einen Imbißstand aufgemacht. Wir setzten uns an einen der runden Holztische mit Strohdach und schauten auf die unruhigen, vom Sturm aufgepeitschten Wellen. Am Nebentisch saß eine Gruppe Studenten. Sie redeten lautstark und tranken Sangria aus großen Gläsern, die mit Orangen- und Zitronenscheiben dekoriert waren, und wirkten ziemlich angeheitert.

Wir bestellten dasselbe und Günther, der Wirt, ein bärtiger Mann, barfuß, in T-Shirt und Badehose, brachte uns die erfrischenden, kalten Getränke und setzte sich für eine kurze Weile an den Nebentisch.

Einer der Studenten sagte: „Der Wind steht jetzt günstig. Wir surfen nach Formentera."

„Seid vorsichtig! Die Wellen sind sehr hoch", rief Günther ihnen nach.

Wir schauten zu, wie sie ihre Surfbretter ins Wasser schoben, die bunten Segel aufrichteten und vom Wind schnell aufs Meer hinausgetragen wurden. Sie schossen wie Rennboote über die Wellenkämme.

Günther drehte sich zu uns. „Die leben gefährlich!" meinte er und schüttelte den Kopf.

„Wir haben ein sicheres Fischerboot mit 5-PS und sind damit einmal nach Formentera gefahren. An dem Tag war das Meer sehr glatt, aber es dauerte trotzdem ewig. Das ist 'ne Mordsstrecke", sagte ich.

„Sollte man trotzdem nicht. Das mindeste, was Du haben mußt, sind 100-PS und einen zweiten Motor für den Notfall. Und trotzdem kann da immer noch genug passieren", sagte er bestimmt. „Gerade letzte Woche ist der Apotheker von Figuretas in seinem Cigarette-Boot nach Tago Mago gefahren, mit Frau und Kindern an Bord. Keiner von denen wurde je wieder gesehen."

Ich dachte an die Windsurfer und daran, wie elegant und schnell sie über die Wellen ritten, und sehnte mich danach, auch so rasant dahingleiten zu können.

„Es wird Zeit, daß wir uns ein Fiberglasboot mit starkem Motor zulegen", sagte ich zu Jean. „Unseren 5-PS Außenborder könnten wir dann als Zweitmotor benutzen."

Günther, der still vor sich hinzubrüten schien, sagte plötzlich: „Ich habe ein Glastron-Wasserski-Boot mit 100-PS. Es ist mit einer verbogenen Schraube gerade in Reparatur. Mit dem neuen Laden bin ich momentan so pleite, daß ich es nicht auslösen kann." Er seufzte sorgenvoll. „Schaut's Euch an. Ich würde es günstig abgeben."

Was für ein Zufall! Ich konnte meine Aufregung kaum verbergen.

„Bist Du sicher, daß Du es verkaufen willst?" fragte ich vorsichtig.

„Mir bleibt nichts anderes übrig", antwortete er trocken. „Hier ist die Adresse der Marina." Er schrieb sie auf einen Bierdeckel und gab ihn uns.

Als wir das Boot dann sahen, waren wir begeistert und verliebten uns gleich in das Glastron, das türkis und weiß strahlte. Mit dem vielen Chrom, einem richtigen Steuerrad, Bordradio und Tiefenmesser war es etwas ganz anderes als unser Fischerboot. Ich wollte es unbedingt besitzen – bloß konnte ich Günther nicht mehr finden. Als wir zum Imbißstand fuhren, war der geschlossen und Günther spurlos verschwunden.

Ein paar Tage später saß ich mit Helmuth, einem pensionierten Makler aus Hamburg, und Jürgen, einem abgebrochenen Banklehrling, der neu auf der Insel war, im La Nada.

Helmuth und ich informierten Jürgen über die Feinheiten des Insellebens: wie man einen Aufenthaltsstempel bekommt, welche Farben auf antiken Hausfassaden am besten halten, wie die hauseigene Zisterne zu säubern ist, damit man immer gutes Trinkwasser hat.

Ich fragte die beiden, ob sie etwas von Günther gehört hätten; hatten sie nicht. Heino, der uns gerade frische Biere servierte, hatte meine Frage mitgekriegt.

„Günther haben sie letzte Woche nach Palma in den Knast abgeschoben“, klärte er mich auf. „Er hat in Deutschland noch sechs Jahre abzusitzen.“

Augenblicklich schaute „Banklehrling“-Jürgen auf seine Uhr und brummte: „Großer Gott, es ist später als ich dachte.“ Er stand auf und ging.

„Du hast ihm einen Schrecken eingejagt“, grinste Heino. „Den suchen sie nämlich auch. Der ist zu drei Jahren verdonnert worden. Einbruch.“

Sechs Monate später führte die Hamburger Kripo meinen Freund Helmuth in Handschellen ab, weil er in Deutschland wegen Bigamie und Heiratsschwindels angeklagt war.

Günther, Jürgen, Helmuth – sie alle wollten sich auf Ibiza ein schönes Leben machen, versteckt am Ende der Welt. Aber auf einer kleinen Insel fallen Gauner schnell auf, früher oder später wurde fast jeder von ihnen erwischt.

Auch Heino wurde später vorübergehend des Landes verwiesen, wegen unbezahlter, weltweiter Telefonrechnungen, die seine Gäste heimlich in der Bar verursacht hatten. Das fand ich schade, denn er war ein guter Typ, und es war nicht seine Schuld.

Im nachhinein stellte ich fest, daß fast jeder, mit dem ich an diesem Abend im La Nada redete, von den Behörden als unerwünschter Ausländer oder Verbrecher später nach Deutschland abgeschoben wurde.

Wie ein Magnet zog Ibiza offenbar die schillerndsten Figuren an. Bei den länger weilenden jungen Residenten konnte man davon ausgehen, daß jeder zweite etwas auf dem Kerbholz hatte. Und weil es kaum Arbeitsgenehmigungen für Ausländer gab, ging vielen Hippies und Aussteigern schnell das Geld aus, sie wurden dann kriminell. Andauernd wurde auf der Insel geraubt, geplündert und gestohlen. Die deutsche Konsulin mußte fast jeden Tag ins Gefängnis, um sich um die unter die Räder geratenen Deutschen zu kümmern.

Mit neuen Kontakten waren wir vorsichtig. Wir verkehrten nur noch mit den langjährigen Aussteigerresidenten, von denen jeder wußte, daß sie in Ordnung waren. Alle lebten locker in den Tag hinein. Deutschland war weit weg und alte Zwänge wurden schnell über Bord geworfen. Kaum einer rannte Statussymbolen oder Erfolgen nach. Erstrebenswert war nur der tägliche Spaß.

Ein weiterer beliebter Treff war Walthers chaotische Autowerkstatt. Der gutmütige Walther nahm jeden Reparaturauftrag an, egal welcher Wagentyp, welches Baujahr oder welche Art des Schadens. Er konnte einfach nicht nein sagen. Aber er war ein fauler Sack und schaffte seine Arbeit nicht. Also vertröstete er alle immer wieder erneut auf morgen.

„Der Anlasser meiner Ente funktioniert nicht“, kam einer aufgeregt in die Werkstatt. „Wir haben sie hierher abgeschleppt.“

„Paß auf, ich habe gerade zu tun“, erwiderte Walther ruhig, „warte in der Bar nebenan. Wenn ich fertig bin, komm’ ich rüber, und wir trinken ein Bier zusammen. Dann können wir darüber reden.“

Nach zwei Stunden kam Walther, freundlich grinsend, in die Bar, trank ein Bier, quatschte mit ihm und den anderen Kunden, die in seinem „Wartesaal“ einen hoben. Anschließend ging er mit einem vollen Glas Hierbas in der Hand zur Schadensbesichtigung.

Grundsätzlich sagte er: „Kein Problem, laß den Wagen stehen, morgen nachmittag kannst Du ihn abholen.“ Und der Kunde ging beruhigt nach Hause.

Das Auto war dann oft erst Wochen später fertig. Oder der verärgerte Besitzer holte es nach drei Wochen wieder ab, weil nichts daran gemacht worden war, und mußte dabei unter Umständen feststellen, daß einiges an seinem Wagen fehlte.

Wenn z. B. der Besitzer eines Renaults ein Rücklicht brauchte, Walther aber nebenan stundenlang in der Bar saß, konnte es passieren, daß er das nötige Werkzeug aus der Werkstatt nahm und das kaputte Rücklicht selbst ersetzte. Diese „Do-it-yourself-Methode“ breitete sich bei Walther immens aus. Bald fummelten ganze Gruppen mit Wagenhebern, Ersatzteilen, Werkzeugen oder Schweißgeräten an ihren Autos herum.

Trotzdem war Walther der König. Er löste die Probleme, indem er den Schaden fand, dem Kunden das richtige Werkzeug gab und ihm erklärte, wie die Reparatur zu machen war. Der war dankbar und reparierte seine alte Karre eben selbst. Das kostete fast nichts, lediglich einen Drink für Walther, der bereits wieder in der Bar nebenan saß.

Aber wenn ein ahnungsloser Tourist mit einem Schaden kam, holte Walther ein kompliziertes „Auftragsformular“ hervor. Da mußte der Pechvogel, wie beim Mercedes-Benz-Händler in Idar-Oberstein, Name, Ort, Telefonnummer, Wagentyp, Baujahr und andere Daten eintragen. Die ganze Bar lachte sich halbtot, wenn Walther das Formular entgegennahm und dem armen Teufel mitteilte, sein Wagen wäre „morgen mittag gegen halb zwölf abholbereit“.

An meinem alten Ami-Dodge waren sämtliche Lampen, Blinker und Spiegel aufgrund der vielen „Caminofahrten“ locker, weil jede Menge Schrauben fehlten. Also fuhr ich zu Walther, um ihm die Ohren vollzujammern.

Wie gewöhnlich saß er in der Bar nebenan. Glorys-Peter und Hunde-Rainer hatten auf einen Drink vorbeigeschaut und obwohl erst früher Nachmittag, herrschte dort schon eine Bombenstimmung.

„Weißt Du, Walther, der Wagen, den Du mir verkauft hast, fährt wirklich prima“, fing ich vorsichtig an, „es fehlen aber ein paar Schrauben.“

„Regeln wir alles, Junge“, meinte er beschwichtigend und lud mich zu einem Glas Hierbas ein.

Eine Stunde später gingen wir. Walther schaute sich meinen Wagen an, suchte in der Werkstatt herum und kam mit einem Schraubenzieher und einer verrosteten Schraube heraus.

„Das ist die richtige Größe", sagte er. „Jetzt gehst Du von einem Wagen zum anderen und schraubst von jedem eine passende Schraube ab. Aber nur eine, verstehst Du, damit keiner geschädigt wird."

Dabei machte er eine großzügige Armbewegung und grinste süffisant, bevor er in die Bar zurückkehrte.

Bei Walther fand auch ein reger Autohandel statt. Dieses Geschäft war damals in Spanien problematisch, weil es oft ein Jahr dauerte, bis der neue Besitzer den Wagen auf seinen Namen umschreiben lassen konnte. Deshalb wurden die Wagen bei ihm ohne vollständige Papiere verkauft.

Fälle dieser Art häuften sich, und oft schrie er mitten im Gespräch: „Ich bin nicht da! Bin verreist, wenn jemand nach mir fragt!" und raste in sein Ersatzteillager, um sich dort, auf allen Vieren kriechend, hinter den Öltonnen zu verstecken.

Sekunden später kam ein verzweifelter Kunde ins Büro. Wenn er Walther nicht fand und ihm von den Herumstehenden niemand sagen konnte, wo er zu finden sei, fuhr er mit dem Taxi enttäuscht weg.

Walthers Dauer-Pechsträhne, wie er es nannte, hielt an. Nach mehrjährigem Schaffen auf Ibiza war er eines Tages verschwunden. Hinter vorgehaltenen Hand ging das Gerücht, ein unzufriedener Kunde hätte ihn erschlagen. Weil aber keiner dem sonst netten Kerl auf Dauer wirklich böse sein konnte, glaube ich eher, daß er nach Deutschland zurückgegangen ist und wieder im väterlichen Betrieb arbeitet.

Am Ende der Saison bekam ich einen englischen Daimler angeboten. Er gehörte vorher einem betuchten Residenten, der die Mahnung der Zollbehörde nicht ernstgenommen und ihn durch Beschlagnahme und anschließende öffentliche Auktion verloren hatte. Es war ein Klassiker, mit viel Chrom, Walnußholztäfelung, Ledersitzen und dem wichtigsten: einer Autonummer aus Barcelona. Endlich konnte ich wieder standesgemäß fahren.

Jean und ich zogen uns abends immer gut an und fuhren nach Ibiza-Stadt. Am liebsten trug ich meinen dunkelblauen Blazer mit dem protzigen, golddurchwirkten Wappen auf der Brusttasche und eine weiße Hose. Meine Haare waren schulterlang, und ich war unrasiert – es sah einfach schneidiger aus.

Wir fuhren mit dem auf Hochglanz polierten Daimler und parkten vor dem Mar y Sol. Wir setzten uns an einen Tisch unter Dattelpalmen und bestellten eine Flasche Freixenet-Champagner, der in Spanien unglaublich preiswert war. Wenn die Gläser gefüllt waren, die Flasche im Sektkübel steckte und ich die ein- und auslaufenden Schiffe im Hafen betrachtete, fühlte ich mich wie der King!

Links von mir, versteckt in einer Fensternische, saß der Multimillionär Gunther S. Der konnte mit seinem vielen Geld auch nicht mehr machen als täglich in einem Mittelmeerhafen Champagner trinken – genau wie ich! Bloß muß der arme Hund sich dauernd tarnen oder verstecken wegen einer eventuellen Entführung oder weil die Leute ihn immer angaffen; seine Honda Gold Wing konnte er, trotz der Hitze, nur mit Spiegelvisierhelm fahren.

In dieser Zeit mußte ich wegen einer notariellen Beglaubigung zur deutschen Konsulin nach San Antonio. Weil ich dort eine gute Erscheinung abgeben wollte, ging ich zum ersten Mal nach langer Zeit zum Modefriseur an der Meile.

Als ich fein geschniegelt wieder herauskam, sah ich nebenan im Schaufenster der Tiger-Boutique eine blauweiß gestreifte Jacke. Mensch, war das eine starke Joppe! Ich ging hinein, und als ich dieses Prachtstück vor dem Spiegel probierte, fand ich, daß ich großartig darin aussah. 4.000 Peseten, das war viel Geld für das Jäckchen, trotzdem kaufte ich es.

Zu Hause führte ich Jean die Jacke vor, und sie bestätigte: „Steht Dir wirklich gut!"

Es war noch früh am Tag, und wir machten einen Ausflug nach Santa Eulalia zu Horstmann, um Kaffee zu trinken. Das Auto parkten wir am Ende der Plaza und spazierten am Meer entlang zum Café.

Später, als wir wieder zu Hause waren und ich die Jacke auszog, traf mich fast der Schlag! Hinten auf dem Rücken hatte ich einen riesigen Möwenschiß.

„Oh, Gott! Meine schöne Jacke", jammerte ich und zeigte Jean den Fleck.

„Die kriegen wir wieder hin", meinte sie und tupfte die Jacke mit handwarmer Seifenlauge behutsam ab. Es nützte nichts. Der brutale Fleck ging einfach nicht raus.

Jean riet mir, die Jacke in eine Spezialreinigung zu geben. Als wir sie am nächsten Morgen hinbrachten, war der Fachmann sehr skeptisch.

„Da können wir nichts machen, ätzender Vogelkot", sagte er kurz. „Sie können die Jacke wegwerfen."

Mensch, war ich sauer!

Am Abend waren wir mit alten Frankfurter Freunden im Es Caliu verabredet: Heinz Dreckmann und Baron Money waren zum Wochenende mit einem Billigflug gekommen.

Ich nahm meine Jacke mit, trug sie aber überm Arm. Jean guckte mich erstaunt an, sagte aber nichts. Im Es Caliu angekommen, nahmen wir einen Tisch im Garten.

Schnell zog ich die Joppe an und setzte mich mit dem Rücken zur Gartenmauer. Ich in meiner weißen Hose, dem blauen Seidenhemd mit Halstuch und mit neuer, schicker Jacke. Nach und nach trafen unsere Bekannten ein. Windsurf-Chris, weiß gekleidet, mit einer gestickten Palme am teuren Lacoste-Hemd, kam mit seiner neuen, französischen Freundin. Bei ihm waren La Nada-Heino und Helma, gerade wieder versöhnt, und unser guter Freund Glorys-Peter. Dann kamen Heinz und Money.

Wir bestellten Pierna de Cordero: Lammkeule mit Knoblauchsoße und Bauernbrot und dazu einen Krug Landwein nach dem anderen.

Als wir angeheitert und in guter Stimmung waren, fing Glorys-Peter an, ein paar lustige Inselgeschichten zu erzählen. Unsere Besucher waren sehr amüsiert, während Jean und ich uns eher langweilten, weil wir diese alten Geschichten schon kannten.

Dann erzählte Glorys-Peter von Hunde-Rainer, der seit gestern im Gefängnis saß.

„Im La Nada waren Rainer und Walther vor zwei Tagen schön besoffen, als sie die Idee hatten, noch einen letzten Abstecher in die Hafenbar zu machen.

Aber die verrottete Ente von Rainer sprang und sprang nicht an. Hoffnungslos." Glorys-Peter schüttelte den Kopf. „Sie ließen das Auto stehen und wollten zu Fuß zur Hafenbar. Als sie beim Mar y Sol um die Ecke kamen, stand mitten auf der Straße ein leerer Polizeiwagen der Guardia Civil, mit laufendem Motor und rotierendem Blaulicht. Die Polizisten waren wohl in der Nähe im Einsatz. Rainer schaute Walther fragend an und dieser kapierte sofort. ‚Spitzenidee!' sagte er begeistert." Sie sprangen hinein.

Er bekam einen Lachkrampf und mußte seine Rede unterbrechen. Alle am Tisch lachten mit.

„Mit quietschenden Reifen fuhren sie mit dem Polizeiwagen um die Plaza herum und mit ohrenbetäubender Sirene weiter bis zur Hafenbar", erzählte er dann weiter. „Dort parkten sie den Wagen ruhig ein, als wäre es selbstverständlich. Der bunten Mannschaft von Ibiza-Typen, die da versammelt war, fielen fast die Augen aus, als sie die beiden erkannten. Eine Stunde später kamen fünf Polizeiwagen angerast. Sie umzingelten die Hafenbar, schnappten sich den jetzt total besoffenen Rainer und nahmen ihn mit. Walther hatte Glück, sie haben ihn einfach übersehen."

Alle lachten sich schief.

„Was meinst Du? Wird er lange drin bleiben müssen?" fragte ich.

„Ich glaube nicht. Er hat ja keinen Schaden angerichtet", meinte Glorys-Peter.

„Nehmen wir mal an, ich wäre der zuständige Polizeioffizier im Fall Hunde-Rainer", murmelte ich mit todernstem Gesicht und zog den Topf mit fetter Ali-Oli-Soße heran und nahm einen Löffelvoll raus. Dann patschte ich mir erst auf die linke Schulter einen Klacks und dann auf die rechte. „Das hier links und rechts sind meine Kapitänssterne," bemerkte ich dazu.

Alle waren geschockt, schlagartig verstummten sie und schielten zu Jean. Vielleicht hielten sie mich in diesem Augenblick für einen ausgeflippten Kokser. Jean reagierte nicht. Sie trank einen Schluck Wein und ließ sich nicht aus der Ruhe bringen.

Dann nahm ich den Weinkrug und goß mir, ohne mit der Wimper zu zucken, einen großen, dunkelroten Fleck auf die Brust.

„Sagen wir mal, ich will mir einen schönen großen Orden verdienen, so wie dieser rote hier auf der Brust", ergänzte ich.

Die Gruppe war entsetzt.

Als Heinz stotterte: „Adi, ist Dir nicht gut?" stand Jean auf und rannte hinaus. Sie konnte sich nicht mehr beherrschen, blieb im Lokaleingang stehen und schrie lachend auf.

Dann ging auch bei mir nichts mehr. Ich prustete los und lachte, bis ich kaum noch Luft bekam. Auch die anderen waren nun nicht mehr zu halten. Sie schüttelten sich vor Lachen oder rannten mit Tränen in den Augen hinaus.

Vorsichtig zog ich meine Jacke aus. Als es wieder ruhiger war, erzählte ich meine Geschichte mit der Jacke.

Einmal fuhren wir nach San Antonio, und als uns an einer Steinmauer der Schriftzug *Club Tortuga* in bronzenen Buchstaben auffiel, sagte ich: „Ist das nicht Wolfs Siedlung? Schauen wir sie doch mal an."

Ehrlich gesagt, ich platzte vor Neugierde. Jean wohl auch, denn sie stimmte mir sofort zu.

Wir folgten einer schmalen, hügeligen Straße und erreichten schließlich ein hohes Tor mit handgeschmiedeten Laternen und einer frischgepflanzten Palmengruppe. Auf einem geschnitzten Holzschild stand *Office*, und ein Pfeil wies auf den ersten von zwei weißen Bungalows aus Natursteinen und mit Swimmingpool.

„Es ist wohl besser, wir melden uns an“, sagte ich.

Wir gingen zur getäfelten Tür des Office-Bungalows und läuteten.

Im Busch neben der Tür sprang ein kleiner Hase erschrocken auf und lief davon. Ein betörender Duft strömte von der höhergelegenen Bergwiese, die Blumenpracht reichte bis an das Dach des Hauses. Es war ein gepflegter, naturverbundener Ort. Wie schön, hier leben zu können, dachte ich bewundernd.

An der Tür war ein Messingschild angebracht: „Rolf Weipert, Presidente.“ Ich grinste.

Eine dunkelhaarige Dame in einem grauen Kostüm und Spitzenbluse öffnete die Tür und begrüßte uns.

„Bitte, nehmen Sie Platz, der Chef wird Sie sofort empfangen.“

„Wir wollen uns nur ein wenig umschauen“, sagte Jean hastig.

Aber da kam schon der „Chef“. Wolf trug einen Safarianzug, dazu einen feingeflochtenen Panamahut und eine goldene Porsche-Sonnenbrille. Er war braungebrannt. Als er so vor mir stand, freute ich mich doch, ihn wiederzusehen.

„Grüßt Euch, Leute“, sagte er zuvorkommend. Der alte Spinner gab Jean einen Handkuß, während er mir fast die Hand zerquetschte.

Wir gingen in sein Büro, eigentlich das Wohnzimmer des Hauses. Es war mit modischen Bambusmöbeln eingerichtet. Eine Wand bestand nur aus Glas und gab den Blick frei auf die mit Blumen geschmückte Terrasse, den großen Swimmingpool und die Bucht von San Antonio.

„Dieses Haus ist schon verkauft. Im Herbst wird es vom neuen Besitzer übernommen“, belehrte uns Wolf.

„Deine Siedlung ist sehr beeindruckend“, sagte ich und meinte es von Herzen.

Er lächelte milde. „Den Berghang habe ich von einem Bauern gekauft. Ich habe eine kleine Anzahlung über Contracto Privado gemacht, den Rest stottere ich ab“, erklärte er. „Die größten Kosten sind die Straße, die Natursteinmauer, der Swimmingpool und der Tennisplatz“, erzählte er ernsthaft. „Aber jetzt geht's los mit dem Verkauf. Da kommt endlich Kohle rein!“

Wir sahen aus dem Fenster. Rechts, wo der Berg abflachte, wurde gerade der zukünftige Tennisplatz planiert.

„Als nächstes errichte ich zwanzig Bungalows und das Clubhaus. Danach einen Olympia-Swimmingpool und ein Apartmentgebäude mit 60 Einheiten“, erklärte er uns seine weiteren Baupläne. „Die Häuser werden alle Kosten decken. Mein Gewinn ist das Apartmenthaus. Das wird meine Altersversorgung werden.“

Die junge Dame brachte uns Kaffee, dann setzte sie sich zu uns.

„Meine Verlobte, Inge aus Berlin", stellte Wolf sie uns vor. „Wie Ihr seht, spielt sie nach außen hin meine Chefsekretärin."

Wolf hatte bereits drei Bungalows an Deutsche verkauft. Einer davon war noch nicht einmal fertig. Er konnte die Häuser gar nicht so schnell bauen, wie er sie verkaufen konnte.

Wie alte Freunde redeten wir über sein Projekt und seine Zukunftspläne. Anschließend machten wir einen Spaziergang um das Gelände, und Wolf erklärte uns, wo die Anlagen und Gebäude hinkommen. Dann gingen wir zurück zu unserem Daimler.

Wolf staunte.

„Das ist wahrscheinlich der einzige in ganz Spanien", meinte er. „Und dann noch mit spanischer Zulassung. Toll!"

Daneben stand sein funkelnagelneuer Ranch-Rover. Auch den begutachteten wir bewundernd, denn wir wußten, in Spanien kosteten solche Statussymbole eine Menge Geld. Danach drehten Wolf und ich eine Runde mit dem Ranch-Rover. Alles im allem war es ein angenehmer Nachmittag.

Auf dem Weg nach Hause erzählte mir Jean: „Als Ihr beide mit dem Rover rumgefahren seid, hat mir Inge erzählt, daß sie heiraten werden. Sie ist im dritten Monat."

„Vielleicht kommt Wolf dann endlich zur Ruhe und führt doch noch ein anständiges Leben", sagte ich nachdenklich.

„Sie ist ein ordentliches Mädchen", war Jeans Meinung. „Ich glaube, sie hat einen guten Einfluß auf ihn."

Im Glorys war die „Nacht der UFOs" angesagt, überall auf der Insel hingen die Plakate. Und weil sie Anfang Dezember stattfand, war dies ein reines Residentenfest. Glorys-Peter ließ aus London eine Rockband einfliegen. Als weitere Attraktionen waren angekündigt: eine Transvestiten-Burlesk-Show, ein spanischer Top-Guitarrist und Taras Auftritt als Tänzerin!

Ich ging ganz in schwarz, schwarze Hose, schwarzes Hemd, und malte mir hohe, schwarze Augenbrauen, dazu schwarze Lippen. Jean trug ein purpurfarbenes Kleid, viel dunkles Augen-Make-up; ihre lila eingefärbten Haare waren hochaufgetürmt. So kostümiert stiegen wir in den Daimler und fuhren Richtung Glorys.

Wegen der warmen Nacht hatten wir die Seitenfenster geöffnet. Kurz vor dem Roca Llisa-Golfclub hielten wir und schlossen sie, weil wir an dem ewig brennenden Müllberg vorbei mußten und der Wind heute falsch stand.

Aus der Richtung von Santa Eulalia kam ein altes Mercedes-Coupé, bevölkert mit einer grölenden Gruppe buntmaskierter Leute. Der ihm folgende Wagen, ein offener, feuerroter Laredo-Jeep mit Überrollbügel, wurde von Dieter-dem-Narbengesicht gefahren. Neben ihm saß ein unangenehm aussehender Typ im Tartarenkostüm. Den kannte ich, er war nicht kostümiert, denn er lief immer so rum.

Hinten im Jeep stand Tara. Sie trug einen schwarzen Schleiermantel, der im Fahrtwind wild flatterte. Sie hielt sich mit beiden Häänden am Überrollbügel fest. Unter dem wehenden Mantel trug sie nichts weiter als einen winzigen, schwarzen Slip. Ihre großen, nackten Brüste schaukelten im warmen Wind, und sie hielt ihr Gesicht verzückt ins Mondlicht. Ihre goldene Maske und die langen nach hinten wehenden Haare gaben ihr ein fremdes, weltentrücktes Aussehen.

Wir starteten und fuhren der stotternden Ente von Hunde-Rainer nach. Der Wagen war nur noch Schrott; es fehlten Fenster und Türen sowie Kotflügel und Motorhaube. Als Fahrersitz hatte Rainer einen verrosteten Gartenstuhl hineingestellt. Neben ihm saß seine dänische Freundin und hinten der ibizenkische Windhund.

Wir überquerten die Gebirgskette vor Can Furnet, dann ging es den Berg steil hinunter, vorbei an dem Städtchen Jesus, hinüber zur Carretera San Antonio. Bei Glorys bogen wir ab und nahmen den ersten freien Parkplatz.

Als wir an die Bar gingen, kam Glorys-Peter gleich zu uns. Zuvorkommend wie immer, spendierte er uns eine Runde Cognac und brachte uns zu einem guten Tisch mit Blick auf die Tanzfläche.

Alle waren da: Windsurf-Chris und seine Französin, La Nada-Heino und Helma, Hunde-Rainer, Maya und Millionen-Dirk mit einer Gruppe Holländer und viele, viele andere. Sogar Wolf und Inge erblickte ich an einem Tisch in der Ecke.

Die Rockmusiker spielten entfesselt, auf der Tanzfläche war ein irres Chaos und das Gebäude bebte vom Lärm. Es war erstaunlich, was für bizarre Typen sich hier zusammengefunden hatten: Hungerleider und Multimillionäre, Lesben und Schwule, Arbeiter und Akademiker, Rentner und Gangster, Künstler und Schacherer. Das war die klassenlose Gesellschaft, von der man woanders nur träumte! Hier waren alle gleich.

Dann endete die Rockmusik, und fünf lockige, dunkelhaarige Männer kamen mit Akkordeon, Trommeln, Tamburin und Gitarre auf die Tanzfläche und fingen an zu spielen. Es war eine eigenartige Melodie, die fast wie indische Musik klang.

Das Licht erlosch. Nur noch der Strahl eines einzigen Scheinwerfers knallte brutal als blaues spotlight auf den Boden. In das Licht sprang eine Gestalt und schrie wie ein Tier: Tara!

Sie klatschte in die Hände und tanzte mit stampfenden Füßen, sich ab und zu drehend und leichtfüßig nach oben springend, ihren fremdartigen Tanz. Unter dem schwarzen Schleiermantel, der sich weit öffnete, war sie nackt! Sie wirbelte rhythmisch den Schleier hin und her, drehte sich grazil und warf sich, den Mantel wegschleudernd, auf den Boden.

Dort lag sie. Ihr Körper zuckte und vibrierte zur Musik, doch ihr Gesicht, von der geheimnisvollen goldenen Maske bedeckt, hielt sie weiter jungfräulich, nahm ihr die augenscheinliche Blöße und distanzierte sie von dem Geschehen.

Dann verstummte die Musik. Das Licht erlosch und die Ansammlung von Ausgeflippten und Traumtänzern tobte entfesselt. Taras Tanz war selbst für das wilde Ibiza ein Hammer und ging den Typen unter die Haut.

„Ich würde allerhand dafür geben, ihr Gesicht zu sehen“, sagte Wolf, der plötzlich neben unserem Tisch stand. „Diese Frau hat einen Wahnsinnskörper! Aber warum läuft sie bloß dauernd mit dieser blödsinnigen Maske herum!“

Dann war er auch schon verschwunden und strömte mit den anderen zur Tanzfläche.

Es war ein toller Abend. Alle waren ausgelassen und fröhlich, was sicher auch an den gigantischen Haschischschwaden lag, die wie dichter Nebel in der Luft hingen. An diesem Tag wurde die neue Ernte auf der Insel getestet.

Im Morgengrauen fuhren wir in Gruppen ins Montesol zum Frühstücken. Und alle wichtigen Termine des Tages wurden auf Mañana, den nächsten Tag, verschoben.

Die Hauseinbrüche hatten inzwischen chaotische Ausmaße angenommen. Da halfen keine noch so ausgeklügelten Alarmanlagen, geschweige denn geschmiedete Gitter.

An einem sonnigen Nachmittag im Spätherbst kamen wir gut gelaunt vom Essen nach Hause und fanden die massive Holztür und die Gittertür dahinter weit offen. Die Einbrecher hatten sie mit Metallkeilen und einem Schmiedehammer aufgeschlagen.

Im Haus herrschte das blanke Chaos. Entsetzt liefen wir durch die Räume. Schränke und Schubladen waren aufgerissen, die Regale leergefegt; alles lag verstreut auf dem Boden. Wir brauchten mehrere Stunden, um festzustellen, was alles gestohlen worden war.

Die Bilanz war grausam: Jeans gesamter Schmuck war weg, ebenfalls fehlten ihre schwarze Nerzstola, die Stereoanlage, meine antike Silberdosensammlung und eine orientalische Brücke. Ein Schaden von rund 25.000 Mark.

Ich fuhr zur Guardia Civil, um den Einbruch zu melden.

„Das sind organisierte Einbrecherbanden", erklärte der Beamte uns in gebrochenem Englisch. „Heute kamen allein aus unserem Bezirk zwölf Einbruchsmeldungen. Wir sind hier nur sechs Beamte für das gesamte Gebiet von Santa Eulalia, wir sind da machtlos. Wie sollen wir das aufklären?"

Das traf uns so schwer, daß wir beschlossen, das Haus abzustoßen. Schon einen Monat später verkauften wir es zu einem sehr guten Preis an einen Düsseldorfer Steuerberater. Wir mieteten uns einen Bungalow am Stadtrand und zogen dort ein.

Die 80er Jahre gingen ihrem Ende zu. Die guten alten Residententage mit ihrem Müßiggang waren endgültig vorbei. Die Preise explodierten. Ein Menü in der Altstadt, das früher acht Mark gekostet hatte, gab es jetzt für 31 Mark! Die abenteuerlichen Schrottautos verschwanden. Jeder, der auf sich hielt, fuhr einen neuen, spießigen Mittelklassewagen. Am Saisonende übertrumpften sich die Inselbewohner beim Autokauf, und jeder kleine Geschäftsmann leistete sich ein großes Segel- oder Motorboot.

Die Ibizenkos waren durch den Tourismus reich geworden und bauten mehrstöckige, mächtige Apartmentgebäude. In Santa Eulalia wuchsen die Hochhäuser von Minute zu Minute. Jeden Tag kamen

Bagger, die ein Fischerhaus nach dem anderen niederwalzten.

Stolz hieß es: der Block dort mit den 80 Wohnungen gehört Pepe, dem Cafébesitzer an der Plaza von Santa Eulalia; die drei Apartmentgiganten da hinten sind Eigentum des Chefs vom Mar y Sol; das große Hotel mit 200 Zimmern gehört Juan Roberto, dem Sonnenliegenvermieter vom Cala Llonga Strand.

In der ehemals gemütlichen Hafenbar sah man arrogante Zahnärzte aus Frankfurt und freche Maklertypen aus München. Modisch herausgeputzt, machten sie sich breit umd protzten herum. Viele der ärmeren Residenten fühlten sich da nicht mehr wohl und verkrochen sich im Innern der Insel.

„Ibiza ist endgültig im Arsch!" hieß es bei ihnen.

Inge, Wolfs Verlobte, war zur Entbindung nach Deutschland geflogen und wollte drei Monate bei ihrer Mutter bleiben. In dieser Zeit holte Wolf alles nach, was er glaubte, versäumt zu haben.

Wolf sammelte „Mütter", ein beliebter Ibiza-Sport. Das ganze Jahr über kamen aus Deutschland frisch geschiedene Frauen, meistens mit einem Kind, zuweilen auch mit mehreren. Sie erhielten ihren monatlichen Unterhaltsscheck vom Exehemann und versuchten, auf Ibiza ein neues Leben anzufangen. Sie hielten Ausschau nach einem neuen Partner und waren leichte Beute für die alten und jungen Stromer, die auf der Insel herumlungerten und eigentlich keinen Schuß Pulver wert waren.

Wolf tauchte jeden Tag mit einer anderen hübschen Frau auf. Er raste mit ihr auf seiner Harley herum oder lud sie auf sein 300-PS-Cigarette-Boot zu einer Spritztour ein. Auf seinem Clubgelände jagte eine Party die nächste. Er spielte den generösen, von aller Welt bewunderten Gastgeber, Multimillionär und Firmeninhaber. Das kostete viel Geld und sein Business kam dabei zu kurz. Wenn er knapp bei Kasse war, tauchte er bei uns auf und lieh sich ein paar tausend Peseten.

„Wolf ist ein Dummkopf, er gibt mehr Geld aus, als er einnimmt", kommentierte Jean seinen verschwenderischen Lebensstil.

„Ja", antwortete ich. „Seine Siedlung ist im Grunde gesund, aber zur Zeit verjuxt er seine Existenz. Er wird bald pleite sein."

Auch auf der Insel wurde über ihn getratscht: dauernd sei er besoffen, hieß es hier, er bezahle seine Handwerker schlecht, dort, oder gar „Dem sitzt der Pleitegeier auf der Schulter".

Weihnachten bekamen wir den Inselkoller und fuhren aufs Festland, nach Nizza. Am frühen Nachmittag trafen wir im Holiday Inn ein. Nachdem wir uns eine Stunde ausgeruht hatten, beschlossen wir, auf einen Sprung nach Cannes zu fahren, um auf der Terrasse des Carlton einen Drink zu nehmen.

Der Oberkellner gab uns einen guten Tisch, von dem wir das Kommen und Gehen der illustren Gäste wunderbar beobachten konnten. Wir bestellten Mousse au Chocolat, café noir und Hennessey.

Das mondäne Treiben war in allen Nobelorten der Welt gleich: es gab alte, alleinstehende Frauen mit schweren Klunkern, sportliche, ältere Geschäftsmänner mit blutjungen Mädchen und aufgedonnerte Damen mit jüngeren Liebhabern; Ehepaare im mittleren Alter, die sich zur Ruhe gesetzt hatten und ihr angehäuftes Vermögen genußvoll verzehrten, und natürlich gut aussehende, junge Paare in modischen Ausstattungen von Armani, Dior oder Cartier.

Es begann zu dämmern und ein kühler Wind kam auf. Ich legte Jean meine Jacke liebevoll um die Schultern. Wir wollten gehen, warteten aber noch auf die Rechnung.

Da lief plötzlich eine schlanke Frau mit einer schwarzen Saga-Nerzstola die Stufen zur Straße hinunter. Dort wartete bereits der Chauffeur mit einem Rolls-Royce-Phantom auf sie.

Als sie in die Nobelkarosse stieg, sahen wir einen Moment ihr Gesicht. Sie trug eine goldene Maske!

Jean meinte, ihre gestohlene Stola erkannt zu haben. Wir schauten uns einen Moment sprachlos an. Der Rolls rauschte davon.

„Das war meine. Ich bin mir ganz sicher", flüsterte mir Jean aufgeregt zu.

„Sie scheint die Chefin einer großen internationalen Diebesbande zu sein", sagte ich, „aber wie wollen wir das beweisen?"

Mit schwerem Herzen bezahlten wir die Rechnung und fuhren ins Hotel zurück.

Während wir uns – mehr oder weniger – an der Riviera vergnügten, erwachte Wolf in Ibiza mit einem vom Alkohol betäubten Schädel.

„Scheiße, es ist schon Nachmittag!" brüllte er,

sprang auf und ging zur Terrassentür. Im Vorbeigehen schaltete er die Stereoanlage an und eine heiße Rockplatte begann zu dröhnen.

Er öffnete die gläserne Schiebetür, sprang nackt in den Swimmingpool, um wach zu werden. Er nahm sich fünfzig Poollängen vor. Nach jeder absolvierten Länge, die er keuchend durchmaß, brüllte er am Ende laut eine Zahl.

„Vierzehn!“ schrie er und wendete. Im Radio lief „Oh Lord! Don’t Let Me Be Misunderstood . . .“

„Fünfzehn!“, rief er und kämpfte sich verbissen vorwärts. In knapp fünfzehn Minuten war er mit seinen fünfzig Bahnen fertig.

Er kraulte, nach Luft ringend, zur Leiter, zog sich hoch und ließ sich auf die nächstbeste Sonnenliege fallen, um sich von der warmen Sonne trocknen zu lassen.

Da klopfte es heftig an der Tür.

Wolf rief überrascht: „Hört auf! Ich komme ja schon.“

Er riß verärgert die Tür auf. Zwei Beamte der Guardia Civil standen ihm mit gezogenen Revolvern gegenüber.

„Sie sind verhaftet“, sagten sie auf Spanisch, drehten ihm die Arme auf den Rücken und stellten ihn mit dem Gesicht an die Wand. Während der eine ihm seine Beine nach hinten wegtrat, durchsuchte der andere ihn nach Waffen. Dann verpaßten sie ihm Handschellen und luden ihn auf den vergitterten Rücksitz ihres Ranch-Rovers.

Aus einem zweiten Wagen stiegen nun weitere Beamte und gingen ins Haus. Nach einer Weile kamen sie, beladen mit Ordnern und Geschäftspapieren, wieder heraus.

Dann fuhren die Fahrzeuge nach Ibiza-Stadt zurück.

„Deutscher Millionenbetrüger festgenommen!" lautete die Überschrift am nächsten Morgen auf der Titelseite des *Diario de Ibiza*.

Wolf hatte von Anfang an seine Feriensiedlung auf Pump gebaut – und zwar bei spanischen Banken mit 27% Kreditzinsen! Er stopfte mit dem Geld von Neuverkäufen die alten Schuldenlöcher. Das wäre nicht weiter aufgefallen, aber als das Geld nicht mehr reichte, verkaufte er das letzte der drei Häuser fünfmal. Das war Betrug.

Als sich zwei der Käuferparteien vor dem Gebäude trafen und feststellten, daß sie das gleiche Haus gekauft hatten, schalteten sie die Polizei ein. Da platzte alles wie eine Seifenblase. Zudem hatte Wolf auch nicht die letzten Raten für das Grundstück gezahlt, so daß es an den ehemaligen Besitzer zurückfiel.

Die Dummen waren die deutschen Käufer, sie verloren ihr investiertes Geld.

„Warum hat er es soweit kommen lassen?" fragte ich Jean.

„Er ist halt ein Gauner, der keine Ahnung vom richtigen Geschäft hat", meinte sie. „Es tut mir leid um Inge und das Kind."

Das Gefängnis in Ibiza war ein schlimmes Dreckloch. Aber wer Geld hatte, konnte vieles drehen. Wolf versprach, einige Millionen Peseten aus der

Schweiz zu holen, um alles wiedergutzumachen, und bestach wohl die richtigen Leute, denn er kam eines Tages raus. Und wurde in Spanien nie wieder gesehen.

Es war eine Sensation, als Tara die luxuriöse Finca der englischen Schauspielerin Diana kaufte. 30 Millionen Peseten soll sie bezahlt haben. Dort feierte sie rauschende Partys, umgeben von ihrer dunkelhaarigen Sippe, die überall auf der Insel wie elegante Filmmafiosi herumlungerte.

Die verträumten Hippies und Aussteiger waren fast alle verschwunden. Sie zogen in entferntere, exotische Länder: Griechenland, Türkei oder sogar nach Indien, wo in Goa eine richtige Aussteigerkolonie entstanden war.

Hunde-Rainer segelte eines Tages mit Maya und seinem Hund Richtung Atlantik und ließ sich auf der anderen Seite der Welt nieder. Walther und Heino waren längst wieder in Deutschland, ebenso Chris, der in seine Heimatstadt Dortmund zurückgekehrt war.

Die Preise stiegen weiter. Vieles war jetzt teurer als in den nordeuropäischen Ländern. Niemand fuhr mehr in die Altstadt oder ins Montesol zum Ausgehen. Die Residenten tranken ihre bescheidenen Cafés con Leche an der Plaza von Santa Eulalia.

Die Hippie-Bar Anitas im entlegenen San Carlos war der letzte noch nicht eroberte Insidertreff. Dort allerdings waren die besten Tische häufig von den Jungs aus Taras Bande mit Beschlag belegt. Da setzte ich einmal mein Leben leichtsinnig aufs Spiel . . .

Wir stiegen in unseren Daimler und fuhren zum Kaffeetrinken nach San Carlos. Wir waren angezogen wie Hippies, Jogginghose, Schlabberhemd; Jean trug um die Taille einen grünen Kroko-Ledergürtel mit einem Babykrokodilkopf.

Gegenüber von Anitas parkten wir den Wagen und setzten uns an einen Straßentisch. Ich holte vom Tresen Cafés con Leche und süße Chicho-Schmalzkuchen, gefüllt mit Vanillepudding.

Das Inselvolk ging rein und raus. Ich grüßte Bibi aus Frankfurt, der in einer grellgestrickten Indiomütze hereinkam. Er hatte seinen kleinen Sohn Muro, der die gleiche Mütze trug, auf dem Arm. Wir wechselten ein paar Worte, dann setzte ich mich zu Jean an den Tisch.

Kurz darauf tauchte ein roter Jeep auf, der direkt neben meinem Daimler hielt. Heraus sprangen drei dunkelhaarige Männer der Tara-Sippe. Beim Öffnen knallte der Fahrer des Jeeps die Tür gegen den Daimler.

Ich kochte vor Zorn! Ich stand auf und ging energischen Schrittes über die Straße und schaute mir die Stelle an. Sämtliche Gäste bei Anitas verstummten und sahen aufmerksam zu. Ich strich mit der Hand über den Lack und bemerkte eine winzige, lächerliche Schramme.

Die drei Mafiositypen hatten sich gesetzt und sahen zu mir hinüber. Kein Laut war zu hören.

Ich ging zurück und steuerte direkt auf den Fahrer des Jeeps zu – auf die Gefahr hin, gleich ein Messer in den Bauch zu bekommen. Aber das war mir egal!

Der Jeepfahrer trug einen schwarzen Filzhut mit

breiter Krempe. Ich schnippte ihn mit den Fingern hoch, so daß er nach hinten rutschte. Meine Beine zitterten, und ich verspürte ein flaues Gefühl in der Magengegend. Trotzdem sagte ich lässig: „Wenn Du nochmal meinen Rolls anbumst, Du kleiner Weihnachtsmann, bring' ich Dich um! Okay?"

Ich lächelte ihn an und schlug ihm „freundschaftlich" mit aller Kraft auf die Schulter.

Er sagte keinen Ton und lächelte devot zurück.

Ich setzte mich wortlos an meinem Tisch, lehnte mich bequem zurück, legte einen Fuß auf den leeren Nebenstuhl und nippte an meinem Kaffee. Die Barbesucher fingen wieder an zu plaudern, als wäre nichts geschehen.

Gott! Hatte ich eine Höllenangst, ich zitterte am ganzen Körper!

Jean schaute mich von der Seite an und flüsterte: „Du Dummkopf!"

Doch seit diesem Tag grüßten mich die Mafiosi respektvoll, wenn wir uns begegneten. Und das genoß ich jedesmal aufs neue.

Die Polizei war nicht so untätig, wie ich anfangs gedacht hatte. Monatelang sammelte sie Material gegen Taras Bande. Mosaikartig fügte sie Steinchen für Steinchen zusammen, bis sie endlich zuschlagen konnte.

Bibi, der gerade in der Bucht von El Rio angelte, war Augenzeuge der Festnahme.

Acht Polizeiwagen waren aufgefahren, Polizisten mit Maschinenpistolen und Bluthunden umstellten Taras Luxusfinca. Mit den Maschinenpistolen gaben sie eine Salve in die Luft ab und stürmten dann die Villa. Bibi hörte Schreie, Kommandos und weitere Schüsse.

Mit erhobenen Händen kamen die Bandenmitglieder aus dem Gebäude heraus: Tara, Dieter-das-Narbengesicht sowie seine Frau und das Kind, der Typ im Tartarenkostüm, die vier Mafiosi und zwei weitere Personen.

Sie wurden nach Ibiza ins Gefängnis gebracht.

Lediglich die Anführer, Tara und Dieter mit seiner Familie, wurden zum Verhör nach Santa Eulalia gebracht. Um Mitternacht wies man sie – kein Inselwitz! – in ein Hotel gegenüber der Polizeistation ein: das Gefängnis des Fischerdorfes wurde gerade renoviert.

Vor ihrem Hotelzimmer im 3. Stock wurde eine bis an die Zähne bewaffnete Doppelwache postiert. Doch als die Guardia am nächsten Tag die Tür öffnete, waren die Gefangenen geflohen. Mit dem Bettzeug hatten sie sich auf das Dach des darunterliegenden Restaurants abgeseilt.

Sie blieben für immer verschwunden!

Eine Woche später veröffentlichte *Diario de Ibiza* große, detaillierte Fotos mit einer schier unglaublichen Menge von Diebesgut, die in Taras Finca gefunden worden war: Schmuck und Juwelen, Fernseher und Video-Recorder, Perserteppiche, Antiquitäten und Pelze. Am meisten beeindruckte mich der Berg Schmuck, geschätzt auf über eine Million Mark!

Alle Leute, die in den letzten Jahren bestohlen worden waren, wurden zur Besichtigung eingeladen.

Wir gingen ebenfalls hin. Leider entdeckten wir keine unserer Sachen, auch nicht Jeans Nerz.

Als Taras Bande zerschlagen war, fühlten wir uns sicherer. Wir wollten uns wieder ein Haus kaufen, allerdings war dieses Mal der Zeitpunkt sehr ungünstig. Die Immobilienmarkt war leergefegt, und die Preise waren ins Uferlose gestiegen.

Wir mußten lange suchen, bevor wir ein brauchbares altes Bauernhaus fanden. Es lag direkt am Meer in der Bucht von Talamanca und hatte einen von einer Steinmauer eingefaßten Garten mit Feigen-, Orangen- und Zitronenbäumen. Der Preis war niedrig, es kostete umgerechnet rund 50.000 Mark.

Also kauften wir es und nahmen uns vor, das Häuschen aufs feinste zu restaurieren. Wir setzten zwei Männer für die Renovierung ein. Ab und zu kamen wir vorbei, um nach dem Rechten zu sehen.

Einen Monat waren die Renovierungsarbeiten schon im Gange, als wir dem Häuschen an einem Sonntag einen Besuch abstatteten. Die Handwerker hatten frei. Wir setzten uns mit zwei alten, geflochtenen Stühlen auf die Terrasse und genossen die herrliche Aussicht auf das Meer.

Plötzlich bemerkten wir einen furchtbaren Gestank. Der Geruch kam aus einem nahe gelegenen Wäldchen. Wir folgten dem Feldweg und entdeckten einen hohen Eisenzaun mit geöffnetem Tor. Der Gestank wurde immer intensiver, und dann sahen wir die Bescherung: Talamancas neue Kläranlage.

Wie gelähmt starrten wir auf die gigantischen Rührer in den drei Klärbecken.

„Um Gottes willen“, stammelte Jean entsetzt, „da hat uns die freundliche, alte Holländerin, die wir so nett fanden . . .“

„. . . ganz schön aufs Kreuz gelegt!“ ergänzte ich, noch ganz benommen von dem Gestank.

Ja, die weißhaarige Omi hatte uns mit Tränen in den Augen ihr kleines Häuschen angedreht, weil sie ja so Heimweh nach Holland hatte – und uns damit ganz schön reingelegt.

„Da sitzt die linke Kröte jetzt fett und fein und lacht sich auf unsere Kosten schief“, murrte ich auf dem Rückweg.

„Machen wir's halt genauso!“ meinte Jean wagemutig.

Am folgenden Wochenende setzten wir eine Anzeige in den *Diario de Ibiza*. Wir boten das Haus für das Doppelte von dem, was wir bezahlt hatten, an und bezogen Stellung am Telephon.

Zwei Faktoren arbeiteten für uns. Die Anlage war frühmorgens abgeschaltet und wurde erst mittags, je nach Mengenanfall, angestellt. Der Wind kam meistens vom Meer und trieb den Gestank in die andere Richtung, aufs Land. Deshalb bestellten wir den ersten Interessenten um 8.30 morgens.

Ein hochnäsiger Augenarzt aus Hamburg kam mit Frau und Porsche eine volle Stunde verspätet an.

Wir hatten einen Leinenstreifen in den Baum gehängt, um die Windrichtung im Auge zu behalten, und alle Fenster und Türen geschlossen.

„Sollte der Geruch rüberkommen, halten wir die Leute solange im Haus fest, bis sich die Windrichtung wieder ändert“, informierte ich Jean.

Die Interessenten, in den teuersten Inselboutiquen neu eingekleidet, gingen im Garten herum und nörgelten und nörgelten. Nichts gefiel ihnen. Alles fanden sie dürftig und mies.

Wir waren sehr nervös. Immer wieder schielten wir zur Geruchsfahne und schnupperten. Der Wind stand günstig.

Dr. Moos, der Arzt, stellte sich auf die Terrasse und schaute aufs Meer.

„Dort drüben auf der anderen Seite ist Afrika", sagte er zu seiner Frau. Dann wandte er sich mir zu. „Wissen Sie, die Lage ist nicht schlecht, aber wir haben gewisse Ansprüche. Wir müßten das Haus fast neu bauen, damit es unserem Lebensstil entspricht. Das kostet ein kleines Vermögen. Sie können bei dieser Bruchbude, wir wollen mal Tacheles reden, nur vom reinen Grundstückswert ausgehen."

Aha, er fängt schon an, den Preis kleinzumachen, dachte ich und nickte freundlich.

Dann schlug der Wind um und ganz plötzlich roch es nach Abwasser. Ich öffnete die Haustür, und wir gingen hinein. Hinter uns schloß ich die Tür.

Frau Moos durchstöberte die Räume und hatte Mühe, ihre Begeisterung zu verbergen. Er dagegen verzog keine Miene.

„Hab' ich mir doch gleich gedacht. Alles uralt. Das Haus ist unbewohnbar", sagte er kühl.

Es war Spätsommer auf Ibiza und im Haus war es unerträglich heiß. Allen lief der Schweiß in Strömen herunter.

„Könnten wir vielleicht ein Fenster aufmachen?" fragte Frau Moos zaghaft.

„Dann holen wir bloß die Hitze herein. Diese ibizenkischen Häuser mit ihren schattigen Terrassen und dicken Steinmauern sind gegen die Hitzeeinwirkung konzipiert“, antwortete ich und schüttelte lächelnd den Kopf.

Dr. Moos ging durch die Räume. „Bei diesen vielen negativen Faktoren kann ich Ihnen nur 65.000 Mark bieten“, sagte er mißmutig.

„Das ist zu wenig. Ich wäre mit 85.000 einverstanden“, hielt ich dagegen.

Dr. Moos schüttelte nachdenklich den Kopf.

Unsere Wetterfahne draußen zeigte inzwischen eine günstige Richtung. Mit naßgeschwitztem Hemd ging ich zur Tür, öffnete sie und schnupperte unauffällig. Die Luft war okay.

Als wir dann auf der Terrasse standen und auf das Meer blickten, bot der Doktor 80.000. Vierzehn Tage später waren wir beim Notar, das Arztehepaar hatte das Bauernhaus gekauft und bar bezahlt.

Wir nahmen eine Flasche Cognac, zwei Gläser, eine Kerze und fuhren ans Meer, wo wir uns auf einem Felsen niederließen und den Verkauf feierten.

Franco war tot. In Spanien folgte eine Reform der anderen. Die Preise stiegen ins Unermeßliche und die Inflationsrate war unglaublich hoch. Und dann kamen die neuen, strafferen Steuergesetze.

Wir hatten in Spanien nie über Steuern nachgedacht und also auch keine bezahlt. Unsere Profite steckten wir einfach in einen Safe bei der Matutes Bank.

„Wir hätten unsere Hausverkäufe melden müssen.

Auf unser Einkommen wäre Gewinnsteuer fällig gewesen", entnahm ich einem mühselig entzifferten Leitartikel im *Diario de Ibiza.* „Wenn die spanische Steuer uns drankriegt, sind wir geliefert", stellte ich entsetzt fest.

Ein paar Tage danach stand Präsident Suarez' Amnestiegesetz für Steuersünder in allen Zeitungen. In dem Aufruf wurde jedem Steuerhinterzieher, der seine Sünden nachträglich korrigierte, Straffreiheit garantiert. Er mußte lediglich nachzahlen. Für uns wäre das eine stattliche Summe gewesen.

„Wir lösen alles auf und machen die Mücke", schlug ich Jean vor. Weil sie auch keinen anderen Ausweg sah, willigte sie zögernd ein.

Unsere Einrichtung verkauften wir an einen englischen Antikhändler, dessen neureiche Klientel ihm alles zu überhöhten Preisen aus den Händen riß. Lediglich zwei Perserbrücken, etwas Silber, die Gemälde und Waffen behielten wir.

Den Daimler verscheuerte ich zum Selbstkostenpreis an einen spanischen Arzt aus Barcelona, als er den Wagen auf offener Straße bewunderte. Sein Kollege erwarb unser Boot.

Dann machten wir Kasse.

„Wir haben über 200.000 Mark in Peseten, mein Schatz!" sagte ich.

Leider hatten wir nur 30.000 davon legal als Devisen eingeführt. Nur die durften wir wieder ausführen. Den Rest mußten wir schmuggeln.

„Wenn sie uns erwischen, sind wir das Geld los", sagte Jean.

Die höchste gängige Banknote war der Tausendpesetenschein. Ab und zu gab es allerdings schon die neuen Fünftausendernoten.

„In Tausendern ist das ein Koffer voller Scheine!“ jammerte ich.

„Wir müssen eben soviel Geld wie möglich in Fünftausenderscheine wechseln“, schlug Jean vor.

Wir gingen von Bank zu Bank und bettelten um die neuen Noten. Dadurch schrumpfte die Menge der Scheine um ein Drittel.

„Du bringst die Fünftausenderscheine mit dem Europabus aus Spanien heraus“, sagte ich zu Jean.

Sie nickte.

„Ich stecke einen Teil in meine Stiefel. Für den Rest nähe ich mir eine Tasche in meine Bluse, und darüber ziehe ich meinen Wintermantel“, meinte sie und nahm einen Stapel 5000er, um die Größe zu messen.

Meine Aufgabe war es, die dicken Pakete Tausender zu transportieren. Ich kaufte einen alten, verrosteten Renault von einem Residenten, der den in Frankreich zugelassenen Wagen loswerden mußte. Mit breitem Isolierband klebte ich die Banknotenbündel in die Hohlräume der Türen und Rückbank.

Am folgenden Samstag verstauten wir unsere restlichen Antiquitäten und Brücken in dem Renault und übergaben den geräumten Bungalow. Dann ging die Fahrt los.

Wir hielten an der Plaza in Santa Eulalia, um einen letzten Café con Leche zu trinken. Die Sonne schien, alles lief so wie immer. Mit ihren Strohtaschen über der Schulter erschienen die Residenten, die Morgenzeitung in der einen Hand, die Post in der anderen.

Millionen-Dirk, im frisch gebügelten, weißen Tropenhemd, blieb einen Moment an unserem Tisch stehen, um den neuesten Inseltratsch auszutauschen. Pepe, der Cafébesitzer, nickte uns freundlich von der Tür aus zu, wo er an der großen Kaffeemaschine stand. Auch Bibi mit der Indiomütze kam mit seinem Kleinen vorbei und grüßte kurz, bevor er zum morgendlichen Einkaufen ging. Keinem erzählten wir, daß wir für immer die Insel verließen.

Wir tranken unseren Kaffee langsam aus und schauten ein letztes Mal auf die Plaza. Wir hielten unsere Gesichter in die heiße Sonne und schlossen die Augen, um uns die Eindrücke und Erlebnisse, die wir auf der Insel hatten, für alle Zeiten ins Gedächtnis zu brennen. Dann stiegen wir in den Renault und fuhren los.

„Laß uns noch einmal die alte Cala Llonga-Route fahren", bat Jean.

Als wir das vertraute Tal durchquerten, schauten wir wehmütig zurück auf unser altes Haus auf dem Cala Llonga-Berg.

„Gott! War das eine schöne Zeit", seufzte ich.

Im Hafen von Ibiza wurden die Autos bereits verladen, als wir ankamen. Arm im Arm standen wir an Deck. Wir glitten an dem maurischen Puig der Ibiza-Altstadt und dem Talamanca Strand vorbei, sahen noch einmal die Cala Llonga-Bucht und die Plaza von Santa Eulalia. Das Schiff machte einen Bogen um die Insel Tago Mago und fuhr hinaus auf das offene Meer. Allmählich verschwand die Insel im blaugrauen Dunst des Horizonts.

Die gesamte Fahrt über waren wir angespannt.

Würden wir es schaffen? Nervös gingen wir unser Vorhaben immer wieder durch.

„Heute abend sind wir um sechs Uhr in Barcelona. Du nimmst sofort ein Taxi zur Plaza de Universidad und fährst mit dem Europabus um sieben ab“, wiederholte ich. „Ich fahre weiter zur Autobahn und überquere, wenn alles gut geht, in der Nacht die Grenze.“

Als Jean ins Taxi stieg, rief ich ihr nach: „Komm gut durch, Liebling!“

Sie lächelte gequält und nickte. Dann fuhr das Taxi los.

Ich setzte mich in den überladenen Wagen. Langsam fuhr ich Richtung Heimat. Hoffentlich kontrolliert mich keiner, laß mich bloß durchkommen ... betete ich inbrünstig während der langen Fahrt.

Je mehr ich mich der Grenze näherte, um so schneller schlug mein Herz. Es wurde dunkel und begann zu regnen. Langsam kroch die alte Karre den Paß hoch.

Schon von weitem sah ich die hellen Straßenlaternen des Grenzübergangs. Ich fuhr an das Kontrollhäuschen heran, kurbelte die Scheiben runter und hatte Paß und Zollpapiere in der Hand.

Der Uniformierte steckte seinen Kopf heraus, der Regen schlug ihm ins Gesicht. Er schaute mich an.

„Okay!“ schrie er und winkte mich durch.

Auch auf der französischen Seite stand ein Beamter.

„Allemagne?“ fragte er, als er meinen Paß sah.

„Oui, Monsieur!“

„Au revoir“, lächelte er und ließ mich passieren.

„Ich bin durch, ich bin durch, oh Gott!" brüllte ich in die Nacht und fuhr den Paß hinunter.

Ich dachte an Jean. War auch sie durchgekommen? Ich hatte ein gutes Gefühl, denn sie war mit einem Haufen Touristen gefahren. Da würde sie bestimmt nicht auffallen.

An der nächsten Autobahnraststätte parkte ich den Wagen, deckte mich mit einer Wolldecke zu und legte ein scharfes Küchenmesser griffbereit neben mich. Dann schlief ich beruhigt ein.

Am nächsten Morgen kaufte ich mir in der Raststätte eine Zeitung, einen Becher Kaffee und ein Sandwich. Die Sonne kam heraus, und es versprach, ein schöner Tag zu werden. Ich hatte keine Eile weiterzufahren, denn die Schwierigkeiten lagen ja hinter mir! In Ruhe las ich den *Herald Tribune* und genoß mein Frühstück.

Nach einer Stunde stand ich auf, fühlte mich herrlich und rief Jean an. Auch sie war wohlbehalten in Deutschland angekommen. Erleichtert und glücklich fuhr ich weiter.

Einige Stunden später fielen wir uns in die Arme.

In unserem Frankfurter Mietshaus im Apfelweinviertel bezogen wir eine 2-Zimmer-Wohnung.

Mit dem Geld, das wir aus Spanien mitgebracht hatten, stürzten wir uns erneut in Immobilienprojekte. Die liefen auch gleich gut an, und wir machten ein sehr lukratives Geschäft. In Offenbach wurde uns ein schönes Mietshaus mit 20 Wohnungen und einer großen Gaststätte angeboten. Wir kauften es für 300.000 Mark.

Der Vertrag mit der Bierfirma, der vor 15 Jahren abgeschlossen wurde und für die jetzige Zeit viel zu billig war, lief in einem Jahr aus. Danach konnten wir die Gaststätte für die doppelte Pacht vermieten. Ein Gastwirt mit einem gut gehenden Restaurant in Kronberg übernahm den Laden und baute ihn zu einem französischen Feinschmeckerlokal um.

Die 4-Zimmer-Wohnung, die einst zur Gaststätte gehört hatte, bauten wir mit Marmorfußboden, Isolierverglasung und Mahagonitüren luxuriös aus und vermieteten sie zu einem – für uns – guten Preis.

Wir wollten alle Wohnungen modernisieren und verhandelten mit den Mietern, boten ihnen eine Vollrenovierung an; natürlich würde sich danach die Miete erhöhen. Die meisten waren einverstanden. Den wenigen, die nicht wollten oder konnten, bauten wir ein Bad und eine Küche ein und erhöhten die Miete nur geringfügig.

Schließlich hatten wir eine toprenovierte Immobilie mit einem exklusiven Restaurant mitten in der Offenbacher City. Wir beliehen das Objekt und starteten ein weiteres Projekt.

Innerhalb von vier Jahren vervierfachten wir unser monatliches Einkommen: jeden Monat kamen stolze 34.000 Mark rein. Unser Lebensstil war besser gesichert denn je ... womöglich bis an unser Lebensende.

Ich erfüllte mir einen alten Traum: Wir flogen nach London und kauften einen gebrauchten Rolls Royce. Ich verliebte mich sofort in ein goldbraunes Modell mit roten Connolly-Ledersitzen und wollte es haben, erst recht, als ich erfuhr, daß es dem ehemaligen Prinzen von Irak gehört hatte. Jean war zwar gegen auffällige Luxuswagen, ließ mir aber meinen Spaß.

Wir setzten nach Frankreich über und fuhren gemächlich an der Küste entlang bis nach Amsterdam. Dort kaufte ich Jean eine schöne Brillantbrosche. Danach fuhren wir nach Hause.

Aber wir waren nicht mehr richtig glücklich in Deutschland. Da war zum einen das miese Wetter, zum anderen diese rastlose Geschäftigkeit. Alle arbeiteten wie die Wilden, keiner hatte richtig Zeit, nicht mal für ein geruhsames Gespräch im Café. Jeder wollte erfolgreicher sein als der andere. Ich sah überall nur Neid und Mißgunst.

„Wir müssen hier weg, ich gehe sonst kaputt!" jammerte ich immer öfter. „Jean, ich vermisse den gepflegten Müßiggang."

Verträumt blätterte ich in einem Atlas.

„In Florida ist ewiger Sommer", sagte ich, die Karte mit dem Golf von Mexico vor mir. „Da hast Du alle Annehmlichkeiten der Zivilisation und bist trotzdem fast in der sonnendurchfluteten Nordkaribik."

Jean war sofort Feuer und Flamme.

„Laß uns so schnell wie möglich von hier verschwinden", sagte sie mit leuchtenden Augen.

Wir riefen ein Reisebüro an und buchten zwei Flüge nach Miami. Unsere wenigen Möbel und Antiquitäten stellten wir in einem trockenen Kellerraum unter, dann vermieteten wir unsere Wohnung. Und weil wir in Florida ein Auto brauchen würden, ließen wir unseren Rolls Royce dahin verschiffen.

Everglades – Paradise

Wolf erzählte uns seine Story . . .

Von Ibiza, wo er sich aus dem Gefängnis freikaufte, nahm er das nächste Flugzeug nach Zürich. Er löste sein Konto auf und steckte die Dollarscheine in seine Jackentaschen. Ein Bekannter aus Frankfurt besorgte ihm ein gefälschtes polizeiliches Führungszeugnis, damit bekam er ein Visum für die Einreise in die USA. Mit einem kleinen Koffer und 120.000 Dollar in bar verließ er dann Europa.

Bevor er in die Swissair-Maschine nach Miami stieg, kaufte er sich im Duty-free-Shop eine Literflasche Hennessy. Unmittelbar nach dem Start fing er an, sich zu besaufen, er war einfach am Ende, körperlich wie seelisch. Aber der Alkohol half nur wenig. Seine großen Träume, die ihn bislang von allen Seelenkrisen ferngehalten hatten, waren zerschlissen und verbraucht. Er dachte über die letzten Jahre nach. Über die Menschen, die er aufs Kreuz gelegt hatte oder die er einfach nur hatte hängenlassen. Und er war sich seiner Maxime, daß man über Leichen gehen müsse, um erfolgreich zu sein, nicht mehr so sicher.

Er dachte an Inge, die er mit dem Kind in Deutschland hatte sitzenlassen. Obwohl er einerseits erleichtert war, sie nicht mehr am Hals zu haben, nahm er sich doch vor, irgendwann alles wieder gutzumachen. Nach zwei weiteren Gläsern lullte ihn dieser Gedanke ein, und er schlief entspannt ein.

Nach der Ankunft in Miami nahm er ein Taxi und ließ sich nach Miami-Beach fahren. Er ging mit seinem Handkoffer ins Sheraton und buchte für einen Monat ein Zimmer auf der Meerseite. Dann eröffnete er bei den zwei größten Banken am Ort, Barnett und Goldome, jeweils ein Konto und zahlte je 50.000 Dollar ein.

In einer Herrenboutique kaufte Wolf weiße Jeans, Tennisschuhe, sechs bunte, kurzärmelige Floridahemden und eine Badehose, kehrte ins Sheraton zurück, zog die Badehose an und legte sich an den Swimmingpool. Er bestellte ein Glas frischen Orangensaft und die wichtigste Tageszeitung von Miami, den *Miami Herald*.

Sorgfältig studierte er das Gebrauchtwagenangebot. Die amerikanischen Autos interessierten ihn nicht allzu sehr, die neuen Cabriolets waren ihm zu mickrig und die älteren zu alt. Unter „Imported" gab es einige neuere Porsche und Mercedes-Sportwagen, die waren ihm aber zu teuer. Lediglich ein Wagen fand sein Interesse: ein zehn Jahre altes, weißes Mercedes-Coupé-Cabrio. Er rief den Besitzer des Wagens an und vereinbarte mit ihm eine Probefahrt. Nach längerem Handeln kaufte er den Wagen, parkte ihn vor dem Hotel und ging ins Restaurant, um sich am Buffet zu verwöhnen.

Das warme Wetter, die tropische Umgebung und der gepflegte Luxus gaben Wolf allmählich wieder Auftrieb.

Jean und ich blieben eine Woche in Miami-Beach, wo wir im Thunderbird Hotel, direkt am Strand, wohnten. Tagsüber schwammen wir in den hohen Wellen des Atlantiks und tankten mächtig Sonne, abends fuhren wir in das elegante Art-Deco-Viertel von South Beach und flanierten am Ocean Drive. Im News Café trafen wir auf ein Gemisch aus europäischen und amerikanischen Gleichgesinnten. Es tat uns gut, wieder in der alten Residentenszene zu sein.

Dennoch wurde uns schnell klar, daß wir nicht in solch einem Großstadtmoloch wie Miami wohnen wollten. Ein Zahnarzt, den wir in Key West bei Sloppy Joe's, Hemingways Stammlokal, trafen, machte uns auf Floridas Westküste aufmerksam; dort ginge es längst nicht so touristisch zu wie in Miami oder auf Key West. Er selbst wohnte in der Nähe von St. Petersburg in Sarasota, einem kleinen Ort direkt am Meer. Man war einerseits inmitten einer unverdorbenen, fast tropischen Naturlandschaft, mit sauberem Wasser und schneeweißen Stränden, andererseits nicht weit von den Großstädten Tampa und St. Petersburg entfernt.

Ein paar Tage später fuhren wir auf dem Alligator-Alley-Highway durch die Everglades-Swamps zur Westküste. Wir verließen den Highway und schauten uns die Küstenstädte am Golf von Mexico an: Naples, Sanibel, Venice. Auf St. Armands Key bei Sarasota hielten wir vor Charlys Crab Restaurant. Wir setzten uns an einen Tisch unter der Markise und bestellten Shrimps, Scampi und eisgekühlte Wein-Coolers. Der Pianist auf der Terrasse spielte Jimmy Buffets *Margaritaville.* Elegante Urlauber spazierten um den Circle und kauften in den exklusiven Boutiquen und Juwelierläden ein.

„Das ist etwas ganz anderes als Key West", meinte

Jean. „Es könnte mir schon gefallen, hier zu wohnen.“

Nach dem Lunch fuhren wir weiter nach Norden. Wir kamen an gepflegten Vorgärten, luxuriösen Yachthäfen, Golf- und Tennisplätzen vorbei. Wir fuhren über eine lange Brücke nach Anna Maria-Island, wo es wunderschöne Holz-Cottages gab, die direkt am Meer mit seinem traumhaft weißen, feinen Sandstrand lagen. Am nördlichsten Zipfel der Insel übernachteten wir. Am nächsten Morgen wußten wir, daß wir hier bleiben wollten. Direkt am Strand mieteten wir uns eine Wohnung mit einer großen Terrasse.

Jeden Tag frühstückte Wolf wie ein Fürst im Sheraton und ließ es sich am Swimmingpool gut gehen. Nach dem morgendlichen Sonnenbad zog er seine besten Klamotten an und spazierte zum Bal Harbour-Shoppingcenter, in dem die exklusivsten Läden der gesamten Ostküste versammelt waren. Im Innenhof von Bal Harbour setzte er sich ins Café Paris und trank einen Cappuccino. Auch abends kam er hierher und aß im Schickeria-Restaurant Prima Donna. Nach dem Essen nahm er immer noch ein paar Drinks an der Bar, und bald kannten ihn die anderen Stammgäste. Es waren meist Südamerikaner, die mit ihren teuren Klamotten und hübschen Señoritas jeden Abend ihre große Schau abzogen. Sie warfen das Geld mit vollen Händen raus. Drogengeld, dachte er, hier verkehren Miamis Drogenmillionäre. Dafür hatte Wolf immer den richtigen Riecher.

Mit Jorge Ortega aus Venezuela, einen sportlichen

Ferrarifahrer, unterhielt er sich öfters an der Bar. Die paar Brocken Spanisch, die er auf Ibiza gelernt hatte, leisteten gute Dienste und allmählich kamen sie sich näher. Trotz Sprachbarriere erkennt ein Gauner immer den anderen!

Eines Abends lud Jorge ihn zum Pokern auf sein Boot ein.

„Es kommen noch ein paar Amigos, aus Kuba und Paraguay", schwärmte Jorge, „da kannst Du Geld sehen, Rolf. Da sind mindesten 100 Millionen Dollar versammelt."

Jorge ließ seine zierliche, kubanische Freundin, die ein hautenges, schwarzes Kleid trug, auf dem Rücksitz des Mercedes-Coupé-Cabrios Platz nehmen und setzte sich nach vorn zu Wolf. Dann brausten sie los, die A-1-A-Inselstraße entlang. Kurz vorm Stadtteil Hollywood hielten sie am Intracoastal-Wasserweg an einem hölzernen Pier. Dort ankerte *Jojo*, Jorges vierzig Meter lange, blauweiße Motoryacht mit Flying Bridge. Wolf war beeindruckt, ließ sich aber nichts anmerken. Als sie die Gangway hochgingen, kam ein Leibwächter und tastete Wolf nach Waffen ab. Jorge, der mit dem Mädchen vorausging, grinste und rief: „Amigo, das ist nur eine kleine Vorsichtsmaßnahme, für eventuelle Spielverderber."

Wolf winkte ab und lächelte verständnisvoll.

Sie gingen in den luxuriösen Salon der Yacht und setzten sich an den Spieltisch. Ein südamerikanischer Diener brachte Getränke und bot auf einer silbernen Platte gegrillte Shrimpsspieße und Muschelhäppchen an. Jorge erzählte von seinem mehr als abenteuerlichen Geschäftsleben in Venezuela, während seine Freundin mit dem Kopf an seiner Schulter döste.

Die große Schiebetür ging auf und drei weitere Bekannte von Jorge kamen herein und nahmen am Tisch Platz. Jorge nahm ein Kartenspiel und verteilte die Karten zum ersten Spiel.

Wolf spielte einige Runden mit, aber dann mußte er passen. Die Einsätze der Südamerikaner schnellten in unglaubliche Höhen. Allein im letzten Pott waren fast 12.000 Dollar.

Ricardo Gonzales, ein kleiner Kubaner, der selbst im Salon seinen Panamahut aufbehielt, sahnte kräftig ab. „70.000 Dollar gewonnen!" jubelte er nach zwei Stunden erfreut.

Als die Runde spielmüde wurde, legte Jorge Musik auf. Etwas angetrunken, wie alle waren, schnippten sie mit den Fingern und tanzten Flamenco. Jorges Freundin sprang auf den Tisch, hob mit der linken Hand ihren Rocksaum an und tanzte wild. Dabei gingen ein paar Gläser zu Bruch, was aber keinen störte. Wolf ging erst im Morgengrauen das Fallreep hinunter und fuhr ins Sheraton.

Bereits ein paar Wochen später gehörte Wolf zum harten Kern von Jorges Freunden. Er vergnügte sich mit ihm und seinem Anhang nächtelang in Miamis exklusiven Clubs und Restaurants, am Tag schipperten sie mit der Yacht zum Tiefseeangeln hinaus auf den Atlantik oder zu den Bahamas.

Dann wurde Wolf überraschend allein aufs Schiff eingeladen.

„Ich muß etwas Wichtiges mit Dir besprechen, Amigo", begrüßte ihn Jorge. Sie setzten sich ins Bibliothekszimmer und ließen sich eine Flasche Cognac und Cafés con Leche bringen.

Es war eine tropische Nacht, die Bullaugen waren weit geöffnet und ein Moskitonetz sorgte für unbeschwerten Aufenthalt im Raum. Die Yacht schaukelte leicht auf den Wellen.

„Meine Freunde und ich haben in den letzten Jahren viel Geld mit Öl aus Venezuela gemacht", sagte Jorge ernst, „aber unsere Quellen liegen zu weit im Landesinnern. Es ist auch kein besonders gutes Öl. Die Quellen liegen zu tief, das verursacht hohe Produktionskosten. Dieses Jahr, als der Ölpreis fiel, haben wir zum ersten Mal Geld verloren."

Jorge nahm einen Schluck Cognac, kaute ein bißchen darauf herum und schluckte ihn genußvoll. Dann sprach er weiter: „Um diese Verluste aufzufangen, haben wir mit einem zweiten Geschäft angefangen. Medikamente sind in Südamerika weitaus preiswerter als in den USA. Die großen Chemiefirmen sind allerdings wie die Bluthunde hinter Schmugglern her. Deshalb haben wir ein paar geheime Kanäle aufgebaut, um das Zeug hereinzubringen. Moralisch ist das eine durchaus zu vertretende, ordentliche Sache, arme Leute mit preiswerten Pillen zu versorgen."

Jorge entfaltete eine Karte von Florida und legte sie auf den Tisch.

„Wir haben ein paar Erkundigungen über Dich eingeholt und würden uns freuen, wenn Du mitmachst." Er zeigte auf die Karte, dabei blitzte der gigantische Brillantring an seinem kleinen Finger. „Hier unten sind die Everglades und links davon liegt

Marco Island. Dort beginnt das Hoheitsgebiet der USA. Wenn auf dem Radarschirm alles frei ist, fahren wir rein und übergeben die Ladung an ein Boot, das die Anlandung im Gebiet der 10.000 Islands vornimmt." Er tippte auf die vorgelagerten Everglades-Inseln. „Was wir brauchen: keinen auffälligen, dunklen Hispanotyp, sondern einen blauäugigen, blonden Kerl, der gesunde Nerven hat. Er muß bei Chokoloskee etwas Land kaufen und eine Scheinfirma eröffnen. Nicht schlecht wäre so etwas wie Bootsfahrten für Touristen. Wenn das gut angelaufen ist, schleusen wir allmählich unsere Importe rüber. Comprende, Amigo?" Jorge sah Wolf grinsend an.

„Was ist für mich drin?" fragte Wolf.

„Pro Anlandung 15.000 Dollar."

„Für Aspirintabletten?"

Jorge lachte nervös. „He, he . . . klaro. Was als Ladung kommt, kann Dir doch egal sein."

Wolf dachte nicht lange nach. Er nahm sein Glas und prostete Jorge zu.

„Auf gute Geschäfte!" sagte er.

Mit Hilfe eines Anwalts gründete Wolf die Firma *Everglades Investments* und wartete dann bis Jorge das Startkapital auf das Firmenkonto eingezahlt hatte. Eine Woche später packte er seine Koffer, klappte das Verdeck seines Mercedes herunter, setzte sich hinein, zog sich eine Schirmmütze auf, steckte seine Lieblingskassette in den Recorder und fuhr los: „And I don't give a damn about a greenback dollar." Wolf sang laut mit, als er auf den Tamiami Trail Richtung Westen bog.

Makrelenzeit auf Anna Maria Island. Jean und ich fuhren zum legendären *Rod and Reel Pier* im Norden der Insel, wo die Angler dicht nebeneinander stehen. Die einen schwören auf Metallblinker, die aufgrund ihres Gewichts weit ins Meer geworfen werden können, die anderen nehmen Köderfische, die sie auf ihre Haken spießen und in die Strömung halten. Wieder andere kaufen für einen Dollar ein dutzend Shrimps und benutzen sie als Köder.

Der Pier, ein hölzerner, zweistöckiger Pfahlbau, der etwa dreißig Meter vom Ufer entfernt im Meer liegt, ist nur durch einem schmalen Steg mit dem Festland verbunden. Ständig rattern zwei große Wasserpumpen, die frisches Meerwasser in die Behälter pumpen, damit die Köderfische am Leben bleiben. Auf der Terrasse sind zahlreiche Holzbänke, dazu ein Filettiertisch mit Süßwasserzulauf. Auf der einen Seite des Piers befindet sich eine Bar mit einem langen Tresen. Die Wand hinter der Theke ist mit Photos und Zeitungsausschnitten dekoriert. Abgebildet ist immer derselbe Typ des älteren, glücklich grinsenden Anglers, der stolz seinen Fang präsentiert. Darunter die immer gleichen Bildunterschriften: „Edwin X aus South-Dakota mit seinem 17 Pfund schweren Redfish, nach dreistündigem harten Kampf hier auf Anna Maria Island gefangen."

An der Bar wird im Suff bis zum Morgengrauen mächtiges Anglerlatein gesponnen. Und immer wieder hörten wir die legendäre Geschichte des Ranchers Bix Stewart aus Oklahoma. Der kam vor ein paar Jahren in seinem Cadillac-Eldorado angerauscht, im Gepäck zwei handgearbeitete Maßangeln mit seinen Initialen in Gold, auf dem Kopf einen schneeweißen Stetson, im Mundwinkel eine kubanische Zwanzig-Dollar-Cohiba und um den Hals eine dicke Kette mit einem Barren aus purem Gold.

Der grauhaarige, fette Bix schraubte die beiden Angeln zusammen und kaufte sich ein paar dutzend Köderfische. Immer wieder warf er seine Angel aus, saugte an der Zigarre, während der Dreikaräter an seiner linken Hand in der Sonne glitzerte. Aber er hatte wenig Glück.

Da stieg aus einem klapprigen, vergammelten Chevy ein typischer Working-Class-Hero, unrasiert, eine schäbige Baseballmütze auf dem Kopf, Budweiser-T-Shirt, ausgefranste Jeans und barfuß! Der Arbeiter hatte eine billige Woolworth-12-Dollar-Angel dabei und in der Hand einen kleinen, messingfarbenen Blinker mit einem Drillingshaken.

Er warf die Angel lässig aus und zog den Blinker mit ruckartigen Bewegungen, rasch kurbelnd wieder ein. Die Schnur spannte sich, und er hatte eine Spanish-Makerel am Haken, die vergeblich versuchte, im Zickzackkurs zu entkommen. Ruhig und mit gekonnten Griffen zog er die Makrele hoch. Er schnappte sie mit der linken Hand und zog mit einer Zange den Haken aus ihrem Maul. Den zappelnden Fisch warf er in einen alten Farbeimer, in dem er seine Angelutensilien befördert hatte. Dann warf er den Köder erneut aus, und es dauerte nicht lange, da hatte er schon die nächste Makrele am Haken.

Bix beugte sich zu ihm, um alles genau mitzukriegen. Dabei fiel ihm sein an einer dicken Kette baumelnder Schweizer Goldbarren aus dem Ausschnitt.

„Hast Du Lust, mit mir ein Wettangeln zu veranstalten?“ fragte Bix, der bis dahin noch nichts gefangen hatte, und schaute den Arbeiter freundlich an.

„Weshalb nicht, worum wetten wir?“ fragte der Arbeiter zurück.

„Wieviel Geld hast Du dabei?“

Der Arbeiter kramte in seinen Taschen und sagte dann: „Ungefähr 30 Dollar.“

„Okay, ich biete 100 Dollar dagegen, daß ich in der nächsten Stunde“, dabei schaute er auf seine goldene Rolex, „mehr Makrelen raushole als Du!“

„Einverstanden“, sagte der Arbeiter lässig und grinste. Er meinte, leichtes Spiel zu haben.

Verbissen warf Bix seine Angel aus, während der Arbeiter mit gewohnter Ruhe eine Makrele nach der anderen aus dem Wasser zog. Zweimal hatte er einen Gelbschwanz dran, den er ins Meer zurückwarf. Nach einer halben Stunde fing Bix endlich seine erste Makrele, doch sein Rivale hatte schon sechs auf dem Konto. Inzwischen war auch Bix klargeworden, daß die verdammten Makrelen auf flache, messingfarbene Blinker anbissen. „Zack!“ – der Arbeiter hatte schon wieder eine am Haken.

Es hatten sich mittlerweile ein paar Zuschauer eingefunden, die diesen ungleichen Kampf interessiert verfolgten. Es war allen klar, daß Bix gegen diesen Typen keine Chance hatte.

Da zog Bix seine Rute ein, schnitt die Schnur mit dem Gewicht, dem Haken und dem immer noch zappelnden Köderfisch ab, riß sich seinen Goldbarren von der Kette und hängte ihn an die Angelschnur, zusätzlich befestigte er daran drei Drillingshaken der

Größe 3 und warf seine Angel weit aus. Mit dem Barren konnte er sowohl weiter auswerfen als auch flüssiger die Leine wieder einholen. Nun bissen die Makrelen auch bei Bix an. Doch während er Makrele für Makrele rausholte, riskierte er jedesmal, daß sein 500-Dollar-Barren abgerissen wurde.

Aber Bix hatte Glück, das Glück der Siegertypen. Nach einer Stunde hatte er zwei Makrelen mehr gefangen als sein Kontrahent – er hatte wieder einmal gesiegt, so wie er es im Leben gewohnt war.

Wolf schlug mit der flachen Hand nach den Moskitos. Seit zwei Stunden stand er schwitzend in Gummistiefeln, bekleidet mit einem olivfarbenen Hemd, einer abgeschnittenen Armeehose und einer Khakimütze, an der Hauptstraße zwischen Everglades City und Chokoloskee und wartete.

Wann kommen endlich die verdammten Trailer, dachte er und wischte sich die Augenbrauen mit dem Handrücken. Der Schweiß brannte salzig in seinen Augen. Wolf hatte in endlos langen Nächten die Einrichtung seiner drei Trailer geplant und sie in Orlando beim Hersteller bauen lassen. Ein Trailer sollte leer sein und eine Rückwand haben, die ausgeklappt als Auffahrtrampe dienen konnte. Ein anderer war als komplett eingerichtetes Einfamilienhaus auf Rädern konzipiert, an dessen Rückseite sich ein Büro mit separatem Eingang befand. Der dritte Trailer enthielt eine Werkstatt und vier Gästezimmer mit Bad.

Die Moskitos ließen Wolf nicht in Ruhe. Er ging zu seinem olivgrünen Ranger-Jeep, der unter dem gewaltigen Hinweisschild *Wolfs Everglade Tours* geparkt war, nahm ein Päckchen Zigaretten aus dem Handschuhfach und zündete sich eine an, in der Hoffnung, der Rauch würde die Moskitos verjagen. Er schaute ungeduldig auf die Uhr, als am hitzeflimmernden Horizont drei mächtige Trucks auftauchten. Ihre Warnblinklampen auf den Führerhäuschen blitzten grell, und die Laster wirbelten den Straßenstaub auf. Wolf rannte zur Straße und stoppte die Trucks.

„Folgt meinem Jeep!" brüllte er, sprang in den Ranger und fuhr über die neue Schotterstraße durch die Mangrovensümpfe. Die hohe, sturmflutsichere Chaussee führte die Fahrzeuge auf eine flache, sumpfige Halbinsel, die mit Gras, Schilf und niedrigen Büschen bewachsen war. Nur zum Fluß hin standen einige Mangroven. Ein paar Alligatoren, die sich im lauwarmen Uferschlamm sonnten, schlüpften lautlos ins Wasser, als die Lastwagen kamen.

Vorsichtig wics Wolf dic Trucks ein. Dem Wohntrailer gab er den besten Platz: das Wohnzimmerfenster zeigte zum Wasser, und der Büroeingang lag zur Schotterstraße. Über der Bürotür stand in grünen Kunststofflettern, die von drei Lampen angestrahlt werden konnten, ebenfalls *Wolfs Everglade Tours.*

Den Werkstatt- und Gästewagen stellten sie mit der Breitseite zum Fluß, so daß man aus den Gästezimmern direkt darauf schauen konnte. Den dritten Trailer bugsierten sie in eine versteckte Mangrovenlichtung am Rand der Insel. Die Männer richteten die Trailer mit Hydraulikheber und Hohlblocksteinen aus. Dann stiegen sie in ihre Laster und brummten davon.

Wolf setzte sich an den neugebauten Holzpier, zündete sich eine weitere Zigarette an und betrachtete die drei funkelnagelneuen Propellergleitboote. Aus dem Fluß ragten für einen Augenblick kleine Schildkrötenköpfe, und am gegenüberliegenden Ufer suchten zwei weiße Reiher im seichten, braunen Wasser nach Nahrung. Die Wasseroberfläche kräuselte sich, und Wolf bemerkte eine harmlose, braunrote Ratsnake. Ab und zu schoß ein Mulletfisch mit einem lauten „Platsch" zurück ins Wasser. In einem abgestorbenen Baum verbarg sich ein Seeadlernest, in dem die Alte ihre zeternden Jungen fütterte.

Ohne die verdammten Moskitos wäre dieser Ort ein Paradies, dachte Wolf und lehnte sich zurück, als in einer mächtigen Staubwolke ein Wagen angebraust kam. Nachdem die Wolke sich verzogen hatte, erkannte er seinen neuen, gelben Pickup. Vorn saßen zwei Venezolaner, die vorher bei Jorge gearbeitet hatten und nun Wolf zur Seite gestellt waren.

„Habt Ihr alles bekommen?" fragte Wolf.

„Si", erwiderte Manuel, ein kräftiger Mann, der für die Boote, Autos und Trailer zuständig war.

„Todo", bestätigte Raol, ein ehemaliger Kellner, der für Sauberkeit, Küche und Gästeservice eingestellt war.

Mit ein paar Handgriffen stellte Manuel die Stromversorgung für die Trailer her. Die Klimaanlagen fingen an zu rauschen, und die Kühlschränke, Wasserpumpen und Warmwasserspeicher summten.

„Señor, die Klimaanlagen brauchen etwa eine

Stunde, um die Wohnräume runterzukühlen“, sagte er lächelnd und zeigte dabei seine Goldzähne.

Die beiden Venezolaner entluden den Truck und schleppten Vorräte, Treibstoff, Ersatzteile und Gerätschaften aller Art in die Trailer. Bis spät in die Nacht hinein wurde eingeräumt.

Danach lud Wolf Manuel und Raol zu einem Drink ein. Nach einer Stunde schliefen alle erschöpft in ihrem neuen Zuhause ein.

In den nächsten Tagen gab es viel zu tun. Die Venezolaner erkundeten mit dem Boot zukünftige Fahrtrouten für die Touristen. Den Landungssteg am Fluß konnten sie vom Meer aus kaum finden. Sie brauchten oft Stunden für den Rückweg und nur der Kompaß beendete manche Irrfahrt. Deshalb brachten sie gut sichtbare Markierungen an den Bäumen an.

Nach einer Woche präsentierten sie eine Tour für Natur- und Tierliebhaber mit Besuch einer Vogelinsel, wo brütende Flamingos zu beobachten waren. Und natürlich durften die Alligatoren nicht fehlen. Die zweite Tour in ihrem Angebot war für Angler.

Unter dem großen Plakat an der Straße brachten sie ein Schild an: „Komm und sieh Dir die 1000 hungrigen Alligatoren an! Everglades Touren nur $ 7.“

Das Geschäft lief gut an, allerdings stand der Ertrag in keinem Verhältnis zum Aufwand. Schließlich kosteten Grundstück, Trailer und die Boote eine Menge Geld, hinzu kamen Versorgung und Gehälter.

Wenn nicht viel los war, saß Wolf am Pier und angelte Sheepheads, Redfish und Snooks. Raol briet die

Filets in Butter, mit viel Knoblauch und etwas Weißwein. Sie aßen dann die wohlschmeckenden Fische, und Wolf trank ein Glas Mateus-Weißwein dazu und hörte Classic Rockmusik.

Nachts fuhr Wolf oft nach Naples, um etwas Abwechslung zu finden. Manuel war Familienvater, der abends nach Hause fuhr. Lediglich Raol, ein ruhiger Mensch, der sich in seinem Zimmer verkroch und sich Wolf gegenüber scheu verhielt, wohnte permanent auf der Insel.

Eines Tages fuhr Wolf nach Marco Island, um einen Hamburger zu essen, als ein Polizeiwagen vor dem Restaurant hielt. Der dicke Sheriff schaute sich Wolfs Mercedes-Cabriolet genau an und kam dann herein. Am Tresen orderte er eine Diät-Cola und setzte sich dann in Wolfs Nähe. Ab und zu nahm er einen Schluck aus dem Pappbecher und schaute immer wieder zu ihm hinüber. Wolf registrierte das, ließ sich aber nichts anmerken. Nach ein paar Minuten stand der Sheriff auf, trat zu Wolf an den Tisch und fragte höflich: „Sagen Sie, Mister, die Uhr, die Sie da tragen, ist das eine echte Rolex?"

Wolf nickte.

„Entschuldigen Sie, Mister, ich habe noch nie eine echte gesehen. Darf ich sie mal anschauen?"

Wolf nahm die Uhr vom Arm und reichte sie dem Polizisten. Der pfiff durch die Zähne und murmelte: „Teufel! Hat die ein Gewicht. So ein Ding soll über 15.000 Dollar kosten?"

„In Europa, wo ich herkomme, kostet sie nur die Hälfte", meinte Wolf und legte die Uhr wieder um.

„Nicht zu glauben, diese Preisunterschiede", sagte

der Sheriff und fragte weiter: „Woher kommen Sie denn, Mister?“

„Aus Germany.“

„Wissen Sie, Mister, letzte Woche ist in meinem Bezirk eine goldene Rolex mit Daydate gestohlen worden“, sprach der Sheriff weiter.

„Meine ist eine Datejust. Die kann es nicht sein“, grinste Wolf amüsiert.

„Ich tue nur meine Pflicht“, stotterte der Sheriff.

„Klar“, meinte Wolf.

„Goodbye, Mister“, sagte der Sheriff.

„Bye, Sir“, antwortete Wolf.

Der Uniformierte ging hinaus und notierte sich im Vorbeigehen Wolfs Autonummer.

Wolf fluchte verärgert: „Scheiße! Jetzt kann ich mich hier nicht mehr sehen lassen.“

Damit waren seine Fahrten nach Marco Island gestorben.

Zur Abwechslung fuhr Wolf jetzt ein- oder zweimal die Woche nach Miami und ging ins Bal Harbour. Eines Tages, er saß im Café Paris, las die *Welt* und trank Kaffee und Cognac, sprach ihn plötzlich eine Dame an: „Mein Lieber, Du hier in Miami? Das ist ja eine Überraschung!“

Wolf blickte auf und traute kaum seinen Augen. Vor ihm stand Tara. Sie trug einen schwarzen, hautengen Seidenanzug, hohe Stöckelschuhe und um den Hals eine dicke, goldene Kette, an der als Anhänger ein Adler mit geöffneten Schwingen baumelte. Ihre glänzend schwarzen Haare waren zu einem Zopf geflochten, den sie mit einem goldenen Kamm hochgesteckt hatte. Anstelle ihrer goldenen

Maske trug sie eine dunkle, übergroße Sonnenbrille. Wolf stand auf, küßte sie auf die Wange und bot ihr einen Stuhl an.

„Darf ich Dich zu Kaffee und Cognac einladen?“ fragte er.

Tara nickte lächelnd und setzte sich zu ihm.

„Wie bist Du aus dem Gefängnis gekommen? fragte sie.

Wolf grinste und fragte zurück: „Und wie seid Ihr rausgekommen?“

Beide schauten sich an und lachten.

Wolf, der immer schon scharf auf Tara gewesen war, freute sich über dieses unverhoffte Wiedersehen und war sehr charmant. In ein paar Worten berichtete er von seinem Ibiza-Abschied.

Tara hörte interessiert zu und erzählte dann ihre Geschichte: Sie war mit ihrer Sippschaft nach Kolumbien geflohen und von dort mit gefälschten kolumbianischen Pässen nach Key West eingereist – als Touristen.

„Wir haben eine Yacht gekauft und chauffieren damit reiche New Yorker Geschäftsleute durch die Nord-Karibik. Das Schiff läuft unter panamesischer Flagge.“

Wolf erzählte ihr von seinem Everglade-Tour-Business. Dabei nahm er ihre Hand, schaute sie an und flüsterte: „Mädchen, seit ich Dich das erste Mal gesehen habe, bin ich fasziniert von Dir.“

Tara lächelte verführerisch und sagte mit zärtlicher Stimme: „Ich mag blonde, starke Männer mit blauen Augen, vor allem, wenn sie mich verwöhnen.“

Sie küßte ihre Fingerspitzen und hielt sie ihm hin,

der sie, sich regelrecht nach ihr verzehrend, ebenfalls küßte.

„Warum trägst Du immer eine Maske oder jetzt diese dunkle Brille?“ fragte Wolf.

Sie holte ein goldenes Zigarettenetui aus ihrer Handtasche, dazu ein chinoises Dupont-Feuerzeug, das Wolf ihr aus der Hand nahm, um ihr die Zigarette anzuzünden. Sie tat einen tiefen Zug, lehnte sich zurück und lächelte spöttisch.

„Manchen Leuten erzähle ich, ich hätte furchtbar sonnenempfindliche Augen. Anderen, daß ich für meine Sippe ein Gelübde abgelegt habe. Wieder anderen, daß mich kein Mensch ohne Brille oder Maske wiedererkennen würde, wenn ich bloß meine Haare blond färbte. Du hast die Wahl. Such Dir das Passende aus, mein Schatz!“

Sie nahm seine Hände und küßte sie. Wolf war elektrisiert. Er hätte nie gedacht, so schnell bei ihr landen zu können.

„Schön, daß wir uns hier gefunden haben“, flüsterte sie.

„Schon auf Ibiza habe ich versucht, Dir näherzukommen“, sagte er. „Ganze Nächte habe ich von Dir geträumt. Aber Du warst immer von Deinen Leuten umgeben.“

Sie hob die Augen und zeigte auf die Balustrade des ersten Stockwerks. „Bin ich immer noch, Liebling.“

Oben stand der Mann im Tartarenkostüm und starrte mit grimmiger Miene zu ihm hinunter.

„Er scheint mich nicht sonderlich zu mögen“, sagte Wolf.

„Ach, Joschka ist mein Cousin. Ich kann mich auf ihn verlassen.“

„Jag ihn weg, diesen Zombie!“

Sie lächelte.

„Ich will Dich!“ sagte sie und küßte ihm auf die Wange. „Aber jetzt muß ich gehen.“

Tara stand auf und reichte ihm die Visitenkarte ihrer Charterboot-Firma. „Besuch mich in Key West.“

Wolf war ganz benommen, einerseits verwirrte ihn die Welt, in der Tara lebte, er verstand sie einfach nicht, andererseits hatte er sich höllisch in sie verliebt.

„Ich liebe Dich“, sagte er unbeholfen und nahm ihre Hände.

Sie beugte sich zu ihm und flüsterte in sein Ohr: „Ich glaube, es liegt eine Bestimmung darin, daß wir uns wiedergetroffen haben. Besuch mich.“

Dann war Joschka da, legte seinen Arm auf Taras Schulter und zog sie weg.

Wir fuhren wieder einmal nach Key West. Es war ein drückend heißer Sommertag, als wir mit unserem Rolls Royce in die US-1 einbogen. Ich schob meinen Panamahut in den Nacken und ließ die Seitenfenster herunter. Sofort strömte die frische, feuchtwarme Meeresluft ins Wageninnere.

Mein rechter Arm hing lässig aus dem Fenster, mit der linken Hand steuerte ich den schweren Wagen. Meine goldene Rolex mit Brillantenkranz glänzte in der Sonne.

„Gehen wir zu Mrs. Shepps?“ fragte ich Jean, die mir zunickte.

Das historische Café mit einem Süßwarenladen hatte eine schattige, überdachte Terrasse zur Straße hin. Spezialität des Hauses war eine berühmte Key West-Delikatesse: Keylime-Pie, Zitronencremetorte mit Schlagsahne. Direkt vor der Terrasse war ein Parkplatz frei. Ein paar Touristen schielten neugierig zu uns rüber. Ich parkte ein. Wir bestellten zwei Portionen Keylime-Pie, dazu Kaffee und schauten dem bunten Treiben zu. Immer wieder fuhren offene Sportwagen vorbei. Als ein weißes Mercedes-Cabriolet mit aufgeklebter deutscher Flagge vorbeirollte, erkannte ich den Fahrer sofort: Wolf Schmidt. Aus den Boxen dröhnte laut: „And I don't give a damn about a greenback dollar."

Neben ihm saß ein Mädchen mit einem Strohhut und Samtbändern, die im Fahrtwind flatterten. Obwohl ich ihr Gesicht nicht gut sehen konnte, schien sie mir sehr hübsch. Dann sah ich die goldene Maske. Bevor ich Wolf etwas zurufen konnte, war der Wagen verschwunden.

„The Gipsy-Queen", flüsterte einer am Nebentisch seinem Nachbarn zu. Ich schaute Jean an. Sie sagte kein Wort.

Wolf wurde von einem lauten Klopfen an seiner Wohnwagentür geweckt.

„Ich komm' ja schon", brummte er schläfrig. „Sechs Uhr morgens. Wer kann das sein? Hoffentlich nicht die Polizei . . . Die Polizei?"

Plötzlich war er hellwach und sprang aus dem Bett.

„Ah, Jorge!" sagte er erleichtert.

Jorge kam nervös herein und setzte sich aufs Sofa.

„Hör zu, Amigo“, sagte er und nahm einen schwarzen Kasten aus seiner Jackentasche. „Das ist ein Fernlenksender. Unser Schiff ist jetzt auf hoher See. Die Jungs dirigieren ein drei Meter langes, ferngesteuertes Flugzeug in unsere Richtung.“

Er stellte ein tragbares Kurzwellenradio auf den Tisch. Dann öffnete er ein Fenster und montierte draußen die Antenne. Er versuchte, im Radio eine bestimmte Frequenz einzustellen. Außer einem Rauschen war nichts zu hören.

„Caramba, ich habe doch 88 eingestellt“, sagte er und versuchte, die Frequenz genauer zu lokalisieren. Wolf nahm den Sender und schaute ihn lange an, sagte aber nichts. Dann gab er ihn Jorge zurück. Sie warteten ungefähr eine halbe Stunde, bis endlich eine Tangomelodie aus dem Lautsprecher ertönte.

„Das ist das Zeichen. Nun sind es noch fünf Minuten“, sagte Jorge.

Beide schauten sie auf ihre Uhren. Dann erklang erneut die Melodie. Jorge wischte sich den Schweiß von der Stirn.

„Bueno“, seufzte er, „jetzt fliegt die Maschine ganz niedrig unter der Radarüberwachung durch und in das amerikanische Hoheitsgebiet hinein. Wir übernehmen dann das Flugzeug und steuern es in unsere Richtung.“ Jorge nahm das Gerät und ging zur Tür. „Komm mit, Wolf!“

Sie gingen zum Pier. Der Morgen graute. Es würde nicht mehr lange dauern, dann war es ganz hell. Jorge hielt die Antenne des Senders in Richtung der Flußmündung.

„Ich glaube, da hinten kommt es“, schrie er.

Jetzt sah Wolf, daß Manuel im Boot wartete.

„Weißt Du, wie der Sender funktioniert?“ fragte ihn Jorge und drückte ihm das Gerät in die Hand. „Mach es, damit Du’s lernst.“

Wolf nickte und dachte daran, wie er das Flugzeug des kleinen Jungen im Gefängnishof hatte zerschellen lassen.

„Sobald das Flugzeug über unserem Gebiet ist, drückst Du auf den weißen Knopf hier. Dann fällt es runter.“

Inzwischen konnte man das helle Knattern des Motors hören und endlich war auch das Flugzeug zu sehen. Wolf steuerte es etwas nach links und dann nach rechts.

„Funktioniert!“ meinte er zufrieden und dirigierte die Maschine in die Mitte des Grundstücks.

Dann drückte er den weißen Knopf. Schlagartig verstummte das Knattern. Das Flugzeug begann zu trudeln und verschwand hinter den Bäumen.

„Fahr mit Wolf und hol die Ladung“, rief Jorge Manuel zu.

Dann wandte er sich Wolf zu.

„Das ist der Schlüssel eines Schließfachs in der Greyhound Station von Miami. Heute, Punkt drei Uhr, stellst Du eine Reisetasche mit der Ladung in das Schließfach, okay?“ Er klopfte ihm auf die Schulter. „Dein Honorar und ein neuer Schlüssel für das nächste Mal liegen im Fach, Amigo. Bei der nächsten Anlandung machst Du alles genauso. Adios!“

Jorge setzte sich in seinen unauffälligen grauen Chevy und fuhr davon. Dann stieg Wolf zu Manuel ins Boot.

Es war bereits hell und schon sehr heiß. Wolf war total durchgeschwitzt. Doch der Wind, den die Propeller des Bootes entfachten, kühlte ein wenig.

Nach einigem Suchen fanden sie die zerschmetterte Maschine in einer Mangrovengruppe. Sie legten das Wrack ins Boot.

Wolf öffnete den hölzernen Rumpf mit einer Machete und nahm ein versiegeltes, mindestens dreißig Kilo schweres Paket heraus.

„Jede Menge bunte Träume“, scherzte er.

„Si, Señor“, sagte Manuel und grinste wissend.

Sie fuhren zum Camp zurück. Manuel brachte die Flugzeugreste in den leeren Trailer, um sie später zu verbrennen.

Wolf verstaute die Ladung in einer Reisetasche und verschloß diese im Kofferraum seines Wagens. Dann stieg er ein und fuhr nach Miami.

Wolf hatte kein gutes Gefühl. Er wünschte, es würde keine Anlandungen mehr geben. Das Leben im Camp, in der Wildnis der subtropischen Everglades, gefiel ihm. Außerdem rutschte das Geschäft mit den Tours allmählich in die Gewinnzone. Die Wochenendeinnahmen waren enorm, und weil dieses Geschäft kaum kontrollierbar war, steckte er den größten Teil des Geldes als Schwarzgeld ein. Zum ersten Mal in seinem Leben lief ein Geschäft, das er aufgebaut hatte, mit sattem Profit. Die Gästezimmer waren auf Wochen ausgebucht und an dem Schalter standen die Tagesgäste Schlange.

Mit Tara traf er sich jetzt regelmäßig auf ihrer Motoryacht in Key West. Allerdings nur am Tag, sie gab ihm nicht die Möglichkeit, mit ihr zu schlafen. Wenn es Abend wurde, hatte sie plötzlich immer etwas Wichtiges zu erledigen.

Bei ihrem letzten Treffen küßten sie sich leidenschaftlich in seinem Wagen. Als Wolf versuchte, ihr die Brille abzunehmen, schrie sie erschrocken auf und riß seine Hände weg. „Mach das nie wieder! Mach das nie wieder, wenn Du mich liebst!"

Er versprach es, um sie zu besänftigen, aber ihre Brillenmarotte fand er weiterhin lächerlich.

Jean war auf einer Wohltätigkeitsveranstaltung *Hunger in der Welt* in ihrem Frauenklub . . .

Vor ein paar Tagen hatte ich mir einen geilen Hut gekauft. Einen weißen, handgeflochtenen Panamahut mit breitem rosa-beigem Band, auf dem schwarze Palmensilhouetten prangten. Wenn ich den aufsetzte und nicht rasiert war, bildete ich mir ein, wie ein Mafioso aus einem Hollywoodfilm auszusehen. Dazu weiße Hose, weiße Schuhe und ein Floridahemd mit Papageien drauf. Das Hemd weit aufgeknöpft, damit man meine dicke goldene Halskette mit dem Goldbarren sehen konnte. Ich fand, das war ein wirklich geiler Look!

Ich mußte dreimal den St. Armands-Circle umfahren, bis endlich ein Parkplatz direkt vor der Terrasse von Charlys Crab frei war. Also ehrlich, ohne meinen Rolls Royce fühle ich mich ganz nackt.

Ich parkte lässig ein und setzte mich an den linken der beiden noch freien Lunchtables. Weil ich ein bißchen was für meine Figur tun muß, bestellte ich mir nur ein Sandwich mit Ei und einen Eistee. Dabei las ich im neuesten *Spiegel*, der zwar schon eine Woche alt, aber erst am Morgen bei meinem Zeitschriftenhändler in Sarasota angeliefert worden war.

Plötzlich setzte sich eine starke Frau an den Nebentisch. Sie hatte eine aufwendige, frisiersalongepflegte Löwenfrisur, trug eine gigantische lila Sonnenbrille auf ihrer Puppennase und dazu den passenden Lippenstift. Bekleidet war sie mit einem engen, maßgeschneiderten, grauen Seidenkostüm, das ihre gewaltigen Brüste und den knackigen runden Po richtig zur Geltung brachte.

Um zu vermeiden, daß mich wollüstige Gedanken packten, konzentrierte ich mich weiter auf den Leitartikel im *Spiegel.* Ich glaube, es war ein Bericht über den Aufstieg von Helmut Kohl. Das half ein wenig, und ich kühlte etwas ab.

Die hübsche Nachbarin schlug die Beine übereinander, so daß ihr Rock etwas hoch rutschte.

Ich lugte über den Rand der Zeitung zu ihr und stellte mir vor, wie sie ohne Rock und Höschen aussehen würde. Zum Glück rotierten die Deckenventilatoren auf Höchststufe.

Sie schien bemerkt zu haben, daß ich sie beobachtete und nahm für einen Moment ihre Brille ab. Gott, was für hübsche, grüne Augen! Sie lächelte mir zu.

Die hat bestimmt gesehen, daß ich Rolls-Fahrer bin, dachte ich, und nun will sie mich anmachen.

So lächelte ich erstmal zurück, senkte aber trotzdem den Kopf, um weiter den Artikel über Kohl zu lesen. Da hörte ich ein leises „Hello" vom Nachbartisch. Es war die Alte, und sie deutete mit dem Zeigefinger auf ihre Dreieckszone. Das warf mich fast um, und ich guckte verschämt, ob irgend jemand diese Geste mitgekriegt hatte.

Die Ventilatoren summten und einige Cruising-Cadillacs umkreisten langsam den Platz. Die Leute an den Nachbartischen quatschten miteinander, und keiner schaute zu uns.

Machen die Nutten das hier in USA so direkt, fragte ich mich und schaute wieder zu ihr.

Sie lächelte mich unschuldig an und deutete unmißverständlich auf ihre Muschizone. Dann zeigte sie rüber auf meine Hose.

Ich legte nervös meinen *Spiegel* auf den Tisch und guckte nach unten. Der Reißverschluß meiner Hose stand weit offen und heraus hing ein Hemdzipfel.

Zack! Blitzschnell steckte ich ihn wieder rein und zog den Verschluß hoch. Ich schaute zu ihr und spürte, wie meine Ohren heiß und rot wurden.

Sie setzte ihre Brille auf und schenkte mir noch ein Lächeln.

„Thank you very much, Lady!“ sagte ich höflich und zog mit einer kleinen Verbeugung meinen Hut.

Sie lächelte noch einmal, senkte ihr hübsches Köpfchen und löffelte eine gewaltigen violetten Berg Erdbeer-Sundae in ihr süßes Mündchen.

Als Wolf Tara im Herbst anrief, um ihr Rendezvous zum Monatsende um eine Woche zu verschieben, weil eine erneute Anlandung anstand, war ihr das nur recht. Sie seien mit ihrem Schiff überraschend ausgebucht und eine Verlegung käme ihr ganz gelegen, sagte sie erleichtert.

Kurz vor der Anlandung rief Ricardo Gonzales an

und erklärte Wolf, daß Jorge bei einem Badeunfall umgekommen sei.

„Komm bitte nach Miami. Wir treffen uns um vier auf dem Bal Harbour Parkplatz. Ein schwarzer Cadillac wartet dort auf Dich. Und vergiß nicht, einen schwarzen Anzug mitzunehmen. Jorge wird übermorgen beerdigt", sagte er.

Wolf war geschockt, er hatte Jorge sehr gemocht, gleichsam kam ihm die Sache sehr merkwürdig vor. Er fuhr nach Miami und kaufte sich in der ersten Shopping-Mall einen schwarzen Anzug, ein weißes Hemd und schwarze Krokodillederschuhe.

Pünktlich um vier traf er auf dem Parkplatz ein. Dort wartete bereits eine schwarze Stretch-Limousine mit dunklen, undurchsichtigen Fenstern. Die hintere, rechte Tür öffnete sich und Ricardo bat ihn einzusteigen. Dann setzte sich der Wagen in Bewegung.

Wolf sah Ricardo fragend an.

„Es wird sich vieles ändern", sagte Ricardo. „Wir fahren zum Big Boß. Die Organisation wird umstrukturiert. Du bist ab sofort mir unterstellt und . . . na, wir werden sehen. Das ist alles, was ich Dir zur Zeit sagen kann."

Sie fuhren nach Star Island, der Insel der Multimillionäre. Hier lagen, von der Straße aus kaum sichtbar, in Palmenhainen versteckt, monströse Villen mit eleganten Toreinfahrten, hinter denen bewaffnete Männer Wache schoben. Vor einem dieser Tore hielt der Cadillac. Es öffnete sich automatisch und der lange Wagen glitt hinein. Ricardo ließ die Scheibe herunter und nickte dem Wachposten zu. Das Tor schloß sich wieder. Sie fuhren eine lange, mit Dattelpalmen gesäumte Allee entlang, bis zu einem prächtigen Garten, in dem ein künstlicher Teich angelegt war. Dann tauchte eine exakte Kopie des Weißen Hauses auf. Mächtig stand das Gebäude da.

Wolf war überwältigt.

„Dir wird ein Zimmer zugewiesen, dort wartest Du. Wir werden vermutlich bis spät in die Nacht konferieren", erklärte Ricardo.

„Werde ich auch an der Konferenz teilnehmen, Señor Gonzales?" fragte Wolf.

„Das kann ich noch nicht sagen. Der Big Boß mag keine Gringos. Aber halte Dich bis Mitternacht zur Verfügung. Vielleicht brauchen wir Dich."

In der marmornen Eingangshalle wartete ein südamerikanischer Diener. Er brachte Wolf mit dem Fahrstuhl nach oben und führte ihn in sein Zimmer. Wolf schaute aus dem Fenster und hatte einen prächtigen Blick auf die Hafenöffnung von Miami. Die mächtigen Wellen rollten gleichförmig heran.

Dann schenkte er sich einen doppelten Scotch aus der gut bestückten Bar ein und schaltete den Fernseher an. Stundenlang schaute er sich Spielfilme an. Nichts passierte. Es schien, als habe man ihn vergessen. Kurz nach Mitternacht legte er sich endlich schlafen.

Am nächsten Morgen weckte ihn ein Klopfen. Der Diener brachte auf einem Servierwagen das Frühstück und teilte ihm mit, daß er zur Beerdigung in einer Stunde unten in der Halle zu erscheinen habe.

„Nach den Feierlichkeiten fliegen die Trauergäste in einem gecharterten Flugzeug zu einem Essen zu

Ehren von Señor Jorges Ortega nach Longboat-Key“, informierte er Wolf.

Ich hatte meinen Rolls gewaschen und die silberne Lady auf dem Kühlergrill auf Hochglanz poliert. Jean und ich hatten uns in Schale geschmissen, denn wir waren auf dem Weg zu unserem Stammplatz am Meer, dem Colonial Paradise Club auf Longboat Key.

Jean trug ein schlichtes weißes Leinenkleid und eine Lacoste-Sonnenbrille, am linken Handgelenk eine goldene Cartier-Tank und am Ringfinger einen 2-karätigen Brillantring.

Wir setzten uns in die Limousine und fühlten uns wie die Vanderbilts. Der Wächter mit dem weißen Tropenhelm öffnete uns grüßend den Schlagbaum und unsere Nobelkarosse glitt lautlos hinein, in den feudalsten Strandspielplatz der Westküste.

Wir gingen zur Beachbar, stellten zwei Stühle an die Reeling und orderten zwei Wein-Coolers. Wie ein glutroter Ball versank die Sonne im Meer.

Unter der mit Palmwedeln überdachten Terrasse bauten mehrere Kellner einen langen Buffettisch auf. Zwei gut aussehende schwarze Mädchen in beigen Clubuniformen und gebügelten rosa Schürzen drapierten farbenprächtige Blumengestecke. Hinzu kamen silberne Schalen mit ausgesuchten Früchten. Zuletzt trugen sie verschwenderisch dekorierte Platten mit Lachs, Kaviar, Shrimps, Hummer und Truthahn auf. Endlich wurden die langstieligen Fackeln an der Reeling angezündet. Ein Kellner schob einen fahrbaren Grill auf das Deck. Ein großer Schwarzer in Clubuniform mit weißer Kochmütze tranchierte das Fleisch und legte es vorsichtig auf den Grill.

Über dem Golf von Mexico zogen dunkle, schwere Wolken auf und es wurde kühler. Die Wellen klatschten laut an den Fishing-Pier des Clubs. Erste Wetterleuchten tauchten am Horizont auf, aber die Angestellten arbeiteten ungerührt weiter. Gläser, Flaschen und Eiskühler wurden sorgfältig eingeräumt.

„Henker, das gibt heute eine Mordsparty hier", sagte ich beeindruckt zu Jean.

„Eine Mordsparty und ein Mordsunwetter", entgegnete sie trocken.

Vor der Kulisse aus Palmen, brennenden Fackeln und dem tobenden Meer tauchte ein Paar auf. Er, dunkler Anzug mit schwarzem Seidenschlips, graue Haare und energisches Kinn, sah aus wie ein wohlhabender Latino-Geschäftsmann. Sie, eine Latina, etwas mollig, im langen, schwarzen Abendkleid, war mit Smaragden und Brillanten geschmückt.

Beide schauten zufrieden das Buffet an und probierten hier und da ein Häppchen. Dann gingen sie Arm in Arm zur Reeling und starrten auf das aufgewühlte Meer. Sie diskutierten aufgeregt, daraufhin gab der Mann Anweisung, die Tafel in der Mitte der Palmwedelüberdachung zu plazieren. Der ganze Trubel begann nochmal von vorn.

Inzwischen trafen die ersten Gäste ein, alle in festlicher Abendgarderobe. Sie wurden herzlich begrüßt.

Dann fing es zu regnen an, anfänglich nur ein paar dicke Tropfen, doch dann goß es in Strömen; der Wind kam in heftigen Böen und die Wellen peitschten über den Pier.

Ich drückte meinen Panamahut fester auf den Kopf und flüchtete mit Jean unter ein weitläufiges Sonnendach, das vom Pool bis zum Hoteleingang reichte.

Da unter der Palmwedelüberdachung nur wenig Platz war, kamen die Gäste, beladen mit vollen Tellern und Gläsern, ebenfalls zu uns unter das Sonnendach. Es waren zumeist Südamerikaner und sie sprachen alle Spanisch.

Der Gastgeber saß nicht weit von uns an einem Nebentisch und prostete uns freundlich zu. Er wußte natürlich, daß wir nicht zu seiner Gesellschaft gehörten, ließ es sich aber nicht nehmen, mit einer gönnerhaften Geste auf das Buffet zu deuten und etwas auf Spanisch zu sagen, das wir als ein „Seid meine Gäste, bedient Euch“ interpretierten.

Ich bedankte mich mit einem Nicken, und als der Regen etwas nachgelassen hatte, ging ich an den langen Tisch, legte die köstlichsten Sachen auf zwei Teller und brachte sie Jean. Dann holte ich noch zwei Gläser Champagner und unser Glück war perfekt!

Der Wind hatte nachgelassen, auch regnete es kaum noch, nur die Wellen mit ihren weißen Schaumkronen schienen sich nicht zu beruhigen.

Wir prosteten den anderen Gästen freundlich lächelnd zu und sagten dauernd „Gracias“ und „Si, si“.

Plötzlich sah ich Wolf Schmidt auf der Party! Er stand allein an der Reeling. Mit seinen hellen, blonden Haaren, braungebrannt, sah er blendend aus.

Wolf drehte sich um und erkannte uns ebenfalls. Er lächelte mit seinem typisch frechen Grinsen.

Nachdem er Jean einen übertrieben eleganten Handkuß gegeben hatte, klopfte er mir kräftig auf die Schulter.

„Leute, nein, das ist nicht wahr! Wohnt Ihr jetzt hier?“ begrüßte er uns. „Sag mal, der Rolls vor der Tür, mit dem Nummernschild 'German One', ist das Dein Auto?“

Er stellte eine Frage nach der anderen, und wir antworteten geduldig, denn wir hatten uns ja so lange nicht gesehen.

„Nach Ibiza bin ich gleich hierhergekommen“, begann er – aber die Story kennen Sie ja schon.

Auch ich erzählte ihm unsere Geschichte und daß wir ihn vor zwei Wochen mit Tara auf Key West gesehen hätten.

Er lächelte. Dann rief jemand nach ihm. Er gab uns seine Visitenkarte.

„Adi, Jean, bitte entschuldigt mich. Ich bin geschäftlich hier und muß mich um ein paar Leute kümmern. Ruft mich in den nächsten Tagen an. Also wirklich, daß ich Euch hier wiedersehe“, er schüttelte den Kopf und verschwand.

Als eine Hispano-Band anfing zu spielen, verabschiedeten wir uns dankend von dem Gastgeber und winkten noch einmal zu Wolf herüber, der mit einer Gruppe südamerikanischer Männer an einem Tisch saß. Wir stiegen in den Wagen und fuhren nach Hause.

Nur ein paar Tage später hielten wir erneut beim Colonial Paradise Club und nahmen einen Aperitif. Als wir unsere Bestellung aufgaben, fragte uns der Kellner: „Kannten Sie Señor Ortega persönlich?“

„Was meinen Sie?“

„Das Festessen, vor ein paar Tagen, als Sie hier waren. Es war zu Ehren des verstorbenen Jorge Ortega, ein Geschäftsmann aus Lateinamerika.“

Als er unsere überraschten Gesichter sah, erklärte er weiter: „Ortega ist auf mysteriöse Weise umgekommen. Es stand in allen Zeitungen. Er soll ein Drogengangster gewesen sein.“

Zwei Tage nach der Beerdigung klingelte das Telefon in Wolfs Wohnwagen. Es war Ricardo und er kam gleich zur Sache: „Wolf, ich muß Dir sagen, daß Du draußen bist. Manuel ist Dein Nachfolger, übergib ihm alles. Du bekommst von unserem Notar in Miami Deinen Anteil ausbezahlt und erhältst zusätzlich eine Abfindung von 20.000 Dollar.“ Er seufzte. „Es tut mir leid. Aber ich hab ja gesagt, der Boß mag keine Gringos.“

Wolf brauchte eine Weile, um zu kapieren.

„Aber, Señor Gonzales, ich habe ein halbes Jahr harte Arbeit in den Job investiert. Ihr könnt mich nicht einfach abschieben. Kann ich mit dem Boß sprechen?“ fragte er verärgert.

„Nein, Mann. Du kennst unseren Verein. Da wird nicht lange gefackelt. Nimm Deinen Anteil und vergiß die ganze Sache, das ist das Beste! Wir kennen uns dann nicht mehr. Comprende?“

„Si, Señor“, sagte Wolf und legte benommen den Hörer auf.

„Scheiße!“ brüllte er und begann wütend, seine Sachen in eine Reisetasche zu werfen.

Wolf zog wieder ins Sheraton in Miami-Beach.

Er rief Tara an und war überrascht zu hören, daß sie ebenfalls nach Miami umziehen wollte.

„Was ist mit Deinem Chartergeschäft, Mädchen?"

„Das ist geplatzt. Unser südamerikanischer Partner ist ausgestiegen, dann konnten wir die Yacht nicht mehr halten. Er ist bei einem Unfall umgekommen", sagte Tara.

Sie verabredeten sich für nächsten Sonntag in South Beach am Strand.

Tara lag auf einem weißen, mit goldenen Sonnen bestickten Badetuch und trug einen winzigen Bikini aus Wildleder. Ihre goldfarbene Sonnenbrille funkelte in der Sonne.

„Hi, Goldilook!" sagte Wolf, als er sie sah, und küßte ihren Bauchnabel.

„Hi, Liebling", hauchte sie zurück.

Er zog Hemd, Shorts und Schuhe aus und legte sich zu ihr.

„Sag mal, warum bist Du plötzlich wieder in Miami-Beach? Deine Everglades-Touren liefen doch gut", fragte sie ihn.

„Es ging mir wie Dir, Schatz. Mein Finanzier aus Südamerika ist überraschend gestorben. Badeunfall . . ."

Er schaute Tara grinsend an.

„Weißt Du, ich glaube, wir hatten beide denselben Partner. Ihr habt vom Schiff aus das Flugzeug zu mir gesteuert, und ich hab' die Ladung in Empfang genommen."

Tara sah ihn fassungslos an.

„Sprichst Du etwa von Jorge Ortega?" fragte sie.

„Ich spreche von Jorge Ortega.“

„Das gibt es nicht“, stöhnte sie.

„Ja, mein Schatz. Und seine Nachfolger haben uns ganz einfach rausgeschmissen.“

Wolf nahm ihren Kopf zärtlich in seine Hände.

„Was hältst Du davon, wenn wir denen eins auswischen?“

Sie konnte nicht antworten, denn seine Lippen küßten sie innig. Es gab in diesem Augenblick nur noch sie beide und das ewige Rauschen der Wellen.

Manchmal fuhren Jean und ich vor Sonnenaufgang nach Snead Island, einer ehemaligen Pirateninsel, die inzwischen durch eine Betonbrücke mit dem Festland verbunden ist. Unser knallbunter Allrad-Jeep ist ideal, um direkt am Strand im nassen Sand ein paar Runden zu drehen. Wenn dann bei einem leicht bewölkten Himmel die Sonne in einem phantastischen Farbenspiel am Horizont aufgeht, stürzen wir ins lauwarme Wasser und schwimmen ein Stück. Am Strand ist weit und breit keine Menschenseele. Herrlich – dann ist das Leben für mich ein richtig schöner Traum.

Vor ein paar Tagen, als noch ein leichter Morgennebel auf der Terra-Ceia-Bay lag, tauchte am Horizont ein alter, heruntergekommener Segler auf. Nachdem eine leichte Brise die letzten Nebelbänke weggedrückt hatte, konnte ich hinter dem an unzähligen Stellen geflickten, rostbraunen Stützsegel ganz deutlich die englische Flagge erkennen. Ein kleines englisches Boot in amerikanischen Gewässern – ich konnte es kaum glauben. Das Boot kam direkt auf unsere Mole zu. Es war ein Segler aus dem letzten Jahrhundert, schwerfällig, aus massivem Mahagoni mit kupferummantelten Kiel und einem laut tuckernden Dieselmotor. Ein Bild wie aus einer anderen Zeit.

Am Steuerrad stand der „Kapitän“ – ein Typ etwa in meinem Alter mit schulterlangen, zotteligen, blonden Haaren und einem mächtigen Vollbart. Er war barfuß und manövrierte den Kahn gekonnt an die Reeling. Als er nahe genug war, schaute er zwischen den verschlissenen Hemden und Unterhosen, die an einer Leine zum Trocknen hingen, zu mir und warf mir wortlos ein Seil zu, das ich an dem Poller festmachte.

„Thanks“, sagte er, während er von seinem Kahn runtersprang und das Seil festzurrte.

„Hi“, antwortete ich und schaute mir seinen *Fliegenden Holländer* etwas genauer an.

Auf dem Schiff lag jede Menge verrotteter Plunder: ein festgebundenes Fahrrad, ein verrosteter Grill, Angelzeug, Malzubehör, ein Korb mit schmutziger Wäsche, Lebensmittelreste und offenbar sein Frühstück, eine geöffnete Dose Ölsardinen, in der noch die Gabel steckte. Am Heck stand in abgeblätterten Lettern *Ariane-Southhampton*. Offenbar war er einer der echten boatpeople, ein Meerestramp der alten Garde.

„Mann, wo kommst Du denn her? Du mußt ja den ganzen Atlantik überquert haben“, fragte ich, maßlos beeindruckt.

Er lächelte und sagte: „Direkt aus der Südsee, um Kap Horn herum. Wir sind schon ein paar Jährchen unterwegs, meine Dicke und ich.“

„Hi", sagte ein Mädchenkopf, der aus dem Kajüteneingang guckte.

Wir grüßten freundlich zurück.

Es war wirklich ein Hammer, daß die Tramps, die aus dem Nebel kamen, von der anderen Seite der Erdkugel hierher gesegelt waren. An ihrem kargen Frühstück, daß sie dann nach dem Motto „Mir 'ne Gabel, Dir 'ne Gabel" ungerührt weiteraßen, erkannte ich, daß sie völlig stier waren und keinen Cent hatten.

Als ich die beiden so sitzen sah, wurde ich melancholisch.

„Mensch, die alten Paris- oder Mittelmeertypen leben noch. Ist das nicht wunderbar, Jean?" sagte ich auf deutsch und sie nickte verträumt.

Da wir gerade unser Haus einrichteten und ich schon immer ein Faible für alte Nautiquitäten hatte, fragte ich den Engländer unverblümt, ob er etwas in dieser Richtung zu verkaufen hätte.

„Verkaufen?" antwortete er ungläubig lächelnd. „No, Sir, aber ich hab' noch zwei alte Messingkompasse. Einer von denen liegt, weil er so schwer ist, als Ballast unten im Kielraum. Warte einen Augenblick."

Er ging unter Deck, kam nach einer Weile zurück und wuchtete einen antiken Kompaß auf den Steg.

„Der gehört Dir", sagte er gutmütig. „Das ist ein Geschenk! Ich hab' heute meinen sozialen Tag."

Das haute mich alte berechnende Krämerseele vollends um. Der arme Teufel schenkte mir tatsächlich so mir nichts, dir nichts einen Kompaß, der in jedem Antiquitätenladen mindestens seine sechs- bis achthundert Mark gekostet hätte. Und selbst hatte er nicht einmal das Geld für ein vernünftiges Frühstück. Wirklich unfaßbar. Es gibt sie also noch, die großzügigen und freien Typen, die über allem stehen... über allem!

Ich wußte, wenn ich dem Typen Geld anbiete, wäre er beleidigt. Und so nahm ich meine goldene Kette – die mit dem dicken Goldbarren! – vom Hals und gab sie ihm mit den Worten: „Ich hab' heute auch meinen sozialen Tag. Das ist für Dich, mein Freund."

Das Gold funkelte in der aufgehenden Sonne, und ich fühlte ein sanftes Prickeln und bekam eine Gänsehaut. Eine längst verloren geglaubte Ahnung stieg in mir auf, das Gefühl und die Gewißheit einer unendlich großen Freiheit, einer Freiheit, die wirklich stark macht. Stark!

Wir gaben uns die Hände und wünschten uns alles Gute. Ich hievte den Kompaß in den Jeep und stieg ein. Jean und ich winkten den beiden Tramps noch einmal zu, dann fuhren wir davon. Mein Herz schlug bis zum Hals. Jean sah mich von der Seite an und sagte keinen Pieps.

Bereits vier Wochen nach ihrem Treffen in Miami waren sie neu ausgerüstet. Tara hatte ein gelbes Metzeler-Schlauchboot mit 10-PS-Außenbordmotor gekauft, das für Flachwasserfahrten geeignet war, und Wolf hatte eine Chris-Craft Motoryacht gechartert. Damit schipperten sie hinein in die verschlungene Inselwelt von 10.000 Islands.

Joschka steuerte das Boot per Kompaß und Tiefenmesser. Als sie die markierten Wasserwege verließen, gab Mischa, der jüngste der Mafiosi aus Taras Gefolgschaft, am Bug Handzeichen, um ein Auflaufen zu verhindern. Wolf suchte mit dem Fernglas den Horizont nach Coast-Guard-Patrouillen ab.

Kurs Südwest tuckerte die Chris-Craft immer tiefer hinein in die unzähligen Mangroveninseln. Als das Gewässer flach wurde, machten sie den Motor aus und warfen den Anker.

„Ab sofort schalten wir das Radio rund um die Uhr an, auf Frequenz 88“, bestimmte Wolf. „Und alle vier Stunden kontrollieren wir den Wetterkanal. In dieser Jahreszeit kann jeden Augenblick ein Hurrikan über uns hereinbrechen, wenn wir da nicht in Sicherheit sind, nützt uns alles Gold der Welt nichts“, erklärte er mit Nachdruck.

Sie nickten eifrig.

„Die Fernsteuerung bleibt immer oben auf der Brücke,“ fuhr er fort. „Wenn das Flugzeug kommt, lassen wir es direkt hier auf dem Wasser runter. Hier ist es nicht sehr tief, so kann das Ding nicht unbemerkt absaufen.“

Joschka ging zum Schlauchboot.

„Ich mach’ schon mal das Boot klar“, sagte er, kippte den Propellerschaft ins Wasser und legte zwei Paddel ins Boot.

Tara kam zu Wolf auf die Brücke und sah sich um.

„Wäre es nicht besser, wir würden uns verstecken? Hier sind wir auf Meilen sichtbar“, bemerkte sie. „Könnten wir nicht einfach da hineinfahren?“

Sie zeigte auf eine kleine Insel, die nur aus Mangroven bestand und genügend Platz bot, die Yacht direkt hineinzumanövrieren.

Wolf nickte.

„Joschka, hol den Anker ein. Mischa, paß auf, daß es tief genug ist“, kommandierte er und dirigierte das Boot in das Mangrovendickicht hinein.

„Jetzt sind wir gut getarnt“, meinte Tara zufrieden.

Joschka übernahm die erste Wache, um Mitternacht sollte ihn Wolf ablösen. Es war noch drückend heiß, so daß die anderen ins kristallklare Wasser sprangen und sich abkühlten.

Wolf saß auf dem Achterdeck, trank einen Rosé und schaute ihnen zu. Tara stieg aus dem Wasser und setzte sich mit ihrem nassen Badeanzug zu ihm, trank einen Schluck von seinem Wein und küßte ihn.

„Eine wunderschöne Nacht“, sagte Wolf und lehnte sich weit zurück. Er schaute in den leuchtenden Sternenhimmel.

„Viel zu schön, um den Hals für Koks zu riskieren. Hoffentlich geht alles gut.“

„Du und ich, wir sind aus dem gleichen Holz geschnitzt. Wir suchen die Gefahr. Alles oder nichts, das gibt dem Leben erst den richtigen Kick“, sagte Tara und streichelte seine blonden Haare.

Es war fast windstill. Der Mond schien und das Schiff schaukelte leicht.

Als Wolfs Wache begann, ging Tara schlafen.

So ging es nun Tag für Tag. Anfangs boten Schwimmen und Sonnenbaden oder Fernsehen, Kartenspiel und ein paar Bücher genug Abwechslung, doch im Lauf der Zeit wurde die Stimmung angespannter. Alle waren vom langen Warten genervt.

Das änderte sich schlagartig, als früh am achten Tag die Tangomelodie aus dem Kurzwellenradio ertönte. Wolf, der auf der Brücke Wache hielt, hörte sie zuerst und weckte die anderen.

„Joschka und Mischa übernehmen das Schlauchboot! Tara, Du gehst ans Steuer!“ rief er und holte den Fernlenksender.

Nach ein paar Minuten erklang endlich die zweite Melodie. Es begann bereits zu dämmern, als sie das Knattern des Flugzeugs hörten.

„Da hinten, da kommt es“, rief Tara aufgeregt und zeigte mit dem Finger nach Südwesten.

Wolf hielt den Fernlenksender mit der herausgezogenen Antenne hoch. Als das Flugzeug nahe genug war, drehte er den Schalter nach links. Das Flugzeug machte einen Bogen und kam auf das Boot zu.

„Yeah! Yeah!“ schrien alle begeistert.

Wolf drückte auf den weißen Knopf. Das Flugzeug senkte die Nase und stürzte ins Wasser. Joschka, der bereits im Schlauchboot saß, startete den Motor.

Wolf sprang hinein und rief den anderen zu: „Sofort Anker hoch und raus aus den Mangroven. Ihr wartet mit laufendem Motor auf uns!“

Wolf zeigte die Fahrtrichtung an und sie brummten los. Sie hatten Glück, das demolierte Flugzeug ragte nicht weit von ihnen aus dem flachen Wasser. Sie hoben es ins Boot und Wolf schlug mit der Machete den Rumpf auf. Triumphierend zog er das versiegelte Paket heraus.

Joschka gab Gas und sie jagten zur Yacht zurück. Tara und Mischa waren ganz aus dem Häuschen.

„Wieviel Kilo, Wolf?“ fragte Tara.

„So 25 bis 30, schätze ich.“

„Straßenhandelswert eine knappe Million. Kommt

darauf an, wie rein es ist“, fügte Joschka cool hinzu.

„Jetzt nichts wie weg“, kommandierte Wolf mit seinem Siegerlächeln.

„Joschka, Du übernimmst das Ruder, Kurs Süd-Südwest bis zum Intracoastal-Wasserweg. Tara, Echolot einschalten. Mischa, Motor vom Schlauchboot hochkippen, das Boot festmachen und dann zum Bug und Fahrtrichtungskommandos geben.“

Blitzschnell war die Yacht abfahrbereit und sie fuhren los.

Das Meer war spiegelglatt. Das silberglänzende Wasser und der graue Dunst am Horizont zerschmolzen in der Ferne zum Bild einer monoton scheinenden Wüste.

Wolf brachte das Schmuggelgut in die Kajüte. Er grinste, als er sich Ricardos Gesicht vorstellte. Vorsichtig öffnete er das Paket und holte die kleinen, mit weißem Pulver gefüllten Plastikbeutel heraus. Dann öffnete er eine Stauraumklappe und entnahm ihr vier neue Kofferradios heraus, die er in Miami besorgt hatte. Er schraubte die Rückwände der Radios ab, füllte sie bis zum Rand mit Koksbeuteln und verschloß sie wieder sorgfältig. So brachte er die Hälfte der Ware unter.

Die restlichen Beutel packte er in einen wasserdichten, olivgrünen Kunststoffbehälter und versiegelte ihn mit einer Kunststoffmasse. Am Haltegriff befestigte er ein Seil mit einem schweren Anker. Behälter und Anker schleppte Wolf auf das Achterdeck.

Als sie etwa eine halbe Meile vom Pfosten 36 des

Intracoastal-Wasserwegs entfernt waren, warf er den „Bunker“ über Bord. Dann fuhren sie die Wasserstraße nach Norden hoch, Richtung Chokoloskee.

Auf halbem Weg stieg Mischa in das Schlauchboot. Tara reichte ihm Angeln, einen Köderbehälter und eine Kühlbox mit Proviant. Zuletzt bekam er eines der Koksradios.

Als Angler getarnt, tuckerte Mischa mit seinem 10-PS-Motor nach Chokoloskee, wo er eine Ferienwohnung gemietet hatte.

Die Chris-Craft nahm Kurs auf Marco Island. Im Yachthafen verabschiedete sich Tara, auch sie nahm ein Koksradio und bummelte damit zur nahen Greyhound-Haltestelle.

Wolf und Joschka steuerten wieder auf das offene Meer hinaus, Richtung Naples. Dort mieteten sie einen Anlegeplatz im Yachtclub, verschlossen das Boot, nahmen jeweils ein Radio und gingen an Land. Da trennten sie sich, mieteten jeder einen Wagen und fuhren nach Miami.

Drei Tage später stieg Tara mit einem Handkoffer voller Kokspäckchen in den Greyhound-Bus nach New York. Aus alten Ibiza-Tagen kannte sie einen Dealer, der inzwischen in Manhattan lebte.

Eine Woche später traf Tara wohlbehalten im Sheraton ein – mit einer ganzen Menge Geld in der Tasche.

„Das entschädigt für die lange Warterei auf dem Boot“, brummte Joschka.

Wolf grinste.

„Jetzt müssen wir noch die andere Hälfte der Ladung holen“, sagte Tara.

„Es ist besser, wenn Joschka und ich alleine fahren“, meinte Wolf.

In Naples mieteten die beiden ein Motorboot und fuhren damit nach Chokoloskee, wo sie ein zweites Boot charterten. Dann tuckerten beide in separaten Booten, wieder getarnt als Angler, gemütlich auf dem Intracoastal-Wasserweg herum, auf der Suche nach den besten Pfründen. Ganz zufällig trafen sie sich beim Pfosten 36, tratschten ein wenig und vergewisserten sich, daß kein weiteres Boot in der Nähe war.

Wolf legte Maske und Schnorchel an und sprang ins Wasser. Er brauchte eine ganze Weile, bis er den Behälter fand. Er war von der Strömung weiter abgetrieben worden, als er zunächst angenommen hatte.

Wolf durchtrennte das Seil und ließ sich vom Auftrieb des Behälters mit nach oben ziehen. Die Boote waren etwa hundertfünfzig Meter entfernt. Joschka hievte den Behälter in sein Boot. Sie verstauten die Kokspäckchen in zwei Angelkästen und einer Kühlbox.

Wolf stieg mit der Kühlbox und einem Anglerkasten zurück in sein Boot, dann fuhren sie los, der eine nach Naples, der andere nach Chokoloskee.

Spät in der Nacht trafen sie wieder in Miami ein.

Tara brachte die Päckchen diesmal mit einem Leihwagen nach New York und kam nach zwei Tagen mit dem Flugzeug zurück.

Es hatte alles geklappt, und die Bande feierte Taras Eintreffen mit einer Kiste Champagner. Inmitten der ausgelassenen Partystimmung wurde Wolf plötzlich sehr ernst.

„Leute, natürlich haben wir Grund zu feiern. Die Miami-Mafia wird vielleicht den Verlust der ersten Ladung als technische Panne hinnehmen. Sie wird aber trotzdem alle Schwachstellen des Systems sorgfältig abklopfen. Und es ist nur logisch, daß auch wir kontrolliert werden", sagte er nachdenklich.

„Wenn die Jungs uns hopsnehmen, dann ist es aus, die machen kurzen Prozeß mit uns. Das heißt also: absolute Bescheidenheit. Keine teuren Autos, kein Schmuck und keine auffälligen Klamotten. Und keine Schau in der Szene!"

Die anderen nickten stumm.

„Wir lassen das nächste Koksflugzeug in Ruhe. Diesen Drogenklau können und sollten wir höchsten noch ein-, zweimal machen, aber dazwischen muß Zeit verstreichen. Ich schlage vor, wir fahren auf die Cayman Islands und deponieren einen Teil des Geldes auf Nummernkonten."

„Ja! Gute Idee", sagten sie.

„Die Masse des Kapitals aber sollten wir investieren – und zwar in unauffällige Mietshäuser in Miami. Wir kaufen verrottete Bruchbuden auf Pump, aber in bester Lage. Nach und nach buttern wir das Bargeld schwarz in die Renovierung. Die fast neuen Häuser bringen dann 'ne ganz hübsche Rendite, die durch solide, dauerhafte Mietverträge gesichert ist."

Er schaute den anderen Bandenmitglieder tief in die Augen und drückte jedem die Hand.

„Freunde", fuhr er dann fort, „das ist der einzige Weg für uns, um zu überleben. Wir sind nicht mehr die Jüngsten und an cash in der Tasche gewöhnt. Den Drogenklau machen wir höchstens noch zweimal und dann ist Schluß. Denn wir haben ein verdammt hohes Risiko: Es kann uns die Polizei erwischen oder die Miami-Jungs machen kurzen Prozeß mit uns!"

Sie stimmten ihm zu.

„Wolf, wir stehen voll hinter Dir. Du bist der Boß. Wir glauben, daß Du weißt, wo es lang geht", meinte Joschka überzeugt. Und Mischa nickte.

Tara lächelte ihm bewundernd zu. Schritt dann zu ihm und flüsterte ihm zu: „Boß, Du bist der Größte."

Einige Wochen später. Die Sonne ging über dem Golf unter. Die kleinen Inselfetzen der 10.000 Inseln warfen lange Schatten. Das blaugrüne Meer färbte sich grau, mit gelben Lichtspitzen. Dann rotviolett, weil die Sonne sich auflöste und am Horizont zerrann.

Die vor Anker liegende Yacht färbte sich rosa. Alle waren an Deck und saßen in den bequemen Deckchairs. Es war windstill und drückend heiß. Keiner im Schiff, weil das Innere Backofenqualität aufwies. Wolf schaltete bewußt nicht die Klimaanlage an. Der Generatorlärm hätte sie verraten können.

Schon acht Tage lagen sie in ihrem Mangrovenversteck vor Anker und langweilten sich. Das Radio war rund um die Uhr auf 88 geschaltet, aber nichts war zu hören. Am Tage schwammen und tauchten sie um die Wette oder angelten endlose Stunden. Zum Fangen gab es viel: Makrelen, kleine Haie, Snooks, Sheepheads oder Redfish. Sie warfen alle Fische zurück ins Meer, weil sie schon zuviel Fisch gegessen hatten.

Einmal kam ein Marine-Patrouillenboot sehr nahe vorbei, aber sie wurden nicht entdeckt.

Endlich knackte es auf der Welle und kurz darauf kamen die erlösenden zwei Melodien. Alle stürzten auf die Brücke und beobachteten den Himmel. Als Wolf die blauen Lampen des kleinen Flugzeugs sah, nahm er seinen Sender und zog die Maschine in seine Richtung.

Es dämmerte bereits. Die Maschine stürzte auf Knopfdruck ab. Nur ein paar hundert Meter von der Chris-Craft entfernt fiel sie ins Meer.

„Es geht los“, rief Wolf und sprang in das Beiboot.

Mischa startete die Maschine und löste die Halterung. Langsam setzte sich das Metzeler in Bewegung und tuckerte in Richtung Flugzeug.

Wolf fand den zerstörten Vogel in Minutenschnelle. Er brach die bereits vom Absturz geborstene Seite des Flugzeugs mit einem Stemmeisen und einer kleinen Campingaxt auf und zog die eingeschweißte Ladung heraus. Mischa half ihm, und weil sie sich beide über die Seite lehnten, wäre das Boot beinahe gekentert.

Nach der Bergung fuhren sie zurück.

Da es bereits ziemlich dunkel war, verfuhren sie sich zuerst zweimal. Aber dann sahen sie zum Glück die kleine Notlampe der Yacht und brummten mit lautem Motor dorthin. Als sie das Heck erreichten und Mischa das Boot festmachte, waren die anderen nicht zu sehen.

Wolf hob das Paket hoch und rief laut nach Joschka.

Eine Gestalt tauchte über ihm auf und brüllte:

„Kommt schön brav hoch, Amigos! Hände hoch, hier wartet eine Überraschung auf Euch." Ein fremder Typ mit einer Uzi-Maschinenpistole.

Wolf war einen Moment gelähmt. Dann reichte er das Kokspaket hoch und kletterte an der Badeleiter aufs Deck hinauf.

Mischa folgte ihm.

Oben stand Ricardo mit zwei bewaffneten Typen.

Er grinste und sagte: „Buenos Dias, Señor Schmidt! Ihr habt uns ja schon die Bergungsarbeit abgenommen. Ja, ja, gleich bei der ersten verlorenen Ladung habe ich Euch im Verdacht gehabt. Leg Dich auf den Boden, zu den anderen beiden Dieben."

Dort lagen bereits Tara und Joschka. Sie waren an den Händen gefesselt und sahen ziemlich mitgenommen aus.

Ricardo schaltete die Decksbeleuchtung an.

Nur ein paar Meter vom Boot sah Wolf ein verdunkeltes, zweites Motorboot ankern. Es war mit etlichen Männern Besatzung bestückt.

„Wie konnte das passieren, Joschka?" fragte Wolf geschockt.

„Froschmänner, bewaffnete Froschmänner, Wolf. Wir hatten keine Chance."

Ricardo kam heran und trat Wolf in den Rücken.

Der sagte nichts und verbiß sich den Schmerz.

„Mit Euch machen wir kurzen Prozeß", verkündete Ricardo.

„He, schneid den beiden die Fesseln auf", befahl er einem seiner Leute. „Und vor allen Dingen, reiß dem Flintenweib die dümmliche Brille ab, damit wir endlich mal sehen, mit wem wir es zu tun haben."

Als der Gefolgsmann zu Tara trat, um den Befehl auszuführen, schlug sie um sich und wehrte sich mit aller Kraft.

„Nein, nein, nicht die Brille. Bitte, bitte, nicht die Brille!“ rief sie entsetzt.

Der Mann hielt sie mit beiden Armen fest und der grinsende Ricardo kam rüber. Er riß ihr mit einem kräftigen Ruck die Brille vom Gesicht. Tara schrie mit schriller Stimme auf, wie ein getroffenes, wildes Tier.

Alle Männer starrten sie an und waren entsetzt.

Tara hatte praktisch nur ein halbes Gesicht. Wo das rechte Auge sein sollte, war nur eine verwachsene, leere Augenhöhle mit einer furchtbaren, braunen Narbe. Das einzige Auge, links, guckte aus zwei vernarbten, klumpigen Fleischlappen heraus.

Tara wimmerte laut. Als ihr die Handfesseln aufgeschnitten wurden, verbarg sie ihr Gesicht mit beiden Händen.

„Um Gottes willen, Joschka. Wie ist sie zu dieser schrecklichen Verstümmelung gekommen?“ fragte der betäubte, total zerstörte Wolf.

„Sie war im KZ . . . Da, wo diese SS-Ärzte die Experimente mit Kindern gemacht haben. Die amerikanischen Truppen konnten sie und eine handvoll anderer im letzten Moment retten.“

„Mein Gott . . .“, schluchzte Wolf. Er schluckte und verdrängte sofort alle weiteren Gedanken.

Überleben, das ist jetzt alles, dachte er. Ich muß sofort fliehen. Logisch, daß die uns kaltmachen.

Die Sache mit Tara hatte Ricardo einen Moment aus der Fassung gebracht. Er riß sich ebenfalls zusammen und kommandierte: „Alles hoch, alles hoch. Runter ins Schlauchboot!“

Die vier Gefangenen stiegen die Treppe hinunter und kletterten ins Dingi.

Ricardo nahm eine Uzi von seinen Leuten, richtete sie auf die vier und drückte ab. Nichts passierte. Die Maschinenpistole war noch gesichert. Er drückte den Entsicherungshebel und feuerte in die Gruppe.

Wolf hatte das Abdrücken und Entsichern mitgekriegt und in dieser Sekunde kapiert, daß der Tod da war. Er ließ sich nach hinten ins Wasser fallen.

Als Ricardo die aufschreienden, entsetzten Menschen einfach so niedermähte, war er schon im Fallen. Lediglich sein Unterkörper und ein Arm, mit dem er instinktiv seinen Fall über die weiche, aufgeblasene Gummibootreeling bremste, waren noch nicht im Wasser.

Wolf spürte einen furchtbaren Schlag in der Seite und an der linken Hand. Er sah Blasen, Wasser. Mangrovenunterholz streifte seinen Körper. Er schwamm um sein Leben.

Hinein in die Mangrovenpflanzen, war sein einziger Gedanke.

Er tauchte auf, schnappte Luft, sah, wie sie mit Scheinwerfern die Wasseroberfläche absuchten, und ging sofort wieder unter. Dann schwamm er mit allem, was er an Kraft hatte.

Wenn nur diese furchtbaren Schmerzen nicht wären, dachte er und arbeitete sich mit kräftigen Schlägen durch die Fluten.

Als er das zweite Mal auftauchte, war er bereits auf der anderen Seite der winzigen Insel. Diesmal blieb er ein paar Sekunden oben, um mehr Luft zu tanken und sah, daß eines der Motorboote gestartet wurde und sich in seine Richtung bewegte.

Es war eine helle Halbmondnacht ... aber trotzdem Nacht.

„Die Dunkelheit ist meine Chance", sagte Wolf zu sich, tauchte unter und kraulte unter Wasser bis zur nächsten Insel, die ungefähr 500 Meter entfernt lag. Sie war die erste einer unzählbaren Gruppe von Mini-Eilanden, die in extrem flachen Wasser lagen und somit für normale Boote nicht erreichbar. Er griff in das Wasser hinein und stieß sich brutal vorwärts.

Die linke Hand und sein Unterkörper waren ein großer, gewaltiger Schmerz geworden, der nun dominierte und hämmerte. Sein Herz raste und das Klopfen dröhnte in seinen Ohren.

Zweimal tauchte er auf der Strecke hoch und würgte nach Luft. Wieder ging er unter Wasser und stieß sich vorwärts.

„Weiter, nochmal weiter und nochmal und nochmal, nochmal, nochmal", sagte er sich.

Obwohl er total fertig war und keinerlei Kraft mehr verspürte, schwamm er vorwärts. Zug um Zug. Dann erreichte er die ersten Pflanzen, ging in sie hinein und kam hoch. Er rang furchtbar nach Luft, zitterte am ganzen Körper und sah nach hinten.

Sie suchten nun mit beiden Booten und Scheinwerfern planmäßig das offene Wasser ab. Auf jedem Deck stand ein Mann mit vorgehaltener Maschinenpistole.

Wolf begriff, er mußte noch tiefer in das Insellabyrinth, und schwamm hinein in die Welt der 10.000 Inseln, die oft nur kleine aus dem Wasser ragende Mangrovenbüsche waren. Irgendwie schaffte er es, in den nächsten Stunden mit immer größeren Pausen vorwärts zu kommen.

Die zwei großen Yachten waren nicht mehr zu sehen. Weil das Wasser zu flach war, hatten sie wohl aufgegeben.

Die Sonne stand schon voll am Himmel, als Wolf nicht mehr konnte. Mit letzter Kraft zog er sich auf eine kleine, dicht zugewachsene Sandbank. Das war's dann ... Er hatte nicht mehr die Kraft, sich zu bewegen. Dem gigantischen Überschmerz war eine Lähmung gefolgt und der Blutverlust tat den Rest.

Noch einmal hörte er Stimmen und das Tuckern eines kleinen Außenborders von vielleicht 5 PS. Mit dem Dingi, dem kleinen Spielzeugboot, suchten sie immer noch die endlos verwirrende Mangrovenlandschaft ab. Ohne Chance, ihn jemals zu finden.

Die feuchte Sandbank dampfte unter der unbarmherzigen Karibiksonne. Wolf war vom Schlamm verdreckt und überall war sein Blut. Er hatte jegliches Gefühl verloren und löste sich irgendwie von seinem Körper.

Dann hörte er eine liebliche, vertraute Gitarrenmelodie: „And I don't give a damn for a greenback dollar."

Und da waren sie, die Glitzerlimousinen, schöne Mädchen, Champagner und die guten alten Kumpels vom Place du Téâtre: Adi, Peter, der Maler Rolf ... Sie hatten ein Lagerfeuer angezündet und tranken köstlich kühlen französischen Rotwein, aber Wolf kam und kam nicht an die Flasche ran.

Obwohl er doch so einen furchtbar brennenden Durst verspürte und seine Zunge nur noch ein großer, aufgeschwollener Klumpen war. Tara, südliche Strände, die Palmen, Joschka und Durst . . . Durst? Eine Gitarre spielte: „. . . give a damn for a greenback dollar."

Wolf lächelte glücklich, weil er jetzt mitten im Rotwein lag, so kühl, so erfrischend; er merkte nicht mehr, daß es sein eigenes Blut war.

Drei Leichen wurden bei Flamingo Key angeschwemmt, zum Teil grausig verstümmelt von den Fischen. Die Polizei stellte aber noch Schußspuren fest.

Das kaum berührte weibliche Gesicht wurde in allen Zeitungen abgebildet. Man wußte, wer die Tote war. Aber die New Yorker Journalisten fanden die KZ-Verstümmelung sensationell genug, um sie so grausam auszuschlachten.

Ich war fassungslos, als ich die Story in der Zeitung las. Dann versuchte ich, Wolf telefonisch zu erreichen. Ohne Erfolg. Ich fuhr zu seinem Apartment nach Miami. Kein Mensch hatte ihn in den letzten zwei Wochen gesehen.

Später wurde sein Mercedes in Key West gefunden. Ohne Räder, Radio und Verdeck, total ausgeplündert.

„Er war bestimmt in die Tara-Mordgeschichte verwickelt", sagte Jean zu mir. Ich nickte.

Wenn ich seinen alten Song ab und zu höre, muß ich an ihn denken: an Wolf, den großen Träumer, den Abenteurer, das schöne Tier.

Oft war er rücksichtslos, brutal und gemein. Aber

er lebte dieses Leben „in vollen Zügen“ und hatte keine Angst, bewußt zu leben, ohne sich in die eigene Tasche zu lügen!

„And I don’t give a damn for a greenback dollar.“

Florida Days

Es ist Mitte Januar. Gerade noch vor einer halben Stunde habe ich mit Deutschland telefoniert. Brutale Kälte herrscht dort. Selbst am Tage: minus 10 Grad. Gruselige Idee.

Ich sitze am Steuer meines 40-Fuß-Cigarette-Motorbootes, während Du armes Schwein in der Firma malochst. Ich drücke den Gashebel „volle Kraft" voraus. Brrrooaammm . . . Das Boot schießt aus dem Wasser. Ich fliege!

Neben mir sitzt meine Frau Jean. Hinten meine alten Freunde: Heinz, Steffi, Baron Money und Glorys-Peter . . . Tara und Inge halten Händchen.

Und meine Feinde Minke und Weich. Der Gerichtsvollzieher, der immer bei mir pfändet, mein Banker. Wolf Schmidt und sogar Helmut Kohl.

Sie alle sitzen im Boot meines Lebens.

Die Sonne ist ja so heiß. Die Nordkaribik-Sonne! Meine Haare flattern im scharfen Fahrtwind. Gischt kommt über und peitscht mir ins Gesicht.

Die Welt verschwimmt in den Vibrationen der Maschine. Geiles, irres Slalomfahren, der Slalom des Lebens! Ich schieße hinein in das offene, weite Meer: Golf von Mexico! Smaragdfarbenes, prickelndes Champagnerwasser. Weiße Schaumkronen.

Ich jage eine Gruppe Kormorane hoch. Dann verfolge ich die in Panik auffliegenden, davonjagenden Vögel.

Das Boot kracht auf die betonharten, heranrollenden Wellen: Bang . . . Bang . . . Bang . . . Bang . . . Das Ruder ist kaum zu halten.

Ich rase hinein in den mit dem Meer vereinigten Horizont. Immer schneller, immer freier. Schöne, freie, offene Welt!

Ich schreie meine Maxime in die Unendlichkeit: „Lernt zu leben und lebt Eure Träume! Don't Give A Damn About A Greenback Dollar!"